汽车电学基础

主　编　杜　荣　胡瑞雪
副主编　刘晓燕　李　民　王素英　王建伟　陶沙沙
参　编　曹　娟　张　冉
主　审　贾丽娜

北京理工大学出版社
BEIJING INSTITUTE OF TECHNOLOGY PRESS

内 容 简 介

本书依据教育部颁布的高职高专汽车类专业电学基础基本要求编写，内容包括：汽车常用电工仪表、直流电路、正弦交流电路、三相交流电路及应用、磁路和变压器及应用、汽车直流电动机和交流发电机、半导体二极管和整流电路、半导体三极管和基本放大电路、门电路、集成触发器及其应用。各章均配有逐步详解的练习题。为培养学生的操作技能，每个学习项目都有针对性地安排了实训项目，供实训时参考。

本书通俗易懂，实用性强，老师易教，学生易懂，可作为高职高专院校汽车维修技术及其相关专业汽车电学基础的课程教材，也可供广大汽车工程师和电工自学之用。

版权专有　侵权必究

图书在版编目（CIP）数据

汽车电学基础／杜荣，胡瑞雪主编. —北京：北京理工大学出版社，2016.8（2021.7 重印）
ISBN 978－7－5682－2988－3

Ⅰ. ①汽… Ⅱ. ①杜…②胡… Ⅲ. ①汽车-电气设备-技术培训-教材　Ⅳ. ①U463.6

中国版本图书馆 CIP 数据核字（2016）第 203044 号

出版发行／北京理工大学出版社
社　　址／北京市海淀区中关村南大街 5 号
邮　　编／100081
电　　话／（010）68914775（办公室）　68944990（批销中心）　68911084（读者服务部）
网　　址／http：// www.bitpress.com.cn
经　　销／全国各地新华书店
印　　刷／北京虎彩文化传播有限公司
开　　本／787 毫米×1092 毫米　1/16
印　　张／18　　　　　　　　　　　　　　　责任编辑／陈莉华
字　　数／423 千字　　　　　　　　　　　　文案编辑／陈莉华
版　　次／2016 年 8 月第 1 版　2021 年 7 月第 4 次印刷　　责任校对／周瑞红
定　　价／42.00 元　　　　　　　　　　　　责任印制／马振武

图书出现印装质量问题，本社负责调换

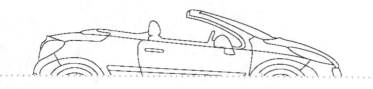 

前　言

近年来随着汽车工业迅速发展，汽车电工电子技术也迅速发展，大量新型电子元器件被汽车采用，加之CAD、CAM在汽车领域中得到了广泛的应用，使电学技术和汽车工业达到了空前的紧密结合。而要使汽车维修技术及其相关专业学生掌握相关知识，必须有一本合适教材供其使用。

汽车电学是汽车维修技术及其相关专业的基础学科，是学习汽车电器及汽车电控的必备基础。从汽车维修及相关专业的人才培养目标出发，掌握必要的电学基础知识是成为汽车类人才的必需条件之一。在如此形式下，编写一本适合汽车维修技术及其相关专业的《汽车电学基础》成为亟待解决的问题。

本书结合实际工作和实际教学，在编者多年的工作和教学经验基础上进行编写，本着以实用、够用为度，对原来电学课程进行了整合，并加入了必需的实践技能训练，适合汽车维修技术及其相关专业使用。

本书的主要特色如下：

（1）本书加入了计量法中关于电工仪表的相关规定，有利于读者正确使用电工仪表。

（2）在知识的选取上，结合后续汽车电学相关课程，确定"实用、够用"的度，为确保在后续课程学习，适当增加了一些理论推导，不仅仅告诉学生怎么做，还要告诉学生为什么这样做，将电学基础与汽车专业知识紧密结合起来，以培养学生分析专业问题和解决问题的能力。

（3）在课时数较少的背景下，为提高教学效果，在课前有学习目标，在课后增加了大量的习题，并附上了答案的步骤，以方便老师使用和学生自学。

（4）本书内容上通俗易懂，对于基本概念和基本理论阐述力求简明，并采用大量插图，对知识点进行说明，使学生迅速掌握基本技能，将理论知识尽快转换为应用技能。

本书由河北交通职业技术学院杜荣、胡瑞雪担任主编；河北交通职业技术学院贾丽娜担任主审；由河北交通职业技术学院李民、刘晓燕，河北科技学院王素英，晋中职业技术学院王建伟，成都工业职业技术学院陶沙沙担任副主编；太原城市职业技术学院曹娟，唐山工业职业技术学院张冉参编。其中学习项目一由王素英编写，学习项目二由王建伟编写，学习项目三由曹娟编写，学习项目四由刘晓燕编写，学习项目五、学习项目六由胡瑞雪编写，学习项目七、学习项目八由李民编写，学习项目九、学习项目十由杜荣、陶沙沙、张冉编写。

由于编者的水平有限，书中难免有不妥或错误之处，敬请广大读者批评指正，以便今后修订提高。

编　者

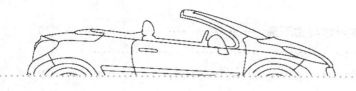

目录
CONTENTS

学习项目一 汽车常用电工仪表

学习单元1 概述 ·· 003
 建议学时 ·· 003
 教学地点 ·· 003
 学习目标 ·· 003
 一、电工仪表的分类 ·· 003
 二、电工仪表的误差和准确度 ··· 006
 三、电工仪表的相关规定 ·· 006
 四、电工仪表的检定 ·· 007

学习单元2 常用电工仪表 ·· 009
 建议学时 ·· 009
 教学地点 ·· 009
 学习目标 ·· 009
 设备器材 ·· 009
 一、指针式万用表 ··· 009
 二、数字式万用表 ··· 012
 三、双踪示波器 ·· 014
 四、交流毫伏表 ·· 018
 五、兆欧表 ·· 019
 六、汽车万用表 ·· 021

任务工单1 ·· 025
练习题 ··· 026

学习项目二 直流电路

学习单元1 电路的基本概念与物理量 ········· 029
   建议学时 ········· 029
   教学地点 ········· 029
   学习目标 ········· 029
   一、电路和电路模型 ········· 029
   二、电路的基本物理量 ········· 031

学习单元2 电路基本元件 ········· 037
   建议学时 ········· 037
   教学地点 ········· 037
   学习目标 ········· 037
   一、电阻元件 ········· 037
   二、电容元件 ········· 040
   三、电感元件 ········· 041

学习单元3 电压源和电流源及其等效变换 ········· 044
   建议学时 ········· 044
   教学地点 ········· 044
   学习目标 ········· 044
   一、电压源 ········· 044
   二、电流源 ········· 046
   三、两种电源模型的等效条件 ········· 047

学习单元4 电路的基本定律 ········· 050
   建议学时 ········· 050
   教学地点 ········· 050
   学习目标 ········· 050
   一、基尔霍夫定律 ········· 050
   二、叠加定理及其证明 ········· 053

学习单元5 导线的选择 ········· 056
   建议学时 ········· 056
   教学地点 ········· 056
   学习目标 ········· 056
   一、导线截面的选择 ········· 056
   二、导线颜色的选择 ········· 058

任务工单2-1 ········· 059
任务工单2-2 ········· 060
任务工单2-3 ········· 062

练习题 …………………………………………………………………………… 064

学习项目三 正弦交流电路

学习单元1　正弦交流电的基本概念 …………………………………… 069
　　建议学时 …………………………………………………………………… 069
　　教学地点 …………………………………………………………………… 069
　　学习目标 …………………………………………………………………… 069
　　一、正弦量的三要素 ……………………………………………………… 069
　　二、相位差 ………………………………………………………………… 072
　　三、正弦量的有效值 ……………………………………………………… 074

学习单元2　正弦量的相量表示法 ……………………………………… 076
　　建议学时 …………………………………………………………………… 076
　　教学地点 …………………………………………………………………… 076
　　学习目标 …………………………………………………………………… 076
　　一、正弦量的表示方法 …………………………………………………… 076
　　二、正弦量的相量表示 …………………………………………………… 077

学习单元3　3种元件的交流电路 ………………………………………… 078
　　建议学时 …………………………………………………………………… 078
　　教学地点 …………………………………………………………………… 078
　　学习目标 …………………………………………………………………… 078
　　一、电阻元件的伏安特性 ………………………………………………… 078
　　二、电感元件的伏安特性 ………………………………………………… 079
　　三、电容元件的伏安特性 ………………………………………………… 080

学习单元4　RLC串联电路 ……………………………………………… 083
　　建议学时 …………………………………………………………………… 083
　　教学地点 …………………………………………………………………… 083
　　学习目标 …………………………………………………………………… 083
　　一、电压与电流的关系 …………………………………………………… 083
　　二、电路的3种性质 ……………………………………………………… 084

学习单元5　阻抗的串联与并联 ………………………………………… 086
　　建议学时 …………………………………………………………………… 086
　　教学地点 …………………………………………………………………… 086
　　学习目标 …………………………………………………………………… 086
　　一、阻抗的串联 …………………………………………………………… 086
　　二、阻抗的并联 …………………………………………………………… 087

学习单元6　正弦交流电路中的谐振电路 …………………………………… 090
　　建议学时 …………………………………………………………………… 090
　　教学地点 …………………………………………………………………… 090
　　学习目标 …………………………………………………………………… 090
　　一、串联谐振 ……………………………………………………………… 090
　　二、并联谐振 ……………………………………………………………… 092
任务工单3 …………………………………………………………………………… 094
练习题 ……………………………………………………………………………… 095

学习项目四
三相交流电路及应用

学习单元1　三相正弦电压源 ……………………………………………………… 101
　　建议学时 …………………………………………………………………… 101
　　教学地点 …………………………………………………………………… 101
　　学习目标 …………………………………………………………………… 101
　　设备器材 …………………………………………………………………… 101
　　一、对称三相正弦电压 …………………………………………………… 101
　　二、三相电源的连接 ……………………………………………………… 102
学习单元2　三相负载 ……………………………………………………………… 105
　　建议学时 …………………………………………………………………… 105
　　教学地点 …………………………………………………………………… 105
　　学习目标 …………………………………………………………………… 105
　　设备器材 …………………………………………………………………… 105
　　一、负载的Y形连接 ……………………………………………………… 105
　　二、三相负载的△形连接 ………………………………………………… 109
学习单元3　三相电路的功率 ……………………………………………………… 111
　　建议学时 …………………………………………………………………… 111
　　教学地点 …………………………………………………………………… 111
　　学习目标 …………………………………………………………………… 111
　　设备器材 …………………………………………………………………… 111
任务工单4 …………………………………………………………………………… 112
练习题 ……………………………………………………………………………… 113

学习项目五
磁路和变压器及应用

学习单元1　磁场和磁路 …………………………………………………………… 119
　　建议学时 …………………………………………………………………… 119

教学地点 ·· 119
　　学习目标 ·· 119
　　设备器材 ·· 119
　　一、磁场和磁路的基本概念 ··· 119
　　二、磁场的基本物理量 ··· 121
学习单元2　磁路的基本定律 ··· 125
　　建议学时 ·· 125
　　教学地点 ·· 125
　　学习目标 ·· 125
　　设备器材 ·· 125
　　一、磁阻和磁路的欧姆定律 ··· 125
　　二、安培环路定律（全电流定律） ····································· 126
　　三、磁路基尔霍夫定律 ··· 126
　　四、电磁感应定律 ·· 127
学习单元3　变压器的结构和工作原理 ·································· 128
　　建议学时 ·· 128
　　教学地点 ·· 128
　　学习目标 ·· 128
　　设备器材 ·· 128
　　一、变压器的作用 ·· 128
　　二、变压器的基本结构 ··· 129
　　三、变压器的工作原理 ··· 131
　　四、变压器的铭牌和技术数据 ·· 133
学习单元4　变压器的特性 ··· 135
　　建议学时 ·· 135
　　教学地点 ·· 135
　　学习目标 ·· 135
　　设备器材 ·· 135
　　一、外特性 ·· 135
　　二、损耗与效率 ·· 136
学习单元5　特殊变压器 ·· 137
　　建议学时 ·· 137
　　教学地点 ·· 137
　　学习目标 ·· 137
　　设备器材 ·· 137
　　一、自耦变压器 ·· 137
　　二、仪用互感器 ·· 138
任务工单5 ·· 140
练习题 ··· 142

学习项目六 汽车直流电动机和交流发电机

学习单元1　汽车直流电动机 ················· 145
 建议学时 ·· 145
 教学地点 ·· 145
 学习目标 ·· 145
 设备器材 ·· 145
 一、直流电动机的结构 ······················ 145
 二、直流电动机的工作原理 ················ 147
 三、直流电动机的启动、调速、反转与制动 ··· 148
任务工单6-1 ······································ 149
学习单元2　汽车交流发电机 ················· 151
 建议学时 ·· 151
 教学地点 ·· 151
 学习目标 ·· 151
 设备器材 ·· 151
 一、交流发电机的结构 ······················ 151
 二、无刷交流发电机的结构 ················ 153
 三、交流发电机的发电原理与正确使用 ··· 155
任务工单6-2 ······································ 155
练习题 ·· 156

学习项目七 半导体二极管和整流电路

学习单元1　半导体二极管 ····················· 159
 建议学时 ·· 159
 教学地点 ·· 159
 学习目标 ·· 159
 设备器材 ·· 159
 一、半导体导电原理 ························· 159
 二、半导体特性 ······························· 160
 三、PN结 ·· 160
 四、二极管单向导电性 ······················ 161
 五、二极管伏安特性曲线 ··················· 162
 六、二极管的主要参数 ······················ 163

学习单元2　整流电路 ··· 164
　　建议学时 ··· 164
　　教学地点 ··· 164
　　学习目标 ··· 164
　　设备器材 ··· 164
　　一、半波整流电路 ··· 164
　　二、全波整流电路 ··· 165
　　三、单相桥式整流电路 ·· 166
　　四、三相桥式整流电路 ·· 167
学习单元3　滤波电路和稳压电路 ··· 169
　　建议学时 ··· 169
　　教学地点 ··· 169
　　学习目标 ··· 169
　　设备器材 ··· 169
　　一、滤波电路 ··· 169
　　二、稳压二极管 ··· 170
　　三、稳压电路 ··· 171
　　四、半导体二极管在汽车上的应用 ·· 172
任务工单7 ·· 173
练习题 ··· 175

学习项目八　半导体三极管和基本放大电路

学习单元1　半导体三极管 ·· 179
　　建议学时 ··· 179
　　教学地点 ··· 179
　　学习目标 ··· 179
　　设备器材 ··· 179
　　一、结构类型 ··· 179
　　二、放大原理 ··· 180
　　三、特性曲线 ··· 181
　　四、主要参数 ··· 182
　　五、半导体三极管在汽车上的应用 ·· 183
任务工单8-1 ··· 183
学习单元2　共发射极放大电路 ·· 186
　　建议学时 ··· 186
　　教学地点 ··· 186

学习目标	186
设备器材	186
一、共发射极交流放大电路	186
二、共发射极交流放大电路的静态分析	187
三、共发射极放大电路的动态分析	188
四、共发射极放大电路的微变等效电路	190
五、电压放大倍数的计算	190
六、放大电路输入电阻的计算	190
七、放大电路输出电阻的计算	191
八、静态工作点的稳定	191

学习单元3 共集电极放大电路 …… 193

建议学时	193
教学地点	193
学习目标	193
设备器材	193
一、静态分析	194
二、动态分析	194

任务工单 8-2 …… 195

任务工单 8-3 …… 197

学习单元4 集成运算放大电路 …… 200

建议学时	200
教学地点	200
学习目标	200
设备器材	200
一、集成运算放大器的结构符号	200
二、主要参数	201
三、理想运算放大器	201
四、运算放大器在信号运算方面的应用	202

任务工单 8-4 …… 206

学习单元5 反馈在放大电路中的应用 …… 208

建议学时	208
教学地点	208
学习目标	208
设备器材	208
一、负反馈与正反馈的判别方法	208
二、放大电路中的负反馈	210

练习题 …… 213

学习项目九 门电路

学习单元1　数字信号与数字电路 ······ 219
　　建议学时 ······ 219
　　教学地点 ······ 219
　　学习目标 ······ 219
　　一、数字电路的特点 ······ 219
　　二、数制与编码 ······ 220
　　三、进制转换 ······ 222
学习单元2　逻辑代数 ······ 224
　　建议学时 ······ 224
　　教学地点 ······ 224
　　学习目标 ······ 224
　　一、基本逻辑关系 ······ 224
　　二、逻辑代数运算法则 ······ 225
　　三、逻辑函数的表示方法 ······ 225
学习单元3　基本逻辑电路 ······ 227
　　建议学时 ······ 227
　　教学地点 ······ 227
　　学习目标 ······ 227
　　设备器材 ······ 227
　　一、二极管与门电路 ······ 227
　　二、二极管或门电路 ······ 228
　　三、三极管非门电路 ······ 229
　　四、与非门电路 ······ 229
　　五、或非门电路 ······ 230
　　六、异或门电路 ······ 231
　　七、同或逻辑电路 ······ 231
　　八、组合逻辑电路 ······ 232
任务工单9 ······ 238
练习题 ······ 241

学习项目十 集成触发器及其应用

学习单元1　触发器 ······ 247
　　建议学时 ······ 247

　　教学地点 …………………………………………………………… 247
　　学习目标 …………………………………………………………… 247
　　设备器材 …………………………………………………………… 247
　　一、基本 RS 触发器 ………………………………………………… 247
　　二、可控 RS 触发器 ………………………………………………… 248
　　三、主从 JK 触发器 ………………………………………………… 250
　　四、D 触发器 ……………………………………………………… 251
　学习单元 2　触发器的应用 ………………………………………… 253
　　建议学时 …………………………………………………………… 253
　　教学地点 …………………………………………………………… 253
　　学习目标 …………………………………………………………… 253
　　一、寄存器 ………………………………………………………… 253
　　二、计数器 ………………………………………………………… 255
　　三、显示译码器 …………………………………………………… 257
　　四、555 定时器 …………………………………………………… 257
　　五、数/模和模/数转换 …………………………………………… 260
　任务工单 10 ………………………………………………………… 262
　练习题 ……………………………………………………………… 265
参考答案 …………………………………………………………… 268
参考文献 …………………………………………………………… 274

学习项目一

汽车常用电工仪表

学习单元 1
概述

2 学时

电子多媒体教室

1. 了解电工仪表的分类
2. 了解电工仪表的误差和准确度
3. 掌握电工仪表相关规定
4. 了解电工仪表的检定

电工仪表是实现电工测量过程所需技术工具的总称。电工仪表的测量对象主要是电学量与磁学量。电学量又分为电量与电参量。通常要求测量的电量有电流、电压、功率、电能、频率等；电参量有电阻、电容、电感等。通常要求测量的磁学量有磁感应强度、磁导率等。

一、电工仪表的分类

1. 按测量方法分类

电工仪表按测量方法可分为比较式和直读式两类。比较式仪表需将被测量与标准量进行比较后才能得出被测量的数量，常用的比较式仪表有电桥、电位差计等。直读式仪表将被测量的数量由仪表指针在刻度盘上直接指示出来，常用的电流表、电压表等均属直读式仪表。直读式仪表测量过程简单，操作容易，但准确度不可能太高；比较式仪表的结构较复杂，造价较昂贵，测量过程也不如直读式仪表简单，但测量的结果较直读式仪表准确。

2. 按工作原理分类

电工仪表按工作原理可分为磁电式、电磁式、电动式、感应式等仪表。

磁电式仪表由固定的永久磁铁、可转动的线圈及转轴、游丝、指针、机械调零机构等组成，线圈位于永久磁铁的极掌之间。当线圈中流过直流电流时，线圈在永久磁铁的磁场中受力，并带动指针、转轴克服游丝的反作用力而偏转。当电磁作用力与反作用力平衡时，指针停留在某一确定位置，刻度盘上给出一相应的读数。机械调零机构用于校正零位误差，在没有测量信号时借以将仪表指针调到指向零位。磁电式仪表的灵敏度和精确度较高，刻度盘分度均匀。磁电式仪表必须加上整流器才能用于交流测量，而且过载能力较小。磁电式仪表多用来制作携带式电压表、电流表等表计。

电磁式仪表由固定的线圈、可转动的铁芯及转轴、游丝、指针、机械调零机构等组成。铁芯位于线圈的空腔内。当线圈中流过电流时，线圈产生的磁场使铁芯磁化。铁芯磁化后受到磁场力的作用并带动指针偏转。电磁式仪表过载能力强，可直接用于直流和交流测量。电磁式仪表的精确度较低；刻度盘分度不均匀；容易受外磁场干扰，结构上应有抗干扰设计。电磁式仪表常用来制作配电柜用电压表、电流表等表计。

电动式仪表由固定线圈、可转动线圈及转轴、游丝、指针、机械调零机构等组成。当两个线圈中都流过电流时，可转动线圈受力并带动指针偏转。电动式仪表可直接用于交、直流测量；精确度较高。电动式仪表制作电压表或电流表时，刻度盘分度不均匀（制作功率表时，刻度盘分度均匀）；结构上也应有抗干扰设计。电动式仪表常用来制作功率表、功率因数表等表计。

感应式仪表由固定的开口电磁铁、永久磁铁、可转动铝盘及转轴、计数器等组成。当电磁铁线圈中流过电流时，铝盘里产生涡流，涡流与磁场相互作用使铝盘受力转动，计数器计数。感应式仪表主要用于计量交流电能。

3. 按被测量的种类分类

按被测量的种类可分为电流表、电压表、功率表、频率表、相位表等。

4. 按电流的种类分类

按电流的种类可分为直流、交流和交直流两用仪表。

5. 按工作原理分类

按工作原理可分为磁电式、电磁式、电动式仪表等。

6. 按显示方法分类

按显示方法可分为指针式（模拟式）和数字式。指针式仪表用指针和刻度盘指示被测量的数值；数字式仪表先将被测量的模拟量转化为数字量，然后用数字显示被测量的数值。

7. 按准确度分类

按准确度可分为 0.1、0.2、0.5、1.0、1.5、2.5 和 5.0 共 7 个等级。

常用电工仪表的符号和意义如表 1-1 所示。

表 1-1 常用电工仪表的符号和意义

分类	符号	名称	被测量的种类
电流种类	—	直流电表	直流电流、直流电压
	~	交流电表	交流电流、交流电压、功率

续表

分类	符号	名称	被测量的种类
电流种类	∼	交直流两用表	直流电量或交流电量
	≋ 或 3∼	三相交流电表	三相交流电流、交流电压、功率
测量对象	Ⓐ ㎃ μA	安培表、毫安表、微安表	电流
	Ⓥ ㎸	伏特表、千伏表	电压
	Ⓦ ㎾	瓦特表、千瓦表	功率
	kW·h	千瓦时表	电能量
	φ	相位表	相位差
	f	频率表	频率
	Ω ㏁	欧姆表、兆欧表	电阻、绝缘电阻
工作原理	⌒	磁电式仪表	电流、电压、电阻
	⚡	电磁式仪表	电流、电压
	⬒	电动式仪表	电流、电压、电功率、功率因数、电能量
	⌒▼	整流式仪表	电流、电压
	⊙	感应式仪表	电功率、电能量
准确度等级	1.0	1.0 级电表	以标尺量限的百分数表示
	①.5	1.5 级电表	以指示值的百分数表示
绝缘等级	⚡2 kV	绝缘强度试验电压	表示仪表绝缘经过 2 kV 耐压试验
工作位置	→	仪表水平放置	
	↑	仪表垂直放置	
	∠60°	仪表倾斜 60° 放置	
端钮	+	正端钮	
	−	负端钮	
	± 或 ✳	公共端钮	
	⊥ 或 ⏚	接地端钮	

二、电工仪表的误差和准确度

电工仪表的准确度是指测量结果（简称示值）与被测量真实值（简称真值）间相接近的程度，是测量结果准确程度的量度。误差是指示值与真值的偏离程度。准确度与误差本身的含义是相反的，但两者又是紧密联系的，测量结果的准确度高，其误差就小。因此，在实际测量中往往采用误差的大小来表示准确度的高低。

由于制造工艺的限制及测量时外界环境因素和操作人员的因素，误差是不可避免的。根据引起误差的原因不同，仪表误差可分为基本误差和附加误差。基本误差是在规定的温度、湿度、频率、波形、放置方式以及无外界电磁场干扰等正常工作条件下，由于仪表本身的缺点所产生的误差。附加误差是由于外界因素的影响和仪表放置不符合规定等原因所产生的误差。附加误差有些可以消除或限制在一定范围内，而基本误差却不可避免。

若被测量比仪表量程小得越多，测量结果可能出现的最大相对误差值也越大。例如，用 1.0 级量程为 150 V 的电压表测量 30 V 的电压，可能出现的最大相对误差为 5%，而改用 1.0 级量程为 50 V 的电压表测量 30 V 的电压，可能出现的最大相对误差为 1.67%。所以选用仪表的量程时应使读数在 $\frac{1}{3} \sim \frac{2}{3}$ 量程之间。

三、电工仪表的相关规定

《中华人民共和国计量法》（以下简称《计量法》）于 1986 年 7 月 1 日开始实施。计量活动是以单位统一、量值准确可靠为目的。中华人民共和国境内，所有国家机关、社会团体、中国人民解放军、企事业单位和个人凡是使用计量单位，建立计量基准、计量标准、进行计量检定，制造、修理、销售、使用计量器具和进口计量器具，开展计量认证，实施仲裁检定和调解计量纠纷，进行计量监督管理所发生的各种法律关系，均为《计量法》适用范围。

计量器具是指能用以直接或间接测出被测对象量值的装置、仪器仪表、量具和用于统一量值的标准物质、电工仪表属于计量器具。

《计量法》第 9 条规定："部门和企业、事业单位使用的最高计量标准器具，以及用于贸易结算、安全防护、医疗卫生、环境监测方面的列入强制检定目录的工作计量器具，实行强制检定。未按照规定申请检定或者检定不合格的，不得使用。"

《计量法》第 16 条规定："进口的计量器具，必须经省级以上人民政府计量行政部门检定合格后销售使用。"

《实施细则》第 25 条规定："任何单位和个人不准在工作岗位上使用无检定合格印、证或者超过检定周期以及经检定不合格的计量器具。在教学示范中使用计量器具不受此限制。"

计量器具中的电工仪表是设备安装、使用、维修以判断质量是否符合规定的重要工具，直接影响设备的质量。使用者应认真执行有关计量器具的使用、操作、管理和保养、搬运和储存的控制程序和管理制度，为产品质量符合规定的要求提供保证和证据。

使用电工仪表的注意事项如下。

（1）所选用的电工仪表，必须满足被测对象及检测内容的要求，使被测对象在量程范围内。检测器具的测量极限误差必须小于或等于被测对象所能允许的测量极限误差，必须具有技术鉴定书或产品合格证书。

（2）按规定对电工仪表实施周期检定，保证使用中的计量器具的量值准确可靠，以防止检测器具的自身误差而造成工程质量不合格。

（3）电工仪表应有明显的"合格""禁用""封存"等标志标明计量器具所处的状态。

① 合格：为周检或一次性检定能满足质量检测、检验和实验要求的精度。

② 禁用：经检定不合格或使用中严重损坏、缺损的。

③ 封存：根据使用频率及生产经营情况，暂停使用的。

（4）使用人员应经过培训并具有相应的资格，熟悉并掌握电工仪表的性能、相应的操作规程、使用要求和操作方法，按规定进行正确操作，做好记录。

（5）使用电工仪表前，应检查其是否完好，若不在检定周期内、检定标识不清或封存的，视为不合格的计量检测设备，不得使用。每次使用前，应对电工仪表进行校准复位检查后，方可开始计量测试。使用中若发现计量检测设备偏离标准状态，应立即停用，重新校验核准。如出现损坏或性能下降时，应及时进行修理和重新检定。

（6）电工仪表应在适宜的环境下工作，如温度、湿度、振动、屏蔽、隔声等，必要时应采取措施，消除或减少环境对测量结果的影响，保证测量结果的准确可靠。

（7）电工仪表在安装和搬运过程中，应采取相应的保护措施，避免准确度偏移，应符合规定要求。

（8）电工仪表应分类存放、标识清楚，针对不同要求采取相应的防护措施，如防火、防潮、防振、防尘、防腐、防外磁场干扰等，确保其处于良好的技术状态。

（9）封存的电工仪表重新启用时，必须经检定合格后方可使用。

四、电工仪表的检定

计量检定是指为评定计量器具的计量性能，确定其是否合格而进行的全面工作。《计量法》第9条规定："县级以上人民政府计量行政部门对社会公用计量标准器具，部门和企业、事业单位使用的最高计量标准器具，以及用于贸易结算、安全防护、医疗卫生、环境监测方面的列入强制检定目录的工作计量器具，实行强制检定。未按照规定申请检定或者检定不合格的，不得使用。实行强制检定的工作计量器具的目录和管理办法，由国务院制定。对前款规定以外的其他计量标准器具和工作计量器具，使用单位应当自行定期检定或者送其他计量检定机构检定，县级以上人民政府计量行政部门应当进行监督检查"。

电工仪表的检定属于计量技术法规，是计量检定人员对计量器具与测量仪器仪表进行检定，计量监督人员对计量器具与测量仪器仪表进行监督管理的重要法定依据。计量检定规程的主要内容包括技术要求、检定条件、项目、方法、数据处理和周期等规定。

电工仪表按其检定的必要程序和我国依法管理的形式分为强制检定和非强制检定。

电工仪表投入使用后，就进入依法使用的阶段。为保证使用中的电工仪表的量值准确可靠，应按规定实施周期检定。使用单位应依据国家对强制检定的电工仪表检定周期进行规

定，以及使用单位自有的计量管理制度对非强制检定计量器具检定周期进行规定，对电工仪表进行周期检定、校验，以防止电工仪表的自身误差而造成检测质量不合格。明确本单位负责电工仪表的职能机构，配备相适应的专业管理人员。建立项目部计量器具的目录和管理台账。按检定性质，单位的计量器具分为 A、B、C 三类，计量员在电工仪表的台账上以加盖 A、B、C 印章形式标明类别。

A 类为本单位最高计量标准器具和用于量值传递的工作计量器具，如一级平晶、水平仪检具、千分表检具；国家强制检定目录的工作计量器具，如兆欧表，其可测量线路绝缘电阻，照明线路绝缘电阻要求大于 $0.5\ \mathrm{M}\Omega$，接地电阻测量仪可测量接地体的接地电阻值，共用接地体的接地电阻应小于 $1\ \Omega$。

B 类为用于工艺控制、质量检测及物资管理的周期性检定的计量器具，如电压表、万用表等。

C 类为一次性检定的计量器具。

由本单位自行检定的电工仪表，应制订检定计划，按时进行检定。没有国家承认的标准基准时，本单位可根据国家、部颁标准或测量设备制造厂家提供的使用说明，制定核准认定的标准，进行定期核准。

根据中国计量法的规定，计量检定规程分为国家计量检定规程、部门计量检定规程和地方计量检定规程 3 种。

学习单元 2

常用电工仪表

2 学时

电子多媒体教室

1. 了解指针式万用表的原理,掌握指针式万用表的使用方法
2. 了解数字式万用表的原理,掌握数字式万用表的使用方法
3. 掌握双踪示波器的使用方法
4. 掌握毫伏表的使用方法
5. 了解兆欧表的原理,掌握兆欧表的使用方法
6. 了解汽车式万用表的原理,掌握汽车式万用表的使用方法

1. 指针式万用表
2. 数字式万用表
3. 双踪示波器
4. 交流毫伏表
5. 兆欧表
6. 汽车万用表

一、指针式万用表

1. 500 型指针式万用表结构

500 型指针式万用表由表头、测量电路及转换开关等 3 个主要部分组成,如图 1-1 所示。

图1-1 500型指针式万用表

1) 表头

万用表的主要性能指标基本上取决于表头的性能。表头的灵敏度是指表头指针满刻度偏转时流过表头的直流电流值，这个值越小，表头的灵敏度越高。测电压时的内阻越大，其性能就越好。

表头上有4条刻度线，它们的功能如下：第一条（从上到下）标有"R"或"Ω"，指示的是电阻值，转换开关在欧姆挡时，即读此条刻度线；第二条标有"∽"和"VA"，指示的是交、直流电压和直流电流值，当转换开关在交、直流电压或直流电流挡，量程在除交流10 V以外的其他位置时，即读此条刻度线；第三条标有"10 V"，指示的是10 V的交流电压值，当转换开关在交、直流电压挡，量程在交流10 V时，即读此条刻度线；第四条标有"dB"，指示的是音频电平。

2) 测量线路

测量线路是用来把各种被测量转换到适合表头测量的微小直流电流的电路，它由电阻、半导体元件及电池组成，它能将各种不同的被测量（如电流、电压、电阻等）、不同的量程，经过一系列处理（如整流、分流、分压等）统一变成一定量限的微小直流电流送入表头进行测量。

3) 转换开关

其作用是用来选择各种不同的测量线路，以满足不同种类和不同量程的测量要求。转换开关一般有两个，分别标有不同的挡位和量程。

2. 符号含义

（1）"∽"表示交流，"－"表示直流。

（2）"V－2.5 kV 4 000 Ω/V"表示对于交流电压及2.5 kV的直流电压挡，其灵敏度为4 000 Ω/V。

（3）"A－V－Ω"表示可测量电流、电压及电阻。

（4）"45–65–1 000 Hz"表示使用频率范围在1 000 Hz以下，标准工频范围为45～65 Hz。

（5）"2 000 Ω/V DC"表示直流挡的灵敏度为2 000 Ω/V。

3. 500型指针式万用表的操作注意事项

500型指针式万用表内一般有两块电池，一块是低电压的1.5 V，一块是高电压的9 V或15 V，其黑表笔是正端，红表笔是负端。数字表则常用一块6 V或9 V的电池。在电阻挡，指针表的表笔输出电流相对数字表来说要大很多，用"$R\times1\ \Omega$"挡可以使扬声器发出响亮的"哒"声，用"$R\times10\ k\Omega$"挡甚至可以点亮发光二极管（LED）。

使用前必须将万用表面板上的各控制器的作用，以及标尺结构和各种符号的意义搞清楚；否则容易造成测量错误或损坏电表。

在使用万用表之前，应先进行"机械调零"，即在没有被测电量时，使万用表指针指在零电压或零电流的位置上。

在使用万用表时，根据被测量的种类及大小，选择转换开关的挡位及量程，找出对应的刻度线。要注意手不可触及测试棒的金属部分，以保证安全和测量的准确性。

万用表在使用时必须水平放置，以免造成误差。同时，还要注意避免外界磁场对万用表的影响。在测量某一电量时，不能在测量的同时换挡，尤其是在测量高电压或大电流时更应注意；否则，会使万用表毁坏。如需换挡，应先断开表笔，换挡后再去测量。同时测量未知量的电压或电流时，应先选择最高量程来测量，再降至合适挡位测量。万用表用完后，最好将转换开关转到交流电压最大量程挡，平时要养成正确使用的习惯，每当测试棒接触被测线路前，应再做一次全面检查，看看各部分是否有误。

万用表使用完毕，应使转换开关置于交流电压最大挡位或空挡上。如果长期不使用，还应将万用表内部的电池取出来，以免电池腐蚀表内其他器件。

4. 测量电压

测量电压（或电流）时要选择好量程，如果用小量程去测量大电压，则会有烧表的危险；如果用大量程去测量小电压，那么指针偏转太小，无法读数。量程的选择应尽量使指针偏转到满刻度的$\frac{1}{3}\sim\frac{2}{3}$。如果事先不清楚被测电压的大小时，应先选择最高量程挡，然后逐渐减小到合适的量程。

1）交流电压的测量

将万用表的一个转换开关置于交、直流电压挡，另一个转换开关置于交流电压的合适量程上，万用表两表笔和被测电路或负载并联即可。

2）直流电压的测量

将万用表的一个转换开关置于交、直流电压挡，另一个转换开关置于直流电压的合适量程上，且"+"表笔（红表笔）接到高电位处，"–"表笔（黑表笔）接到低电位处，即让电流从"+"表笔流入，从"–"表笔流出。若表笔接反，表头指针会反方向偏转，容易撞弯指针。

5. 测电流

测量直流电流时，将万用表的一个转换开关置于直流电流挡，另一个转换开关置于50 μA到500 mA的合适量程上，电流的量程选择和读数方法与电压一样。测量时必须先断开电路，然后按照电流从"+"到"-"的方向，将万用表串联到被测电路中，即电流从红表笔流入，从黑表笔流出。如果误将万用表与负载并联，则因表头的内阻很小，会造成短路烧毁仪表。

6. 测电阻

用万用表测量电阻时，首先选择合适的倍率挡。万用表欧姆挡的刻度线是不均匀的，所以倍率挡的选择应使指针停留在刻度线较稀的部分为宜，且指针越接近刻度尺的中间，读数越准确。一般情况下，应使指针指在刻度尺的 1/3 ~ 2/3 之间。

其次是欧姆调零。测量电阻之前，应将两个表笔短接，同时调节"欧姆（电气）调零旋钮"，使指针刚好指在欧姆刻度线右边的零位。如果指针不能调到零位，说明电池电压不足或仪表内部有问题。并且每换一次倍率挡，都要再次进行欧姆调零，以保证测量准确。表头的读数乘以倍率，就是所测电阻的电阻值。

其读数方法为

$$实际值 = 指示值 \times \frac{量程}{满偏}$$

7. 测电容

用电阻挡，根据电容容量选择适当的量程，并注意测量时对于电解电容黑表笔要接电容正极。

（1）估测 μF 量级电容容量的大小。可凭经验或参照相同容量的标准电容，根据指针摆动的最大幅度来判定。所参照的电容不必耐压值也一样，只要容量相同即可。例如，估测一个 100 μF/250 V 的电容可用一个 100 μF/25 V 的电容来参照，只要它们指针摆动最大幅度一样，即可断定容量一样。

（2）估测 pF 量级电容容量大小。要用"$R \times 10$ kΩ"挡，但只能测到 1 000 pF 以上的电容。对 1 000 pF 或稍大一点的电容，只要表针稍有摆动，即可认为容量够了。

（3）测电容是否漏电。对 1 000 μF 以上的电容，可先用"$R \times 10$ Ω"挡将其快速充电，并初步估测电容容量，然后改到"$R \times 1$ kΩ"挡继续测一会儿，这时指针不应回返，而应停在或十分接近∞处；否则就是有漏电现象。对一些几十微法以下的定时或振荡电容，对其漏电特性要求非常高，只要稍有漏电就不能用，这时可在"$R \times 1$ kΩ"挡充完电后再改用"$R \times 10$ kΩ"挡继续测量，同样表针应停在∞处而不应回返。

8. 音频电平测量

在一定负荷阻抗下测量放大器的增益以及输送线路的损耗，测量单位以 dB 表示。测量方法与交流电压基本相似。表盘读数为第 8 条红色 dB 刻度线。当被测电路中带有直流电压成分时，可在"+"插座中串接一只 0.1/250 V 隔直流电容。音频电平测量是以交流 10 V 为基准刻度，如指示值大于 +22 dB 可在 50 V 以上各量程测量，其示值可按技术规范值加以修正。

二、数字式万用表

数字式万用表由功能变换器、转换开关和直流数字电压表 3 部分组成，其原理框图如图 1-2 所示。直流数字电压表是数字式万用表的核心部分，各种电量或参数的测量，都是首先经过相应的变换器,将其转化为直流数字电压表可以接受的直流电压,然后送入直流数字电压表,经模/数转换器变换为数字量,再经计数器计数并以十进制数字将被测量显示出来。图1-3所示为DT9205A型数字式万用表结构。

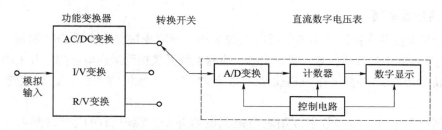

图 1-2　数字式万用表原理框图

1. 直流电压的测量

首先将黑表笔插进"COM"孔,红表笔插进"V Ω"。把旋钮选到比估计值大的量程(注意:与指针式万用表不同,表盘上的数值均为最大量程,"V-"表示直流电压挡,"V~"表示交流电压挡,"A"是电流挡),接着把表笔接电源或电池两端;保持接触稳定。数值可以直接从显示屏上读取,若左边显示为"1",则表明量程太小,那么就要加大量程后再测量。如果在数值左边出现"-",则表明表笔极性与实际电源极性相反,此时红表笔接的是负极。

2. 交流电压的测量

表笔插孔与直流电压的测量一样,不过应该将旋钮打到交流挡"V~"处所需的量程即可。交流电压无正负之分,测量方法与前面相同。无论测交流还是测直流电压,都要注意人身安全,不要随便用手触摸表笔的金属部分。

3. 直流电流的测量

先将黑表笔插入"COM"孔。若测量大于200 mA的电流,则要将红表笔插入"20 A"插孔并将旋钮打到直流"20 A"挡;若测量小于200 mA的电流,则将红表笔插入

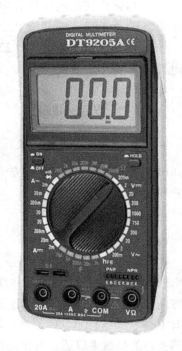

图 1-3　数字式万用表结构示意图

"A"插孔,将旋钮打到直流200 mA以内的合适量程。调整好后,就可以测量了。将万用表串进电路中,保持稳定,即可读数。若显示为"1",那么就要加大量程;如果在数值左边出现"-",则表明电流从黑表笔流进万用表。

4. 交流电流的测量

测量方法与直流电流的测量相同,不过挡位应该打到交流挡位,电流测量完毕后应将红表笔插回"VΩ"孔,若忘记这一步而直接测电压,会导致万用表报废。

5. 电阻的测量

将表笔插进"COM"和"VΩ"孔中,把旋钮旋到"Ω"中所需的量程,用表笔接在电

阻两端金属部位，测量中可以用手接触电阻，但不要把手同时接触电阻两端，这样会影响测量精确度——人体是电阻很大的导体。读数时，要保持表笔和电阻有良好的接触。注意单位：在 200 挡时单位是 Ω，在 "2K～200K" 挡时单位为 kΩ，"2 M" 以上的单位是 MΩ。

6. 使用注意事项

（1）如果无法预先估计被测电压或电流的大小，则应先拨至最高量程挡测量一次，再视情况逐渐把量程减小到合适位置。测量完毕，应将量程开关拨到最高电压挡，并关闭电源。

（2）满量程时，仪表仅在最高位显示数字 "1"，其他位均消失，这时应选择更高的量程。

（3）测量电压时，应将数字万用表与被测电路并联。测电流时应与被测电路串联，测直流量时不必考虑正、负极性。

（4）当误用交流电压挡去测量直流电压，或者误用直流电压挡去测量交流电压时，显示屏将显示 "000"，或低位上的数字出现跳动。

（5）禁止在测量高电压（220 V 以上）或大电流（0.5 A 以上）时切换量程，以防止产生电弧，烧毁开关触点。

三、双踪示波器

示波器种类、型号很多，功能也不同。模拟、数字电路实验中使用较多的是 20 MHz 或者 40 MHz 的双踪示波器。这些示波器用法大同小异，现以 V-252 型双踪示波器为例介绍其常用功能，如图 1-4 所示。

1. 电源、示波管部分

（1）荧光屏。

荧光屏是示波管的显示部分。屏上水平方向和垂直方向各有多条刻度线，指示出信号波形的电压和时间之间的关系。水平方向指示时间，垂直方向指示电压。水平方向分为 10 格，垂直方向分为 8 格，每格又分为 5 分。垂直方向标有 0%、10%、90%、100% 等标志，水平方向标有 10%、90% 标志，供测直流电平、交流信号幅度、延迟时间等参数使用。根据被测信号在屏幕上占的格数乘以适当的比例常数（V/DIV、TIME/DIV）能得出电压值与时间值。

（2）电源（POWER）。

示波器主电源开关位于荧光屏的右上角。当此开关按下时，电源指示灯亮，表示电源接通。

（3）灰度（INTENSITY）旋钮。

旋转此旋钮能改变光点和扫描线的亮度。顺时针旋转，亮度增大。观察低频信号时可小些，高频信号时大些。以适合自己的亮度为准，一般不应太亮，以保护荧光屏。

（4）聚焦（FOCUS）旋钮。

聚焦旋钮调节电子束截面大小，将扫描线聚焦成最清晰状态。

（5）辉线旋钮（TRACE ROTATION）。

受地磁场的影响，水平辉线可能会与水平刻度线形成夹角，用此旋钮可使辉线旋转，进行校准。

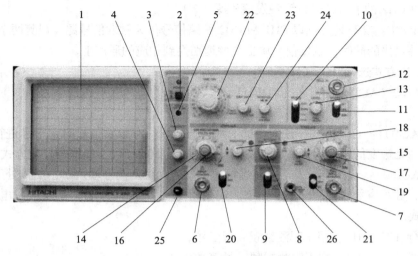

图 1-4　V-252 型双踪示波器面板

1—荧光屏；2—电源；3—灰度旋钮；4—聚焦旋钮；5—辉线旋钮；6—通道1；7—通道2；8—垂直轴工作方式选择开关；9—内部触发信号源选择开关；10—扫描方式选择开关；11—触发信号源选择开关；12—外触发信号输入端子；13—触发电平/触发极性选择开关；14—通道1的垂直轴电压灵敏度开关；15—通道2的垂直轴电压灵敏度开关；16—通道1的可变衰减旋钮/增益×5开关；17—通道2的可变衰减旋钮/增益×5开关；18—通道1的垂直位置调整旋钮/直流偏移开关；19—通道2的垂直位置调整旋钮/反相开关；20，21—通道1垂直放大器输入耦合方式切换开关；22—扫描速度切换开关；23—扫描速度可变旋钮；24—水平位置旋钮/扫描扩展开关；25—探头校正信号的输出端子；26—接地端子

(6) 通道1（CH1）的垂直放大器信号输入插座（CH1 INPUT）。

通道1垂直放大器信号输入 BNC 插座。当示波器工作于 $X-Y$ 模式时作为 X 信号的输入端。

(7) 通道2（CH2）的垂直放大器信号输入插座（CH2 INPUT）。

通道2垂直放大器信号输入 BNC 插座。当示波器工作于 $X-Y$ 模式时作为 Y 信号的输入端。

(8) 垂直轴工作方式选择开关（MODE）。

输入通道有5种选择方式：通道1（CH1）、通道2（CH2）、双通道交替显示方式（ALT）、双通道切换显示方式（CHOP）及叠加显示方式（ADD）。

CH1：选择通道1，示波器仅显示通道1的信号。

CH2：选择通道2，示波器仅显示通道2的信号。

ALT：选择双通道交替显示方式，示波器同时显示通道1信号和通道2信号。两路信号交替地显示。用较高的扫描速度观测 CH1 和 CH2 两路信号时，使用这种显示方式。

CHOP：选择双通道交替显示方式，示波器同时显示通道1信号和通道2信号。两路信号以约 250 Hz 的频率对两路信号进行切换，同时显示于屏幕上。

ADD：选择两通道叠加方式，示波器显示两通道波形叠加后的波形。

(9) 内部触发信号源选择开关（INT TRIG）。

当 SOURCE 开关置于 INT 时，用此开关具体选择触发信号源。

CH1：以 CH1 的输入信号作为触发信号源。

CH2：以 CH2 的输入信号作为触发信号源。

VERT MODE：交替地分别以 CH1 和 CH2 两路信号作为触发信号源。观测两个通道的波形时，进行交替扫描的同时，触发信号源也交替地切换到相应的通道上。

（10）扫描方式选择开关（MODE）。

扫描有自动（AUTO）、常态（NORM）、视频-行（TV-H）和视频-场（TV-V）4 种扫描方式。

自动（AUTO）：自动方式，任何情况下都有扫描线。有触发信号时，正常进行同步扫描，波形静止。当无触发信号输入，或者触发信号频率低于 50 Hz 时，扫描为自激方式。

常态（NORM）：仅在有触发信号时进行扫描。当无触发信号输入时，扫描处于准备状态，没有扫描线。触发信号到来后，触发扫描。观测超低频信号（25 Hz）调整触发电平时，使用这种触发方式。

视频-行（TV-H）：用于观测视频-行信号。

视频-场（TV-V）：用于观测视频-场信号。

注：视频-行（TV-H）和视频-场（TV-V）两种触发方式仅在视频信号的同步极性为负时才起作用。

（11）触发信号源选择开关（SOURCE）。

要使屏幕上显示稳定的波形，则需将被测信号本身或者与被测信号有一定时间关系的触发信号加到触发电路。触发源选择确定触发信号由何处供给。通常有 3 种触发源，即内触发（INT）、电源触发（LINE）、外触发（EXT）。

内触发（INT）：内触发使用被测信号作为触发信号，是经常使用的一种触发方式。由于触发信号本身是被测信号的一部分，在屏幕上可以显示出非常稳定的波形。以通道 1（CH1）或通道 2（CH2）的输入信号作为触发信号源。

电源触发（LINE）：电源触发使用交流电源频率信号作为触发信号。这种方法在测量与交流电源频率有关的信号时是有效的。特别是在测量音频电路、闸流管的低电平交流噪声时更为有效。

外触发（EXT）：以 TRIG INPUT 的输入信号作为触发信号源。外加信号从外触发输入端输入。外触发信号与被测信号间应具有周期性的关系。由于被测信号没有用作触发信号，所以何时开始扫描与被测信号无关。

（12）外触发信号输入端子（TRIG INPUT）。

（13）触发电平/触发极性选择开关（LEVEL）。

触发电平调节又叫同步调节，它使得扫描与被测信号同步。电平调节旋钮调节触发信号的触发电平。一旦触发信号超过由旋钮设定的触发电平时，扫描即被触发。顺时针旋转旋钮，触发电平上升；逆时针旋转旋钮，触发电平下降。当电平旋钮调到电平锁定位置时，触发电平自动保持在触发信号的幅度内，不需要电平调节就能产生一个稳定的触发。当信号波形复杂，用电平旋钮不能稳定触发时，用释抑（Hold off）旋钮调节波形的释抑时间（扫描暂停时间），能使扫描与波形稳定同步。

极性开关用来选择触发信号的极性。拨在"+"位置上时，在信号增加的方向上，当触发信号超过触发电平时就产生触发。拨在"-"位置上时，在信号减少的方向上，当触发信号超过触发电平时就产生触发。触发极性和触发电平共同决定触发信号的触发点。

2. 垂直偏转系统

（1）通道1（CH1）的垂直轴电压灵敏度开关（VOLTS/DIV）。

（2）通道2（CH2）的垂直轴电压灵敏度开关（VOLTS/DIV）。

双踪示波器中每个通道各有一个垂直偏转因数选择波段开关。

在单位输入信号作用下，光点在屏幕上偏移的距离称为偏移灵敏度，这一定义对 X 轴和 Y 轴都适用。灵敏度的倒数称为偏转因数。

垂直灵敏度的单位是为 cm/V、cm/mV 或者 DIV/mV、DIV/V，垂直偏转因数的单位是 V/cm、mV/cm 或者 V/DIV、mV/DIV。实际上，因习惯用法和测量电压读数的方便，有时也把偏转因数当灵敏度。一般按1、2、5方式从 5 mV/DIV 到 5V/DIV 分为10挡。波段开关指示的值代表荧光屏上垂直方向一格（1cm）的电压值。例如，波段开关置于 1 V/DIV 挡时，如果屏幕上信号光点移动一格，则代表输入信号电压变化 1 V。使用 10∶1 探头时，应将测量结果进行 ×10 的换算。

（3）通道1（CH1）的可变衰减旋钮/增益×5开关（VAR，PULL ×5 GAIN）。

（4）通道2（CH2）的可变衰减旋钮/增益×5开关（VAR，PULL ×5 GAIN）。

每一个电压灵敏度开关上方还有一个小旋钮，微调每挡垂直偏转因数。将它沿顺时针方向旋到底，处于"校准"位置，此时垂直偏转因数值与波段开关所指示的值一致。逆时针旋转此旋钮，能够微调垂直偏转因数。垂直偏转因数微调后，会造成与波段开关的指示值不一致，这点应引起注意。许多示波器具有垂直扩展功能，当微调旋钮被拉出时，垂直灵敏度扩大5倍（偏转因数缩小5倍）。例如，如果波段开关指示的偏转因数是 1 V/DIV，采用×5扩展状态时，垂直偏转因数是 0.2 V/DIV。

（5）通道1（CH1）的垂直位置调整旋钮/直流偏移开关（POSITION）。

顺时针旋转辉线上升，逆时针旋转辉线下降。

观测大振幅信号时，拉出此旋钮可对被放大的波形进行观测。通常情况下，应将此旋钮按入。

（6）通道2（CH2）的垂直位置调整旋钮/反相开关（POSITION）。

顺时针旋转辉线上升，逆时针旋转辉线下降。

拉出此旋钮时，CH2的信号将被反相，便于比较两个极性相反的信号和利用 ADD 叠加功能观测 CH1 与 CH2 的差信号。通常情况下，应将此旋钮按入。

（7）通道1（CH1）垂直放大器输入耦合方式切换开关（AC – GND – DC）。

AC：经电容器耦合，输入信号的直流分量被抑制，只显示其交流分量。

GND：垂直放大器的输入端被接地。

DC：直接耦合，输入信号的直流分量和交流分量同时显示。

3. 水平偏转系统

（1）扫描速度切换开关（TIME/DIV）。

扫描速度切换开关通过一个波段开关实现，按1、2、5方式把时基分为若干挡。波段开关的指示值代表光点在水平方向移动一个格（1 cm）的时间值。例如，在 1 μs/DIV 挡，光点在屏上移动一格代表时间值 1 μs。

（2）扫描速度可变旋钮（SWP VAR）。

扫描速度可变旋钮为扫描速度微调，"微调"旋钮用于时基校准和微调。沿顺时针方向旋到底处于校准位置时，屏幕上显示的时基值与波段开关所示的标称值一致。逆时针旋转旋钮，则对时基微调。旋钮拔出后处于扫描扩展状态，通常为×10扩展，即水平灵敏度扩大10倍，时基缩小到1/10。例如，在2 μs/DIV挡，扫描扩展状态下荧光屏上水平一格（1 cm）代表的时间值等于2 μs×（1/10）=0.2 μs。

（3）水平位置旋钮/扫描扩展开关（POSITION）。

位移（POSITION）旋钮调节信号波形在荧光屏上的位置。旋转水平位移旋钮（标有水平双向箭头）则将左右移动信号波形，旋转垂直位移旋钮（标有垂直双向箭头）则将上下移动信号波形。

（4）探头校正信号的输出端子（CAL）。示波器内部标准信号，输出0.5 V/1Hz的方波信号。

（5）接地端子（GND）。示波器接地端。

四、交流毫伏表

常用的单通道晶体管毫伏表，具有测量交流电压、电平测试、监视输出等三大功能，如图1-5所示。

交流测量范围是100 mV~300 V、5 Hz~2 MHz，共分1 mV、3 mV、10 mV、30 mV、100 mV、300 mV、1 V、3 V、10 V、30 V、100 V、300 V共12挡。

1. 开机前的准备工作

将通道输入端测试探头上的红、黑色鳄鱼夹短接；再将量程开关置于最高量程（300 V）。

2. 操作步骤

接通220 V电源，按下电源开关，电源指示灯亮，仪器立刻工作。为了保证仪器稳定性，需预热10 s后使用，开机后10 s内指针无规则摆动属正常。

图1-5 交流毫伏表

将输入测试探头上的红、黑鳄鱼夹断开后与被测电路并联（红鳄鱼夹接被测电路的正端，黑鳄鱼夹接地端），观察表头指针在刻度盘上所指的位置，若指针在起始点位置基本没动，说明被测电路中的电压甚小，且毫伏表量程选得过高，此时用递减法由高量程向低量程变换，直到表头指针指到满刻度的2/3左右即可。

准确读数。表头刻度盘上共刻有4条刻度。第1条刻度和第2条刻度为测量交流电压有效值的专用刻度，第3条和第4条为测量分贝值的刻度。当量程开关分别选1 mV、10 mV、100 mV、1 V、10 V、100 V挡时，就从第1条刻度读数；当量程开关分别选3 mV、30 mV、300 mV、3 V、30 V、300 V时，应从第2条刻度读数（逢1就从第1条刻度读数，逢3从第2条刻度读数）。例如，将量程开关置"1 V"挡，就从第1条刻度读数。若指针指的数字是在第1条刻度的0.7处，其实际测量值为0.7 V；若量程开关置"3 V"挡，就从第2条刻度读数。若指针指在第2条刻度的"2"处，其实际测量值为2 V。以上举例说明，当量程开关选在哪个挡位,如1 V挡位,此时毫伏表可以测量外电路中电压的范围是0~1 V,满刻度的最大值也就是1 V。当用该仪表去测量外电路中的电平值时,就从第3、第4条刻度读数,读数方法是,量程数加上指针指示值,等于实际测量值。

3. 注意事项

仪器在通电之前,一定要将输入电缆的红、黑鳄鱼夹相互短接。防止仪器在通电时因外界干扰信号通过输入电缆进入电路放大后,再进入表头将表针打弯。

当不知被测电路中电压值大小时,必须首先将毫伏表的量程开关置最高量程,然后根据表针所指的范围,采用递减法合理选挡。

若要测量高电压,输入端黑色鳄鱼夹必须接在"地"端。

测量前应短路调零。打开电源开关,将测试线(也称开路电缆)的红、黑夹子夹在一起,将量程旋钮旋到1 mV量程,指针应指在零位(有的毫伏表可通过面板上的调零电位器进行调零,凡面板无调零电位器的,内部设置的调零电位器已调好)。若指针不指在零位,应检查测试线是否断路或接触不良,若是则应更换测试线。

交流毫伏表灵敏度较高,打开电源后,在较低量程时由于干扰信号(感应信号)的作用,指针会发生偏转,称为自起现象。所以在不测试信号时应将量程旋钮旋到较高量程挡,以防打弯指针。

交流毫伏表接入被测电路时,其地端(黑夹子)应始终接在电路的地上(成为公共接地),以防干扰。

交流毫伏表表盘刻度分为0~1和0~3两种刻度,量程旋钮切换量程分为逢一量程(1 mV、10 mV、0.1 V、…)和逢三量程(3 mV、30 mV、0.3 V、…),凡逢一的量程直接在0~1刻度线上读取数据,凡逢三的量程直接在0~3刻度线上读取数据,单位为该量程的单位,无须换算。

使用前应先检查量程旋钮与量程标记是否一致,若错位会产生读数错误。

交流毫伏表只能用来测量正弦交流信号的有效值,若测量非正弦交流信号时则要经过换算。

不可用万用表的交流电压挡代替交流毫伏表测量交流电压,万用表内阻较低,主要用于测量50 Hz左右的工频电压。

五、兆欧表

1. 兆欧表的工作原理

兆欧表俗称摇表,是测量绝缘体电阻的专用仪表,主要由磁电式流比计与手摇直流发电机组成。兆欧表原理电路如图1-6所示。

流比计是用电磁力代替游丝产生反作用力矩的仪表。它与一般磁电式仪表不同,除了不用游丝产生反作用力矩外,还有两个区别:一是空气隙中的磁感应强度不均匀;二是可动部

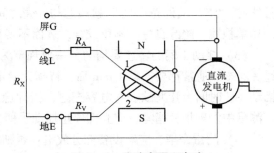

图1-6 兆欧表原理电路

分有两个绕向相反且互成一定角度的线圈，线圈1用于产生转动力矩，线圈2用于产生反作用力力矩。被测电阻接在 L（线）和 E（地）两个端子上，形成了两个回路，一个是电流回路，一个是电压回路。电流回路从电源正端经被测电阻 R_X、限流电阻 R_A、可动线圈1回到电源负端。电压回路从电源正端经限流电阻 R_V、可动线圈2回到电源负端。由于空气隙中的磁感应强度不均匀，因此两个线圈产生的转矩 T_1 和 T_2 不仅与流过线圈的电流 I_1、I_2 有关，还与可动部分的偏转角 α 有关。当 $T_1 = T_2$ 时，可动部分处于平衡状态，其偏转角 α 是两个线圈电流 I_1、I_2 比值的函数（故称为流比计）。

兆欧表的接线端钮有3个，分别标有"G（屏）""L（线）""E（地）"。被测的电阻接在 L 和 E 之间，G 端的作用是为了消除表壳表面 L、E 两端间的漏电和被测绝缘物表面漏电的影响。在进行一般测量时，把被测绝缘物接在 L、E 之间即可。但测量表面不干净或潮湿的对象时，为了准确地测出绝缘材料内部的绝缘电阻，就必须使用 G 端。

2. 兆欧表的使用方法及注意事项

1）使用前的准备工作

（1）检查兆欧表是否能正常工作。将兆欧表水平放置，空摇兆欧表手柄，指针应该指到 ∞ 处，再慢慢摇动手柄，使 L 和 E 两接线桩输出线瞬时短接，指针应迅速指零。注意在摇动手柄时不得让 L 和 E 短接时间过长；否则将损坏兆欧表。

（2）检查被测电气设备和电路，看是否已全部切断电源。绝对不允许设备和线路带电时用兆欧表去测量。

（3）测量前，应对设备和线路先行放电，以免设备或线路的电容放电危及人身安全和损坏兆欧表，这样还可以减少测量误差，同时注意将被测试点擦拭干净。

（4）兆欧表应按被测电气设备或线路的电压等级选用，一般额定电压在500 V 以下的设备可选用500 V 或1 000 V 的兆欧表，若选用过高电压的兆欧表可能会损坏被测设备的绝缘。高压设备或线路应选用2 500 V 的兆欧表。特殊要求的选用5 000 V 兆欧表。

2）正确使用

（1）兆欧表必须水平放置于平稳牢固的地方，以免在摇动时因抖动和倾斜产生测量误差。

（2）接线必须正确无误，兆欧表有3个接线桩，即"E（接地）""L（线路）"和"G（保护环或叫屏蔽端子）"。保护环的作用是消除表壳表面"L"与"E"接线桩间的漏电和被测绝缘物表面漏电的影响。在测量电气设备对地绝缘电阻时，"L"用单根导线接设备的待测部位，"E"用单根导线接设备外壳；如测电气设备内两绕组之间的绝缘电阻时，将"L"和"E"分别接两绕组的接线端；当测量电缆的绝缘电阻时，为消除因表面漏电产生的误差，"L"接线芯，"E"接外壳，"G"接线芯与外壳之间的绝缘层。"L""E""G"与被测物的连接线必须用单根线，绝缘良好，不得绞合，表面不得与被测物体接触。

（3）摇动手柄的转速要均匀，一般规定为120 r/min，允许有 ±20% 的变化，最多不应超过 ±25%。通常都要摇动1 min 后，待指针稳定下来再读数。如被测电路中有电容时，先持续摇动一段时间，让兆欧表对电容充电，指针稳定后再读数，测完后先拆去接线，再停止摇动。若测量中发现指针指零，<u>应立即停止摇动手柄</u>。

（4）测量完毕，应对设备充分放电；否则容易引起触电事故。

（5）禁止在雷电时或附近有高压导体的设备上测量绝缘电阻。只有在设备不带电又不可能受其他电源感应而带电的情况下才可测量。

（6）兆欧表未停止转动以前，切勿用手去触及设备的测量部分或兆欧表接线桩。拆线时也不可直接去触及引线的裸露部分。

（7）兆欧表应定期校验。校验方法是直接测量有确定值的标准电阻，检查其测量误差是否在允许范围内。

六、汽车万用表

1. 汽车万用表的功能要求

在发动机电控系统故障的检测与诊断中，除经常需要检测电压、电阻和电流等参数外，还需要检测转速、闭合角、频宽比（占空比）、频率、压力、时间、电容、电感、温度、半导体元件等。这些参数对于发动机电控系统的故障检测与诊断具有重要意义。但是这些参数用一般数字式万用表无法检测，需用专用仪表即汽车万用表。汽车万用表一般应具备下述功能。

（1）测量交、直流电压。考虑到电压的允许变动范围及可能产生的过载，汽车万用表应能测量大于 40 V 的电压值，但测量范围也不能过大；否则会使读数的精度下降。

（2）测量电阻。汽车万用表应能测量 1 MΩ 的电阻，测量范围大一些使用起来较方便。

（3）测量电流。汽车万用表应能测量大于 10 A 的电流，测量范围再小则使用不方便。

（4）记忆最大值和最小值。该功能用于检查某电路的瞬间故障。

（5）模拟条显示。该功能用于观测连续变化的数据。

（6）测量脉冲波形的频宽比和点火线圈一次侧电流的闭合角。该功能用于检测喷油器、怠速稳定控制阀、EGR 电磁阀及点火系统等的工作状况。

（7）测量转速。

（8）输出脉冲信号。该功能用于检测无分电器点火系统的故障。

（9）测量传感器输出的电信号频率。

（10）测量二极管的性能。

（11）测量大电流。配置电流传感器（霍尔式电流传感夹）后，可以测量大电流。

（12）测量温度。配置温度传感器后可以检测冷却水温度、尾气温度和进气温度等。

2. 选择开关的含义

汽车专用万用表虽然面板形式不同，但功能相近，常用的仪表有：笛威 TWAY9206A、TWAY9406A；胜利 – 98；美国艾克强（Actron） MODEL 2882，MODEL3002，SunproCp7678；萨美特（SUMMIT） SDM586；SDM786；OTC 系列；EDA（中国台湾）系列汽车万用表等。

有的专用数字电表还增加示波器、运行记录器、发动机分析仪的功能，DA – 230 型汽车万用表在配用真空/压力转换器（附件）时，可以测量压力和真空度，在其外形尺寸不变的情况下，做到专用数字电表的多功能、多用途。

SUMMIT SDM586 汽车专用万用表面板布置，包括液晶显示器、功能按键、选择开关和表笔插孔等部分，如图 1 – 7 所示。

选择开关含义如下。

(1) RPM (DUTY FREQ DWELL): 使用表笔进行转速、占空比、脉宽和频率测量。

(2) RPM (INDUCTIVE): 感应式转速测量。

(3) Hz: 频率测量, 量程有 200 Hz、2 kHz、20 kHz、200 kHz。

(4) $\tilde{V}$: 交流电压测量, 量程有 4 V、40 V、400 V、1 000 V。

(5) $\overline{V}$: 直流电压测量, 量程有 4 V、40 V、400 V、1 000 V。

(6) mV: 直流电压毫伏测量, 量程为 400 mV。

(7) Ω: 电阻与连续性测量, 量程有 400 Ω、4 kΩ、40 kΩ、400 kΩ、4 MΩ、40 MΩ。

(8) ⊣▷⊢: 二极管测量, 量程为 3 V。

(9) A: 交、直流电流测量, 量程有 4 A、10 A。

(10) mA: 交、直流电流毫安测量, 量程有 40 mA、400 mA。

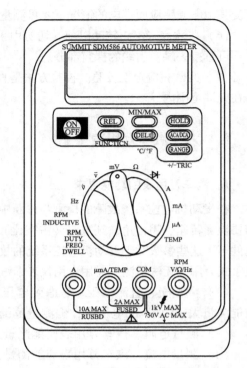

图 1-7 SUMMIT SDM586 汽车专用万用表

(11) μA: 交、直流电流微安测量, 量程有 40 μA、400 μA。

(12) TEMP: 温度测量, 量程为 -40 ℃ ~ +1 370 ℃ 或 -40 ℉ ~ +2 498 ℉。

(13) $\dfrac{ON}{OFF}$: 仪表开关。

(14) REL: 选择相对读数功能, 再次按下退出该功能。

(15) MIN/MAX: 选择记录功能, 按下依次显示最大值、最小值、平均值和目前读数, 按下并保持 3 s, 退出该功能。

(16) HOLD: 保持目前读数功能, 再次按下退出该功能。

(17) ACA/DCA: 交流、直流电流选择键。

(18) RANGE: 自动、手动转换。在自动测量范围内, 按下选择手动范围; 按下并保持 3 s, 返回自动测量范围; 在进行脉宽、占空比和频率测量时, 按下可选择触发相位的 + 或 -; 在进行感应式转速测量时, 可选择发动机的冲程数; 在使用表笔进行转速测量时, 可选择发动机的气缸数。

(19) DEL: 闭合角、连续性、温度选择开关; 在 RPM (DUTY FREQ DWELL) 挡时, 可选择闭合角测量; 在欧姆挡时, 可选择连续性测量; 在进行温度测量时, 可选择摄氏或华氏。

(20) FUNCTION: 转速、占空比、脉宽和频率选择开关; 在 RPM (DUTY FREQ DWELL) 挡时; 按下可依次选择转速、占空比、脉宽和频率的测量。

当打开开关时, 显示器如图 1-8 显示, 其含义如表 1-2 所示。

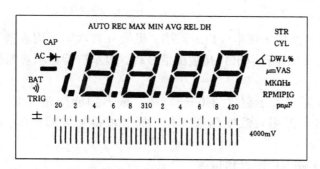

图1-8 SUMMIT SDM586 汽车专用万用表功能显示

表1-2 SUMMIT SDM586 汽车专用万用表功能显示符号和意义

显示符号	含义	显示符号	含义
AUTO	自动选择最佳测量范围	REC	录音功能
MAX	记录功能所记录的最大值	MIN	记录功能所记录的最小值
AVG	记录功能所记录的平均值	REL	相对读数
DH	数值保持功能	CAP	电容测量
AC	交流电流或电压测量	BAT	仪表或电池低电压显示
TRIG	+、-触发器	STR	发动机冲程数选择，2或4
CYL	发动机气缸数选择，最多至8缸	∠DWL	闭合角
RPM IP	使用感应式夹钳测量转速，将夹钳夹在一缸高压线上	RPM IG	使用表笔测转速，将表笔接在点火线圈低压接柱上
V	电压挡	mV	毫伏电压挡
A	电流挡	mA	毫安电流挡
μA	微安电流挡	%	占空比测量
Ω	欧姆或阻抗测量	kΩ	千欧
MΩ	兆欧	Hz	频率测量
kHz	千频测量	ms	毫秒测量，使用于喷油脉宽；
C/F	摄氏或华氏温度测量	⊸▷⊢	二极管测量
)))	显示连续性		

3. 汽车万用表的使用方法

1）信号频率测试

将测试项目选择开关置于频率（Freq）挡，黑线（自汽车万用表搭铁座孔引出）搭铁，红线（自汽车万用表公用座孔引出）接被测信号线，显示屏即显示被测频率。

2）温度检测

将测试项目选择开关置于温度（Temp）挡，按下功能按钮（℃/℉），将黑线搭铁，探针线插头端插入汽车万用表温度测量座孔，探针端接触被测物体，显示屏即显示被测温度。

3）点火线圈一次侧电路闭合角检测

将测试项目选择开关置于闭合角（Dwell）挡，黑线搭铁，红线接点火线圈负接线柱，发动机运转，显示屏即显示点火线圈一次侧电路闭合角。

4）频宽比测量

将测试项目选择开关置于频宽比（Duty Cycle）挡，红线接电路信号，黑线搭铁，发动机运转，显示屏即显示脉冲信号的频宽比。

5）转速测量

将测试项目选择开关置于转速（RPM）挡，转速测量专用插头插入搭铁座孔与公用座孔中，感应式转速传感器（汽车万用表附件）夹在某一缸高压点火线上，在发动机工作时，显示屏即显示发动机转速。

6）起动机起动电流测量

将测试项目选择开关置于"400 mV"挡（1 mV 相当于 1 A 的电流，即用测量电流传感器电压的方法来测量起动机启动电流），把霍尔式电流传感夹夹到蓄电池线上，其引线插头插入电流测量座孔，按下最小/最大功能按钮，然后拆下点火高压线，用起动机转动曲轴 2~3 s，显示屏即显示启动电流。

7）氧传感器测试

拆下氧传感器线束连接器，将测试项目选择开关置于"4 V"挡，按下 DC 功能按钮，使显示屏显示"DC"，再按下最小/最大功能按钮，将黑线搭铁，红线与氧传感器相连；然后以快怠速（2 000 r/min）运转发动机，使氧传感器工作温度达 360 ℃以上。此时，如混合气浓，氧传感器输出电压约为 0.8 V；如混合气稀，氧传感器输出电压为 0.1~0.2 V。当氧传感器工作温度低于 360 ℃时（发动机处于开环工作状态），氧传感器无电压输出。

8）喷油器喷油脉冲宽度测量

将测试项目选择开关置于频宽比挡，测出喷油器工作脉冲频率的频宽比后，再把测试项目选择开关置于频率（Freq）挡，测出喷油器工作脉冲频率（Hz），然后按下式计算喷油器喷油脉冲宽度，即

$$S_P = \frac{\eta}{f_P}$$

式中：S_P 为喷油脉冲宽度，s；η 为频宽比，%；f_P 为喷油频率，Hz。

任务工单1

工作任务	常用电工测量仪表的使用						
姓名		学号		班级		日期	

1. 实训目的

掌握常用测量仪表的使用。

2. 实训仪器

(1) 函数信号发生器；
(2) 交流毫伏表；
(3) 双踪示波器；
(4) 万用表；
(5) 电子实训台。

3. 实训步骤

从函数信号发生器输出频率分别为 200 Hz、1 kHz、2 kHz、10 kHz、20 kHz、100 kHz（峰峰值为 1 V）的正弦波、方波、三角波信号，用示波器观察并画出波形。

从函数信号发生器输出频率分别为 200 Hz、1 kHz、2 kHz、10 kHz，幅值分别为 100 mV 和 200 mV（有效值）的正弦波信号。用示波器和交流毫伏表进行参数的测量并填入表1–3中。

表1–3 测量数据

信号频率	信号电压毫伏表读数	示波器测量值		示波器测量值	
		峰峰值	有效值	周期/ms	频率/Hz
200 Hz	100 mV				
	200 mV				
1 kHz	100 mV				
	200 mV				
2 kHz	100 mV				
	200 mV				
10 kHz	100 mV				
	200 mV				

注：峰峰值 = 2 倍最大值 = $2\sqrt{2}$ 倍有效值

4. 评估

教师签字：

1. 使用电工仪表需注意的事项有哪些？
2. 如何用指针式万用表测电阻？
3. 使用数字式万用表的注意事项有哪些？

学习项目二

直流电路

学习单元 1
电路的基本概念与物理量

4 学时

电子多媒体教室

1. 掌握直流电路的基本概念
2. 掌握电路中电流、电压、电位、电功率、电能的意义及计算

电路是电工技术和电子技术的基础，它是为学习后面的电子电路、电机电路以及控制与测量电路打基础的。电路是电流的通路，由电路元（器）件按一定要求连接而成，为电流的流通提供路径的集合体。电路的基本功能是实现电能的传输和分配或者电信号的产生、传输、处理加工及利用。

一、电路和电路模型

1. 电路的组成与作用

图 2 - 1（a）是汽车照明电路，它由蓄电池、车灯、开关、连接导线等组成，当开关闭合时，电流从蓄电池正极出发经车灯再流回负极形成电路，因此电路就是电流通过的路径。

电路按作用的不同可分为电工电路和电子（信号）电路两大类，它们的作用不同，组成也不同。

电工电路的作用是电能的产生、传输控制和转换，它由电源、负载、中间环节组成。最能说明问题的例子是汽车照明电路（图 2 - 1（a）），在开关闭合时，蓄电池产生的电能经开关、连接导线送给车灯，由车灯转换成光能，实现了电能的产生、传输控制和转换。在电路中，蓄电池是提供电能的设备，是电源，它将化学能转换成电能。车灯是使用电能的设备，是负载，也称用电器，其作用是将电能转换成热能。这一转换是不可逆的，说明电能被消耗了，因此车灯是一电阻性负载。开关和连接导线位于电源和负载之间，称为中间环节，在电路中起着电能的传输和控制作用。可见，电源、负载、中间环节组成了照明电路，图 2-1 (b) 所示为其电路模型。

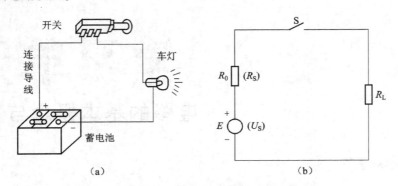

图 2-1 汽车照明电路及其模型

(a) 汽车照明电路；(b) 电路模型

与电工电路不同，电子电路的作用是电信号的产生、处理传输和变换，由信号源、负载和中间环节组成。典型的例子是扩音机电路，其框图如图 2-2 所示。话筒产生的电信号（电压或电流）经放大器处理后传送给扬声器，由扬声器转换为声音。实现了电信号的产生、处理传输和变换功能。在电路中，话筒是输出信号的设备，称为信号源，在电路中它将声音信号变换为电压信号或电流信号。扬声

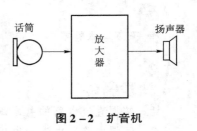

图 2-2 扩音机

器是接收和转换电信号的设备，是负载。放大器处于信号源与负载之间，为中间环节，在电路中用于放大电信号。可见，信号源、负载和中间环节组成了扩音机电路。

需要指出，电工电路和电子（信号）电路是全体电路的代表，它们的作用和组成反映了全体电路的作用与组成情况，了解这一点有助于回答电路的作用和组成问题。

2. 电路模型

电路的结构通常可用实物图、框图、电路模型等多种形式表示。其中，实物图绘图烦琐，框图没有表示出实际元件的内部结构，无法使用定理、定律计算，因此电路通常用电路模型表示。为了搞清表示方法，首先介绍理想电路元件的概念。

理想电路元件是指只有一种电磁性质的假想元件。基本的理想电路元件有电阻元件、电感元件、电容元件以及理想电压源和理想电流源共 5 种。电阻 R 表示电阻元件具有消耗电能的性质，即电阻性；电感 L 表示电感元件具有储存磁场能的性质，即电感性；电容 C 表示电容元件有储存电场能的性质，即电容性；E（U_S）表示理想电压源有输出电压不变的性质，即恒压性；I_S 表示理想电流源具有输出电流不变的性质，即恒流性。因为每种理想元件只有一个参数，因此又称为单一参数元件。

理想电路元件用于表示实际元件。一般实际元件有一种不可忽略的性质时，只需用一个理想元件表示，当有多个不可忽略的性质时，需用多个理想元件表示。例如，车灯除了具有消耗电能的电阻性外，通过电流时还会产生磁场，具有电感性，但因为电感微小，通常忽略不计，所以车灯可用一个电阻元件表示。又如蓄电池，除具有将非电能转换成电能的性质

外，还有通过电流时发热，消耗电能的性质，就是电阻性，这两种性质不能忽略，因此需要用理想电压源与电阻元件的串联电路表示。

电路模型就是将实际元件用理想元件及其组合表示之后所得到的图形，图 2-1（a）所示为汽车照明电路，蓄电池用理想电压源 E（U_S）和电阻 R_0（R_S）的串联电路表示，车灯用电阻 R_L 表示，开关和连接导线用 S 和理想导线（即电阻为零的导线）表示，所得到的图形就是汽车照明电路的电路模型，如图 2-1（b）所示。

实际电路用电路模型表示之后，绘图和计算变得简单、容易，因此实际电路经常用电路模型表示，今后分析的实际电路都是用其电路模型表示的。为叙述方便，今后电路模型一律简称为电路。电路的分析就是在已知电路结构和参数的条件下，确定电流、电压等基本物理量的大小和方向。为此，必须对电路的物理量有一个明确的认识。

二、电路的基本物理量

1. 电流

1）电流的表达式及单位

电荷的定向运动就形成电流。在金属导体中，电流是自由电子在电场的作用下做定向运动形成的。在某些液体或气体中，电流则是带正负电荷的离子在电场力的作用下做有规则的运动形成的。电流的大小等于单位时间内通过某一导体横截面的电荷量，用电流（I）来表示。电流这一名词既表示一种物理现象，也表示一个物理量，即

$$I = \frac{Q}{t}$$

国际单位制（SI）中，电荷的单位是库仑（C），时间的单位是秒（s），电流的单位是安培，简称安（A），实用中还有毫安（mA）和微安（μA）等。

2）电流的参考方向

电流的方向，有实际方向和参考方向之分，要加以区别。习惯上规定正电荷运动的方向或负电荷运动的相反方向为电流的方向（实际方向）。电流的方向是客观存在的。但在分析较为复杂的直流电路时，往往难以事先判断某支路中电流的实际方向；对交流而言，其方向随时间而变，在电路图上也无法用一个箭头来表示它的实际方向。为此，在分析与计算电路时，常可任意选定某一方向作为电流的参考方向，或称为正方向。所选电流的参考方向并不一定与电流的实际方向一致。参考方向可以任意设定，在电路中用箭头表示，并且规定，如果电流的实际方向与参考方向一致，电流为正值；反之，电流为负值，如图 2-3 所示。不设定参考方向而谈电流的正负是没有意义的。

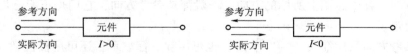

图 2-3　电流的参考方向

3）直流电流的测量

直流电流的大小和方向都不随时间变化，又称之为恒定电流。所通过的电路称为直流电

路，是由直流电源和电阻构成的闭合导电回路。在该电路中，形成恒定的电场，在电源外，正电荷经电阻从高电势处流向低电势处，在电源内，靠电源的非静电力的作用，克服静电力，再从低电势处到达高电势处，如此循环，构成闭合的电流线。在直流电路中，测量电流时，应根据电流的实际方向将电流表串入待测支路中，如图2-4所示，电流表两旁标注的"+""-"号为电流表的极性。

例2-1 在图2-5中，各电流的参考方向已设定。已知 $I_1 = 10$ A，$I_2 = -2$ A，$I_3 = 8$ A。试确定 I_1、I_2、I_3 的实际方向。

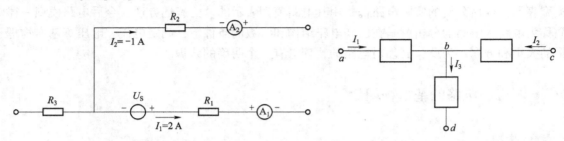

图2-4 直流电流测试电路　　　　　　图2-5 例2-1电路

解 $I_1 > 0$，故 I_1 的实际方向与参考方向相同，I_1 由 a 点流向 b 点。
$I_2 < 0$，故 I_2 的实际方向与参考方向相反，I_2 由 b 点流向 c 点。
$I_3 > 0$，故 I_3 的实际方向与参考方向相同，I_3 由 b 点流向 d 点。

2．电压

1）电压的定义及单位

电流所以能够在导线中流动，也是因为在电流中有着高电位和低电位之间的差别。这种差别叫电位差，也叫电压。换句话说。在电路中，任意两点之间的电位差称为这两点的电压。电压的基本概念：电压是指电路中 a、b 两点之间的电位差（简称为电压），其大小等于单位正电荷因受电场力作用从 a 点移动到 b 点所做的功。电压是衡量电场做功本领大小的物理量，即

$$u = \frac{dW}{dq}$$

在国际单位制（SI）中，电压的单位为伏特，简称伏（V），实用中还有千伏（kV）、毫伏（mV）和微伏（μV）等。

2）电压的参考方向

电压和电动势都是矢量，在分析电路时和电流一样，它们也具有方向。电压的方向规定为高电位（"+"极性）端指向低电位（"-"极性）端，即为电位降低的方向。电源电动势的方向规定为在电源内部由地电位（"-"极性）端指向高电位（"+"极性）端，即为电位升高的方向。在电路图上所标的方向，一般都是参考方向，它们是正值还是负值视选定的参考方向而定。

电压的参考方向可用箭头"→"表示，也可用双下标表示，还可用极性"+""-"表示，"+"表示高电位，"-"表示低电位。多数情况下采用双下标和极性表示法。当电压的参考方向与实际方向一致时，电压为正（$U > 0$）；当电压的参考方向与实际方向相反时，电压为负（$U < 0$），如图2-6所示。

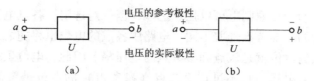

图 2-6 电压的参考极性

(a) $U>0$；(b) $U<0$

3) 支路电压的测量

在直流电路中，测量电压时，应根据电压的实际极性将直流电压表跨接在待测支路两端。电压表与电阻并联时，电压表支路相当于断路。也就是说，电压表在电路中只是测电阻两端的电压，在分析电路结构时可以从电路图上去掉。

如图 2-7 所示，若 $U_{ab}=10\text{ V}$，$U_{bc}=-3\text{ V}$，测量这两个电压时应按图示极性接入电压表。电压表两旁标注的"＋""－"号分别表示电压表的正极性端和负极性端。

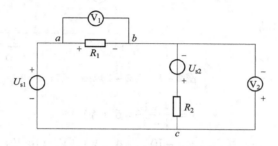

图 2-7 直流电压测试电路

4) 关联参考方向

在电路分析中，电流的参考方向和电压的参考极性都可以各自独立地任意设定。但为了方便，通常采用关联参考方向。对于一个电路元件，当它的电压和电流的参考方向一致时，通常称为关联参考方向，即：电流从标电压正极性的一端流入，并从标电压负极性的另一端流出，如图 2-7 所示。这样，在电路图上只要标出电压的参考极性，就确定了电流的参考方向；反之亦然。图 2-8 (a) 只需用图 2-8 (b)、(c) 中的一种表示即可。

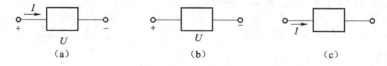

图 2-8 关联参考方向

3. 电位及参考点

在分析电子电路时，通常要应用电位这个概念。譬如对二极管来讲，只有当它的阳极电位高于阴极电位时，管子才能导通；否则就截止。在讨论晶体管的工作状态时，也要分析各个极的电位高低，前面只引出电压这个概念。两点间的电压就是两点的电位差。它只能说明一点的电位高，另一点的电位低，以及两点的电位相差多少的问题。至于电路中某一点的电位究竟是多少伏特，将在下面讨论。

电路中每一个点都有一定的电位，就如同空间每一处都有一定的高度一样。计算电位也需要有一个参考点，参考点原则上可以任意选取，但一经选定，各点电位的计算即以参考点为准。电位值是相对的，参考点选取不同，电路中各点的电位也将随之改变。将参考点的电位定为零，则所求点的电位就是该点到参考点的电压降。因此，电位虽是指某一点而言，但实质上还是两点之间的电压，只不过这第二点（参考点）的电位是零而已。电路中两点间的电压值是固定的，不会因参考点的不同而改变，即与零电位参考点的选取无关。所以计算电位的方法与计算电压的方法完全相同。参考点处用符号"⊥"表示。

例2-2 试求图2-9（a）所示电路中的 V_a、V_b 及 U_{ab}。

解 如果不习惯这种画法时，可将它改画成一般形式，如图2-9（b）所示，其中 c 为参考点，于是有

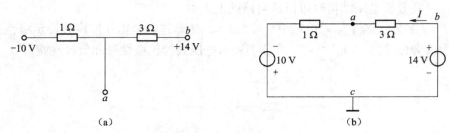

图2-9 例2-2电路

$$I = \frac{14+10}{1+3} = 6 \text{ (A)}$$

$$V_a = U_{ac} = 1 \times 6 - 10 = -4 \text{ (V)}, \quad V_b = 14 \text{ V}$$

或

$$V_a = -3 \times 6 + 14 = -4 \text{ (V)}$$

$$V_b = 3 \times 6 + 1 \times 6 - 10 = 14 \text{ (V)}$$

$$U_{ab} = V_a - V_b = -4 - 14 = -18 \text{ (V)}$$

例2-3 求图2-10所示电路中打开及闭合开关后两端的电压。

解 （1）S打开时，电路中没有电流。
开关两端电压为 $U_{ab} = 0$
a 点经开关S接地，故 $V_a = V_b = -10$ V

（2）S闭合后电路中有由 a 流向 b 的电流，故

$$I = \frac{10}{2} = 5 \text{(A)}$$

$$V_a = 0$$

$$V_b = -10 \text{ V}$$

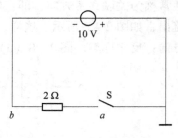

图2-10 例2-3电路

$$U_{ab} = V_a - V_b = 0 - (-10) = 10 \text{(V)}$$

4. 电功率

1）电功率的定义

电流在单位时间内做的功叫作电功率，是用来表示消耗电能快慢的物理量。电功率（简称功率）所表示的物理意义是电路元件或设备在单位时间内吸收或放出的电能。

图2-11（a）所示方框为电路中的一部分 a、b 段，图中采用了关联参考方向，设在 dt 时间内，由 a 点转移到 b 点的正电荷量为 dq，ab 间的电压为 u，在转移过程中 dq 失去的能量为

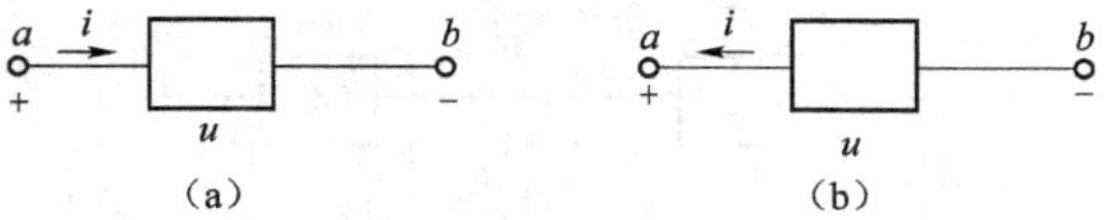

图 2-11 功率

$$dW = udq$$

正电荷失去能量,也就是这段电路吸收或消耗了能量,因此,ab 段电路所消耗的功率为

$$p = \frac{dW}{dt} = u\frac{dq}{dt} = ui$$

在直流电路中,对应消耗的功率为

$$P = UI$$

2)电功率的单位及 P 为正负时的意义

在 SI 中功率的单位为瓦特,简称瓦(W)。实用中还有千瓦(kW)、毫瓦(mW)等。需要强调的是,在电压、电流符合关联参考方向的条件下,如图 2-11(a)所示,一段电路的功率代表该段电路消耗的功率,当 P 为正值时,表明该段电路消耗功率;当 P 为负值时,则表明该段电路向外提供功率,即产生功率。而储能元件(如理想电容、电感元件)既不吸收功率也不放出功率,即其功率 $P=0$。通常所说的功率 P 又叫作有功功率或平均功率。如果电压、电流不符合关联参考方向,如图 2-11(b)所示,则结论与上述相反。

5. 电能

电能指电以各种形式做功的能力。有直流电能、交流电能、高频电能等,这几种电能均可相互转换。日常生活中使用的电能主要来自其他形式能量的转换,包括水能(水力发电)、热能(火力发电)、原子能(原子能发电)、风能(风力发电)、化学能(电池)及光能(光电池、太阳能电池等)等。电能也可转换成其他所需能量形式。它可以有线或无线的形式作远距离的传输。电能被广泛应用在动力、照明、冶金、化学、纺织、通信、广播等各个领域,是科学技术发展、国民经济飞跃的主要动力。

电能是表示电流做多少功的物理量,电能是在一定的时间内电路元件或设备吸收或放出的电能量。

在直流电路中,有 $W = \int_{t_2}^{t_1} uidt$,也可写为

$$W = UIt$$

式中:t 为通电时间。

在 SI 中,电能的单位为焦耳,简称焦(J)。实用单位还有度,1 度 =1 千瓦×1 小时 =1 千瓦时(kW·h),即功率为 1 000 W 的供能或耗能元件,在 1 h 的时间内所发出或消耗的电能量为 1 度。

例 2-4 在图 2-12 中,方框代表电源或电阻,各电压、电流的参考方向均已设定。已知 $I_1 = 2$ A,$I_2 = 1$ A,$I_3 = -1$ A,$U_1 = 7$ V,$U_2 = 3$ V,$U_3 = -4$ V,$U_4 = 8$ V,$U_5 = 4$ V。求各元件消耗或向外提供的功率。

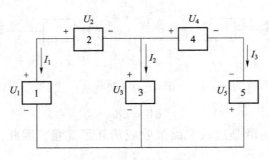

图 2-12 例 2-4 电路

解 元件 1、3、4 的电压、电流为关联方向，有

$$P_1 = U_1 I_1 = 7 \times 2 = 14(\text{W})(消耗)$$
$$P_3 = U_3 I_2 = -4 \times 1 = -4(\text{W})(提供)$$
$$P_4 = U_4 I_3 = 8 \times (-1) = -8(\text{W})(提供)$$

元件 2、5 的电压、电流为非关联方向，有

$$P_2 = -U_2 I_1 = -3 \times 2 = -6(\text{W})(提供)$$
$$P_5 = -U_5 I_3 = -4 \times (-1) = 4(\text{W})(消耗)$$

电路向外提供的总功率为

$$-4 - 8 - 6 = -18(\text{W})(提供)$$

电路消耗的总功率为

$$14 + 4 = 18(\text{W})(消耗)$$

计算结果说明符合能量守恒原理，因此是正确的。

学习单元 2
电路基本元件

4 学时

电子多媒体教室

1. 掌握电阻元件的伏安特性、欧姆定律、功率及其串并联
2. 掌握电容元件的伏安特性，了解电容元件的电场能
3. 掌握电感元件的伏安特性，了解电容元件的磁场

一、电阻元件

1. 电阻元件的伏安特性及欧姆定律

1）线性电阻及其伏安特性曲线

导体对电流的阻碍作用就叫导体的电阻。电阻元件是所有电子电路中使用最多的元件。电阻元件的主要物理特征是变电能为热能，也可说它是一个耗能元件，电流经过它就产生热能。电阻元件在电路中通常起分压、分流作用，对信号来说，交流与直流信号都可以通过电阻元件。

金属导体的电阻与导体的尺寸及导体材料的导电性能有关，表达式为

$$R = \rho \frac{l}{S}$$

式中：ρ 为电阻率，它是一个表示材料对电流起阻碍作用的物理量，在国际单位制中，电阻率的单位为欧姆·米（$\Omega \cdot m$）。

在温度一定的条件下，把加在电阻两端的电压与通过电阻的电流之间的关系称为伏安特性。一般金属电阻的阻值不随所加电压和通过的电流而改变，即在一定的温度下其阻值是常数，这种电阻的伏安特性是一条经过原点的直线，如图 2 – 13 所示，这种电阻称为线性电阻。

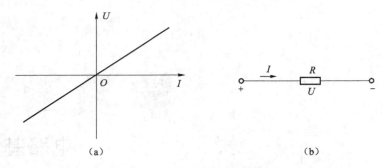

图 2-13 线性电阻及其伏安特性

2）欧姆定律

在同一电路中，导体中的电流跟导体两端的电压成正比，跟导体的电阻阻值成反比，这就是欧姆定律，基本公式为

$$I = \frac{U}{R}$$

在上式中，R 是一个与电压和电流均无关的常数，称为元件的电阻。欧姆定律通常只适用于线性电阻。在 SI 中，电阻的单位为欧姆，简称欧（Ω）。常用单位还有千欧（kΩ）、兆欧（MΩ）等。

3）电导

电阻的倒数叫作电导，用 G 表示。在 SI 中，电导的单位是西门子，简称西（S），用电导表征电阻时，欧姆定律可写成

$$I = GU \quad 或 \quad U = \frac{I}{G}$$

如果电阻的端电压和电流为非关联方向时，则欧姆定律应写为

$$U = -RI \quad 或 \quad I = -GU$$

2. 电阻元件的功率

电阻元件可以理解为从电源取用电能，转换成热能散失于周围空间，总是在消耗电能，其能量转换过程是不可逆的，这种元件就是电阻元件。对于电阻元件，在关联参考方向下，电阻元件消耗的功率为

$$P = UI = I^2R = \frac{U^2}{R}$$

电阻 R 为正实常数，故功率 P 恒为正值，这是其耗能性质的真实体现。适用于能量转换（电能转换为热能）过程不可逆的情况，也就是电阻电路，而不适用于含电感或电容元件的情况。

3. 电阻的串联

1）等效串联电阻及分压关系

两个或两个以上电阻一个接一个成串地连接起来，中间无分支，置于电源电压的作用下，就组成了电阻串联电路。各电阻中通过同一电流，电阻总的作用得到加强。两个串联电阻可用一个等效电阻来代替，等效的条件是在同一电压 U 的作用下使电流 I 保持不变。等效

电阻等于各个串联电阻之和，即 $R = R_1 + R_2$，则可用图 2 – 14（b）代替图 2 – 14（a），两图中电阻的作用完全等效。

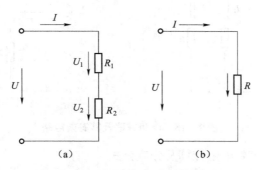

图 2 – 14　电阻串联及其等效电路

2）串联电阻的分压公式

在串联电路中，若总电压 U 为已知，各电阻上的电压可由下式求出，即

$$U_1 = R_1 I = \frac{R_1}{R} U$$

$$U_2 = R_2 I = \frac{R_2}{R} U$$

$$U_1 : U_2 = R_1 : R_2$$

上式为串联电阻的分压公式。

可见，串联电阻上电压的分配与电阻成正比。当其中某个电阻较其他电阻小很多时，在它两端的电压也较其他电阻上的电压低很多，因此，这个电阻的分压作用常可忽略不计。

电阻串联的应用很多。譬如在负载的额定电压低于电源电压的情况下，通常需要与负载串联一个电阻，以降落一部分电压。有时为了限制负载中通过过大的电流，也可以与负载串联一个限流电阻。如果需要调节电路中的电流时，一般也可以在电路中串联一个变阻器来进行调节。另外，改变串联电阻的大小以得到不同的输出电压，这也是常见的做法。

4．电阻的并联

1）等效并联电阻

两个或两个以上的电阻接在两个节点之间，在电源电压的作用下，它们两端的电压都相等，这种连接方式称为并联。每个电阻上受到同一电压作用，电阻总的作用被削弱，两个并联电阻也可用一个等效电阻来代替，即 $G = G_1 + G_2$，G 称为电导，是电阻的倒数。其单位为西门子（S）。并联电阻用电导表示，在分析计算多支路并联电路时可以简便些。并联电阻电路如图 2 – 15 所示。

在并联电路中，等效并联电阻为

$$\frac{1}{R} = \frac{1}{R_1} + \frac{1}{R_2}$$

或

$$G = G_1 + G_2$$

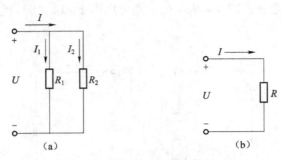

图 2-15 电阻并联及其等效电路

2）两电阻并联时的等效电阻计算及分流公式

两电阻并联时的等效电阻为

$$R = R_1 // R_2 = \frac{R_1 R_2}{R_1 + R_2}$$

两电阻并联时的分流公式为

$$I_1 = \frac{R_2}{R_1 + R_2} I$$

$$I_2 = \frac{R_1}{R_1 + R_2} I$$

可见，并联电阻上电流的分配与电阻成反比。当其中某个电阻较其他电阻大很多时，通过它的电流就较其他电阻上的电流小很多。因此，这个电阻的分流作用常可忽略不计。

一般负载都是并联运用的。负载并联运用时，它们处于同一电压下，任何一个负载的工作情况基本上不受其他负载的影响。

有时为了某种需要，可将电路中的某一段与电阻或变阻器并联，以起分流或调节电流的作用。

二、电容元件

1. 电容元件介绍

电容是以聚集电荷的形式储存电能的二端元件，是一种电子元件，由绝缘体或电介质材料隔离的两个导体组成。电容的电路参数用字母 C 表示。若在电容器两极间加一直流电压，电源将向电容器充电，使电容器的两极积聚了数量相等、符号相反的电荷 q，两极间建立了电场并具有一定的电压 u。积聚的电荷越多，所形成的电场就越强，电容元件所储存的电场能也就越大。

电容元件是各种实际电容器的理想化模型，其符号如图 2-16（a）所示。

电荷量与端电压的比值叫作电容元件的电容，理想电容器的电容为一常数，电荷量 q 总是与端电压 u 呈线性关系，即

$$q = Cu$$

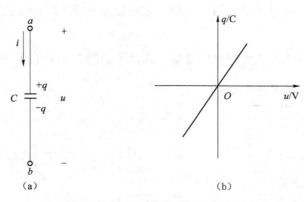

图 2-16 理想电容的符号和特性

在 SI 制中,电容的单位为法拉,简称法,符号为 F。常用单位有微法（μF）、皮法（pF）。上式表示的电容元件电荷量与电压之间的约束关系,称为线性电容的库伏特性,它是过坐标原点的一条直线,如图 2-16（b）所示。

2. 电容元件的伏安特性

当极板上的电荷 q 或电压 u 发生变化时,在电路中要引起电流。

对于图 2-16（a）,当 u、i 取关联参考方向时,有

$$i = \frac{dq}{dt} = \frac{d(Cu)}{dt} = C\frac{du}{dt}$$

当 u、i 为非关联参考方向时,有

$$i = -C\frac{du}{dt}$$

电容的伏安特性说明,任一瞬间,电容电流的大小与该瞬间电压变化率成正比,而与这一瞬间电压大小无关。

3. 电容元件的电场能

关联参考方向下,电容吸收的功率为

$$p = iu = Cu\frac{du}{dt}$$

电容元件从 $u(0)=0$（电场能为零）增大到 $u(t)$ 时,总共吸收的能量,即 t 时刻电容的电场能量为

$$W_C(t) = \int_0^t p\,dt = \int_0^{u(t)} Cu\,du = \frac{1}{2}Cu^2(t)$$

当电容电压由 u 减小到零时,释放的电场能量也按上式计算。

动态电路中,电容和外电路进行着电场能和其他能的相互转换,其本身不消耗能量。

三、电感元件

电感元件是一种储能元件,电感元件的原始模型为导线绕成圆柱线圈。当线圈中通以电流 i,在线圈中就会产生磁通量 Φ,并储存能量。表征电感元件（简称电感）产生磁通,存

储磁场的能力的参数,也叫电感,用 L 表示,它在数值上等于单位电流产生的磁链。

1. 电感元件介绍

电感元件是实际电感线圈的理想化模型,其符号如图 2-17(a)所示。

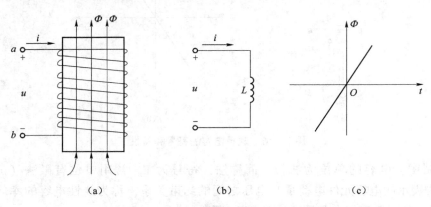

图 2-17 电感元件的符号和特性

其中,Φ 的单位为韦(伯)。L 叫作电感元件的电感或自感,电感元件的电感为一常数,磁链 Ψ 总是与产生它的电流 i 呈线性关系,即

$$\Psi = Li$$

在 SI 制中,电感的单位为亨(利),符号为 H,常用的单位有毫亨(mH)、微亨(μH)。Ψ 的单位为韦(伯)。电感元件磁链与产生它的电流之间的约束关系称为线性电感的韦安特性,是过坐标原点的一条直线,如图 2-17(c)所示。

2. 电感元件的伏安特性

根据电磁感应定律,感应电压等于磁链的变化率。当电压的参考极性与磁通的参考方向符合右手螺旋定则时,可得

$$u = \frac{d\Psi}{dt}$$

当电感元件中的电流和电压取关联参考方向时,有

$$u = \frac{d\Psi}{dt} = \frac{dLi}{dt} = L\frac{di}{dt}$$

当 u、i 为非关联参考方向时,有

$$u = -L\frac{di}{dt}$$

电感元件的伏安特性说明,任一瞬间,电感元件端电压的大小与该瞬间电流的变化率成正比,而与该瞬间的电流无关。电感元件也称为动态元件,它所在的电路称为动态电路。电感对直流起短路作用。

3. 电感元件的磁场

关联参考方向下,电感吸收的功率为

$$p = ui = Li\frac{di}{dt}$$

电感电流从 $i(0)=0$ 增大到 $i(t)$ 时,总共吸收的能量,即 t 时刻电感的磁场能量为

$$W_{\mathrm{L}}(t) = \int_0^t p\mathrm{d}t = \int_0^{i(t)} Li\mathrm{d}i = \frac{1}{2}Li^2(t)$$

当电感的电流从某一值减小到零时,释放的磁场能量也可按上式计算。在动态电路中,电感元件和外电路进行着磁场能与其他能的相互转换,其本身不消耗能量。

学习单元 3

电压源和电流源及其等效变换

2 学时

电子多媒体教室

1. 掌握电压源、电流源的含义
2. 掌握电压源、电流源的等效条件

一个电源可以用两种不同的电路模型来表示：一种是用电压的形式来表示，称为电压源；另一种是用电流的形式来表示，称为电流源。

一、电压源

1. 实际电压源

任何一个电源，如发电机、电池或各种信号源，都含有电压 E 和内阻 R_0。在分析和计算时，往往把它们分开，组成由 E 和 R_0 串联的电源的电路模型，此即实际电压源。

实际电压源的模型如图 2-18 所示。图中，U 是电源端电压，I 是电路电流，表达式为

$$U = E - IR_0$$

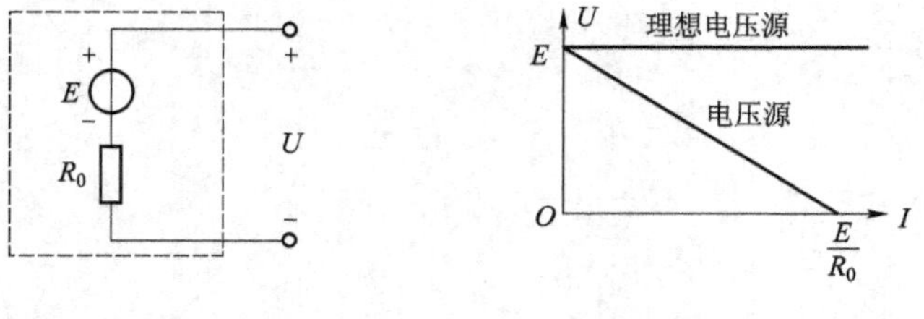

（a） （b）

图 2-18 实际电压源

(a) 模型；(b) 伏安特性曲线

2. 理想电压源

上式中,当 $R_0 = 0$ 时,端电压 U 恒等于 E,是一定值,而其中的电流 I 则是任意的,这样的电源称为理想电压源或恒压源。

所以,理想电压源是这样的一种理想二端元件:不管外部电路状态如何,其端电压总保持定值 E 或者是一定的时间函数,而与流过它的电流无关。理想电压源的一般符号及直流伏安特性如图 2-19 所示。

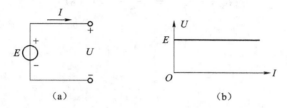

图 2-19 理想电压源
(a) 模型;(b) 伏安特性曲线

3. 电源的两种特殊状态

电源的特殊工作状态有两种,即开路和短路。外电路处于断路状态,称为开路,如图 2-20(a) 所示。此时,相当于负载电阻 $R \to \infty$,电路电流 $I = 0$,电源的输出电压等于 E。

电源外电路电阻为零,称为短路,如图 2-20(b) 所示。此时电路中的电流叫短路电流 I_S,电源内阻 R_0 一般很小,所以 I_S 很大,可能损坏设备和线路,这是不允许的。

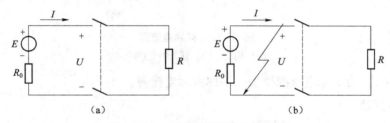

图 2-20 电压源的两种特殊状态
(a) 开路状态;(b) 短路状态

4. 电压源作电源或负载的判定

根据所连接的外电路,电压源电流(从电源内部看)的实际方向,可以从电压源的低电位端流入,从高电位端流出,也可以从高电位端流入,从低电位端流出。前者电压源提供功率;后者电压源吸收(消耗)功率,此时电压源将作为负载出现。

例 2-5 某电压源的开路电压为 30 V,当外接电阻 R 后,其端电压为 25 V,此时流经的电流为 5 A。求 R 及电压源内阻 R_0。

解 用实际电压源模型表征该电压源,可得电路如图 2-21 所示。设电流及电压的参考方向如图中所示,根据欧姆定律可得

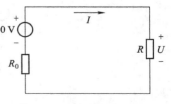

图 2-21 例 2-5 电路

即
$$U = RI$$

$$R = \frac{U}{I} = \frac{25}{5} = 5(\Omega)$$

根据
$$U = 30 - R_0 I$$

可得
$$R_0 = \frac{30 - U}{I} = \frac{30 - 25}{5} = 1\ (\Omega)$$

二、电流源

1. 实际电流源

电源除用 E 和 R_0 串联的电路模型来表示外，还可用另一种电路模型来表示。一个实际的电流源可用一个理想电流源 I_S 与电源内阻 R_0 并联组合来表示，如图 2 – 22 所示，电流关系式为

$$I = I_S - \frac{U}{R_0}$$

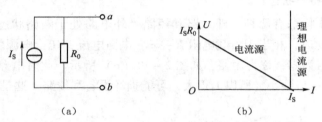

图 2 – 22　实际电流源

(a) 模型；(b) 伏安特性曲线

图 2 – 22 (a) 为实际电流源模型，简称实际电流源。

2. 理想电流源

在实际电流源中，当 $R_0 = \infty$ 时，电流 I 恒等于电流 I_S，是一定值，而其两端的电压 U 则是任意的。这样的电源称为理想电流源或恒流源。

理想电流源是另一种理想二端元件，不管外部电路状态如何，其输出电流总保持定值 I_S 或一定的时间函数，而与其端电压无关。理想电流源的一般符号及直流伏安特性如图 2 – 23 所示。

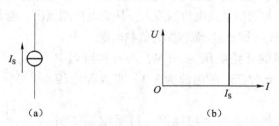

图 2 – 23　理想电流源

(a) 一般符号；(b) 直流伏安特性

3. 电流源作电源或负载的判定

当实际电压降的方向与电流源的箭头指向相反时（即非关联方向），电流源提供功率，起电源作用；当实际电压降的方向与电流源的箭头指向相同时（即关联方向），则电流源吸收（消耗）功率，作负载。

例2-6 电路如图2-24所示，试求：① 电阻两端的电压；② 1 A 电流源两端的电压及功率。

解 ① 由于 5 Ω 电阻与 1 A 电流源相串，因此流过 5 Ω 电阻的电流就是 1 A，而与 2 V 电压源无关，即

$$U_1 = 5 \times 1 = 5(\text{V})$$

② 1 A 电流源两端的电压包括 5 Ω 电阻上的电压和 2 V 电压源，因此

$$U = U_1 + 2 = 5 + 2 = 7(\text{V})$$
$$P = 1 \times 7 = 7(\text{W})（提供）$$

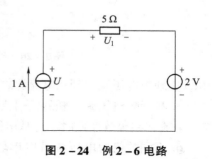

图 2-24　例 2-6 电路

三、两种电源模型的等效条件

电压源的外特性和电流源的外特性是相同的，因此，电源的两种电路模型，即电压源和电流源，相互间是等效的，可以等效变换。对外电路而言，它们是等效的，如图 2-25 所示。对电源内部，则是不等效的。当电压源开路时，$I=0$，电源内阻 R_0 上不损耗功率；但当电流源开路时，电源内部仍有电流，内阻 R_0 上有功率损耗。当电压源和电流源短路时也是这样，两者对外电路是等效的，但电源内部的功率损耗也不一样，电压源有损耗，而电流源无损耗（R_0 被短路，其中不流过电流）。

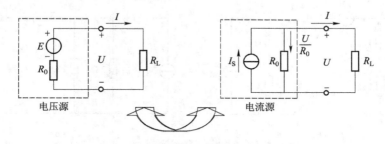

图 2-25　电压源模型与电流源模型相互等效变换

但是，理想电压源与理想电流源本身没有等效关系。因为对理想电压源（$R_0 = 0$）而言，其短路电流 I_S 为无穷大；对理想电流源（$R_0 = \infty$）而言，其开路电压 U_0 为无穷大，都不能得到有限的数值，故两者之间不存在等效变换的条件。

注意：

① 一个实际电路既可以用电压源模型表示，也可以用电流源模型表示。

② 电源的两路模型之间可以进行等效变换，但电压源和电流源的等效关系只对外电路而言，对电源内部则是不等效的。

例如，当 $R_L = \infty$ 时，电压源的内阻 R_0 中不损耗功率，而电流源的内阻 R_0 中则损耗

功率。

③ 等效变换时，两电源的参考方向要一一对应，如图2-26所示。

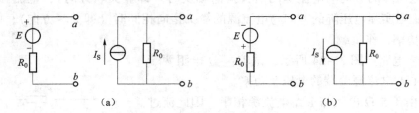

图2-26 电压源模型与电流源模型相互等效变换

④ 理想电压源与理想电流源之间无等效关系。

⑤ 与理想电压源并联的任何支路不影响其电压，与理想电流源串联的电阻或支路不影响其电流，在等效变换时均应从电路中拔掉不予考虑。

⑥ 不同数值的电压源可以串联但不可以并联，不同数值的电流源可以并联但不可以串联。

⑦ 实际电压源为理想电压源和电阻的串联组合，实际电流源为理想电流源和电阻的并联组合。实际电路求解过程中，其他电阻也可以作为内阻对待。

⑧ 如果几个电压源串联，可以用一个电压源来代替，即

$$E = E_1 + E_2 + E_3 + \cdots$$

如果几个电流源并联，可以用一个电流源来代替，即

$$I = I_1 + I_2 + I_3 + \cdots$$

注意：只有电压相等的电压源才能并联，只有电流相等的电流源才能串联。

例2-7 试求图2-27（a）所示电路中的电流 I_1、I_2、I_3。

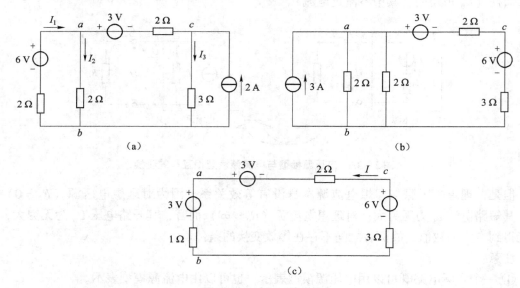

图2-27 例2-7电路

解 根据电源模型等效变换原理，可将图2-27（a）依次变换为图2-27（b）、（c）。根据图2-27（c）可得

$$I = \frac{6+3-3}{3+2+1} = 1(\text{A})$$

从图 2-27（a）变换到图 2-27（c），只有 ac 支路未经变换，故知，在图 2-27（a）所示的 ac 支路中电流方向与已求出的 I 全相同，即为 1 A，则

$$I = I_2 - I_1 = 1(\text{A})$$

为求 I_1 和 I_2，应先求出 U_{ab}。根据图 2-27（c），有

$$U_{ab} = 3 + 1 = 4(\text{V})$$

再根据图 2-27（a），有

$$I_2 = \frac{U_{ab}}{2} = 2(\text{A})$$

$$I_3 = 2 - 1 = 1(\text{A})$$

$$I_1 = \frac{6 - U_{ab}}{2} = 1(\text{A})$$

例 2-8 试计算图 2-28（a）所示电路中的电压 U。

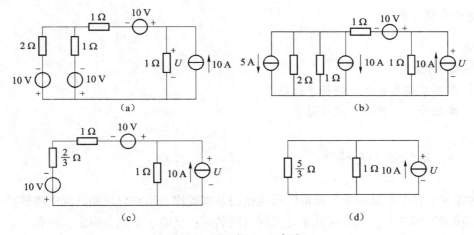

图 2-28 例 2-8 电路

解 根据电源模型等效变换原理，可将图 2-28（a）依次等效变换化简为图 2-28（b）、（c）、（d）。根据图 2-28（d）可得

$$U = 10 \times \frac{\frac{5}{3} \times 1}{\frac{5}{3} + 1} = \frac{25}{4}(\text{V})$$

学习单元 4
电路的基本定律

3 学时

电子多媒体教室

1. 掌握基尔霍夫定律并能进行应用
2. 掌握叠加定律并能进行应用

一、基尔霍夫定律

基尔霍夫定律是电路中电压和电流所遵循的基本规律，也是分析和计算电路的基础。在介绍基尔霍夫定律之前，先介绍几个有关的电路名词：支路、节点、回路、网孔。

支路是由一个或几个元件首尾相接而组成的无分支电路，比如图 2-29 所示电路中的 U_{S1}、R_1 组成的支路以及 R_3 支路等。

节点是电路中 3 个或 3 个以上支路的汇交点，比如图 2-29 所示电路中的 a 点、c 点。

回路是电路中任一闭合路径，比如图 2-29 所示电路中的 $adcba$ 回路、$adca$ 回路等。

网孔是只有一个孔的回路或最简单的回路，比如图 2-29 所示电路中的 $adca$ 回路和 $acba$ 回路。

通常把较复杂的电路称为网络，但电路和网络这两个名词并无明确区别，它们可以相互混用。

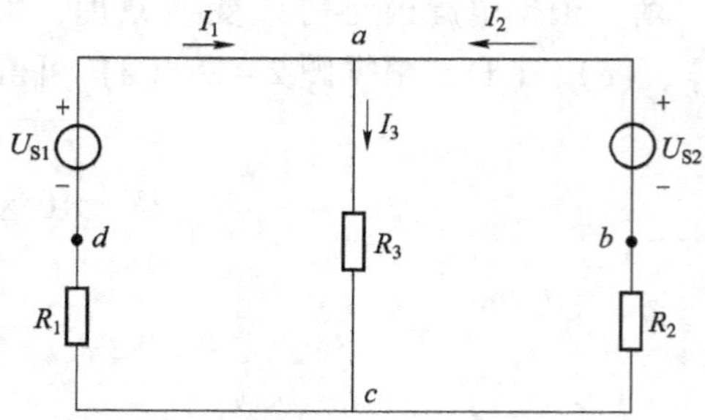

图 2-29 电路名词用图

1. 基尔霍夫电流定律（KCL）

1）KCL 与 KCL 方程

基尔霍夫电流定律是用来确定连接在同一节点上的各支路电流间关系的。由于电流的连续性，电路中任何一点（包括节点在内）均不能堆积电荷。因此，任意时刻，流入电路中任一节点的电流之和恒等于流出该节点的电流之和。

对于图 2-30 中的节点 a，在图示各电流的参考方向下，依据 KCL，有

$$I_1 + I_3 + I_5 = I_2 + I_4$$
$$I_1 + I_3 + I_5 - I_2 - I_4 = 0$$

或

$$\sum I = 0$$

流入节点的电流前取正号，流出节点的电流前取负号。当然也可以做相反的规定。这里各电流前面的正负号与电流本身由参考方向所造成的正负无关。式 $\sum I = 0$ 称为节点电流方程，简写为 KCL 方程。

基尔霍夫电流定律的正确性是毋庸置疑的，可根据电荷守恒的自然法则得到解释，其实也就是电流连续性原理的集中表现。

2) KCL 的推广

对于图 2-31，有以下公式。

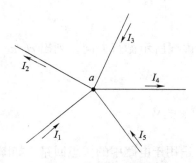

图 2-30　基尔霍夫电流定律图

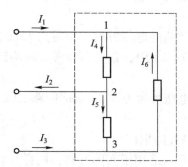

图 2-31　KCL 适合一个闭合面

在节点 1，有

$$I_1 + I_6 - I_4 = 0$$

在节点 2，有

$$-I_2 + I_4 - I_5 = 0$$

在节点 3，有

$$I_3 + I_5 - I_6 = 0$$

则

$$I_1 - I_2 + I_3 = 0$$

基尔霍夫电流定律可以推广应用于包围部分电路的任一假设的闭合面。

例 2-9　在图 2-32 所示电路中，已知 $R_1 = 2\ \Omega$，$R_2 = 5\ \Omega$，$U_S = 10\ V$。求各支路电流。

解　首先设定各支路电流的参考方向如图 2-32 中所示，由于 $U_{ab} = U_S = 10\ V$，根据欧姆定律，有

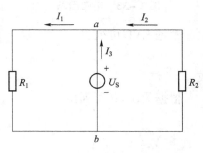

图 2-32　例 2-9 电路

$$I_1 = \frac{U_{ab}}{R_1} = \frac{10}{2} = 5(\text{A})$$

$$I_2 = -\frac{U_{ab}}{R_2} = -\frac{10}{5} = -2(\text{A})$$

对节点 a 列方程，有

$$-I_1 + I_2 + I_3 = 0$$
$$I_3 = I_1 - I_2 = 5 - (-2) = 7(\text{A})$$

2. 基尔霍夫电压定律（KVL）

1）KVL 与 KVL 方程

基尔霍夫电压定律是用来确定回路中各段电压间关系的。如果从回路中任意一点出发，以顺时针方向或逆时针方向沿回路循行一周，则在这个方向上的电位降之和应该等于电位升之和，回到原来的出发点时，该点的电位是不会发生变化的。此即电路中任意一点的瞬时电位具有单值性的结果。

在任意时刻沿电路中任意闭合回路内各段电压的代数和恒为零，即

$$\sum U = 0$$

上式称为回路的电压方程。简写为 KVL 方程。

在图 2-33 中，各电压参考方向均已标出，沿虚线所示循行方向，列出 $cbdac$ 回路 KVL 方程式。

根据电压参考方向，$cbdac$ 回路 KVL 方程式为

$$U_1 - U_2 + U_4 - U_3 = 0$$

2）KVL 的推广

KVL 不仅适用于实际回路，同样加以推广，可适用于电路中的假想回路，如图 2-34 所示。

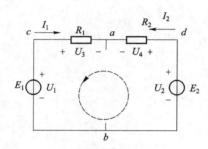

图 2-33 电路回路

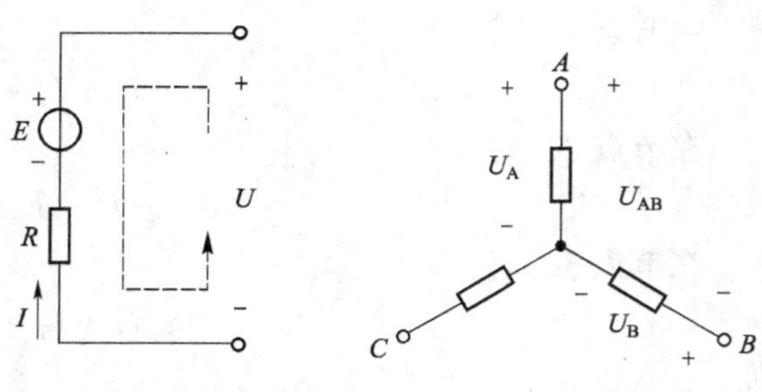

图 2-34 KVL 推广应用于假想的闭合回路

根据 KVL 可列出

$$E - RI - U = 0$$

或

$$U = E - RI$$

根据 $\sum U = 0$ 可列出

$$U_A - U_B - U_{AB} = 0$$
$$U_{AB} = U_A - U_B$$

例 2-10 电路如图 2-35 所示，有关数据已标出，求 U_{R4}、I_2、I_3、R_2、R_4 的值。

解 设左边网孔绕行方向为顺时针方向,依据 KVL,有

$$-U_S + 2I_1 + 10 = 0$$

代入数值后,有

$$U_S = 2 \times 4 + 10 = 18(\text{V})$$

$$I_3 = \frac{6}{3} = 2(\text{A})$$

对于节点 a,依据 KCL,有

$$I_2 = I_1 - I_3 = 4 - 2 = 2(\text{A})$$

则

$$R_2 = \frac{10}{I_2} = \frac{10}{2} = 5(\Omega)$$

对右边网孔设定顺时针方向为绕行方向,依据 KVL,有

$$-10 + 6 + U_{R4} = 0$$
$$U_{R4} = 10 - 6 = 4(\text{V})$$

则

$$R_4 = \frac{U_{R4}}{I_3} = \frac{4}{2} = 2\ (\Omega)$$

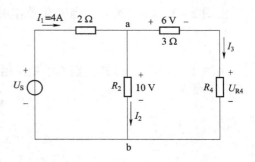

图 2-35 例 2-10 电路

二、叠加定理及其证明

电路中有两个电源时,各支路的电流是由这两个电源共同作用产生的。对于线性电路,任何一条支路中的电流,都可以看成是由电路中各个电源(电压源或电流源)分别作用时,在此支路中所产生的电流的代数和。这就是叠加原理。

当电路中有几个电源(可能是电压源或电流源)共同起作用时,可以让其中的一个电源单独工作,其他的电源不工作(将不工作的电压源短路,但保留其内阻;不工作的电流源开路,但保留其内阻),求出这一个电源工作时在某电阻上产生的电流,记为 I_1;再让第二个电源工作,求出这个电源工作时产生的电流 I_2 等,这样让每一个电源工作一次,这些电流相加就是所有的电源共同工作时的电流。

叠加原理:对于线性电路,任何一条支路的电流,都可以看成是由电路中各个电源(电压源或电流源)分别作用时,在此支路中所产生的电流的代数和,如图 2-36 所示。

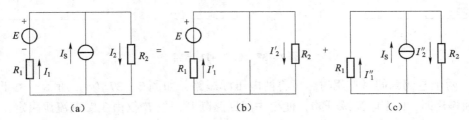

图 2-36 叠加原理
(a) 原电路;(b) E 单独作用;(c) I_S 单独作用

由图 2-36（b）可知，当 E 单独作用时，有

$$I'_1 = I'_2 = \frac{E}{R_1 + R_2}$$

由图 2-36（c）可知，当 I_S 单独作用时，有

$$I''_1 = -\frac{R_2}{R_1 + R_2} I_S$$

$$I''_2 = \frac{R_1}{R_1 + R_2} I_S$$

根据叠加原理，有

$$I_1 = I'_1 + I''_1 = \frac{E}{R_1 + R_2} - \frac{R_2}{R_1 + R_2} I_S$$

同理

$$I_2 = I'_2 + I''_2 = \frac{E}{R_1 + R_2} + \frac{R_1}{R_1 + R_2} I_S$$

注意：应用叠加定理时应注意以下几点。
① 应用叠加定理时，应保持电路结构及元件参数不变。
② 在叠加时，必须注意各个响应分量是代数和。
③ 用叠加定理分析含受控源的电路时，不能把受控源和独立源同样对待。
④ 叠加定理只适用于求解线性电路中的电压和电流，而不能用来计算电路的功率。

例 2-11 用叠加定理求图 2-37（a）所示电路中的 I_1 和 U。

解 因图中独立源数目较多，每一独立源单独作用一次，需要做 4 次计算，比较麻烦。故可采用独立源"分组"作用的办法求解。

（1）两个电压源同时作用时，可将两电流源开路，如图 2-37（b）所示，有

$$I'_1 = \frac{12 + 6}{3 + 6} = 2(\text{A})$$

$$U' = 6I'_1 - 6 = 6(\text{V})$$

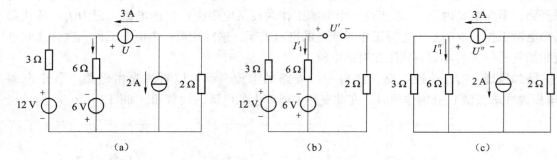

图 2-37 例 2-11 电路

（2）两个电流源同时作用时，可将两电压源短路，如图 2-37（c）所示。由于 2 A 电流源单独作用时，3 A 电流源开路，使得中间回路断开，故 I''_1 仅由 3 A 电流源决定，有

$$I''_1 = \frac{3}{3 + 6} \times 3 + 0 = 1(\text{A})$$

$$U'' = 6I''_1 + 2(3 + 2) = 16(\text{V})$$

所以
$$I_1 = I'_1 + I''_1 = 2 + 1 = 3(\text{A})$$
$$U = U' + U'' = 6 + 16 = 22(\text{A})$$

例 2-12 图 2-38 所示电路中的线性无独立源网络，其内部结构不知道。已知在 U_S 和 I_S 共同作用时，实验数据为：① $U_S = 1\text{ V}$，$I_S = 1\text{ A}$，$U_O = 0\text{ V}$；② $U_S = 10\text{ V}$，$I_S = 0\text{ A}$，$U_O = 1\text{ V}$。试求 $U_S = 0\text{ V}$，$I_S = 10\text{ A}$ 时的 U_O 值。

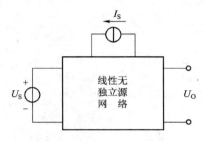

图 2-38 例 2-12 电路

解 本例是应用叠加定理研究一个线性网络激励与响应关系的实验方法。由于 U_S 和 I_S 为两个独立的电源，根据叠加定理，U_O 可写成

$$U_O = K_1 U_S + K_2 I_S$$

代入两组数据，得
$$K_1 \times 1 + K_2 \times 1 = 0$$
$$K_1 \times 10 + K_2 \times 0 = 1$$

联立求解得
$$K_1 = 0.1, \quad K_2 = -0.1$$
$$U_O = 0.1 U_S - 0.1 I_S$$

因此，$U_S = 0$，$I_S = 10\text{ A}$ 时的 U_O 为
$$U_O = 0.1 \times 0 - 0.1 \times 10 = -1(\text{V})$$

学习单元 5
导线的选择

1 学时

电子多媒体教室

1. 掌握导线截面的选择原则
2. 掌握导线颜色的选择原则

一、导线截面的选择

根据国标《低压配电设计规范》（GB 50054）的有关规定，导线截面的选择，主要需考虑以下几个方面。

① 线路电压损失应满足用电设备正常工作及启动时端电压的要求。
② 按敷设方式及环境条件确定的导体截流量，不应小于计算电流。
③ 导体应满足动稳定与热稳定的要求。
④ 导体最小截面应满足机械强度的要求。

工程中，固定敷设的导线最小芯线截面应符合表 2-1 的规定。

表 2-1　固定敷设的导线最小芯线截面

敷设方法			最小芯线截面/mm^2	
			铜芯	铅芯
裸导线敷设于绝缘子上			10	10
绝缘导线敷设于绝缘子上不同条件的选择	室内	$L \leq 2$ m	1.0	2.5
	室外	$L \leq 2$ m	1.5	2.5
	室内外	2 m $\leq L \leq 6$ m	2.5	4

续表

敷设方法		最小芯线截面/mm²	
		铜芯	铅芯
绝缘导线敷设于绝缘子上不同条件的选择	2 m < L ≤ 16 m	4	6
	16 m < L ≤ 25 m	6	10
绝缘导线穿管敷设		1.0	2.5
绝缘导线槽板敷设		1.0	2.5
绝缘导线线槽敷设		0.75	2.5
塑料绝缘护套导线扎头直敷		1.0	2.5

注：L 为绝缘子支撑点间距。

在三相四线制配电系统中，中性线（N 线）的允许载流量不应小于线路中最大不平衡负荷电流，且应计入谐波电流的影响。

当保护线（PE 线）所用材质与相线相同时，PE 线最小截面应符合表 2-2 的规定。

表 2-2 PE 线最小截面

相线芯线截面 S/mm²	PE 线最小截面/mm²
$S \leq 16$	S
$16 < S \leq 35$	16
$S > 35$	$S/2$

注：当采用此表若得出非标准截面时，应选用与之最接近的标准截面导体。

选择导线时还需考虑（导线的）最高允许工作温度、导线通电的工作制（如长期固定负荷运行、变负荷运行和间断运行等）及环境温度等。

在照明电路中，导线截面的选择主要根据线路的最大允许电压损失和导线机械强度两方面去考虑，根据《电气装置安装工程施工及验收规范》（GB 50259）的规定，其最小芯线截面如表 2-3 所示。

表 2-3 照明灯导线的最小芯线截面

灯具的安装场所及用途		芯线最小截面/mm²		
		铜芯软线	铜线	铅线
灯头线	民用建筑室内	0.4	0.5	2.5
	工业建筑室内	0.5	0.8	2.5
	室内	1.0	1.0	2.5
移动用电设备的导线	生活用	0.4	—	—
	生产用	1.0	—	—

二、导线颜色的选择

在《电工成套装置中的导线颜色》（GB 2681）中，对导线颜色的选择也有相应规定，具体如表2-4所示。

表2-4 成套装置中导线颜色的规定

电路	颜色
交流三相电路的1相（L1）	黄色
交流三相电路的2相（L2）	绿色
交流三相电路的3相（L3）	红色
零线或中性线	淡蓝色
安全用的接地线	黄和绿双色

在 GB 7947 中规定：
① 绿/黄双色的使用。绿/黄双色只用来标记保护导体，不能用于其他目的。
② 淡蓝色的使用。淡蓝色只用于中性线或是中间线。
电路中包括有用颜色来识别的中性线或中间线时，所用的颜色必须为淡蓝色。
在这里要强调一点，设备的内部布线一般推荐黑色线，因此不能把黑色线作为接地线。
在直流电路中对导线极性的颜色也有相应规定，具体如表2-5所示。

表2-5 直流电路导线颜色的规定

电路	颜色
直流电路的正极	棕色
直流电路的负极	蓝色
接地中间线	淡蓝色

单相三芯电缆或护套线的芯线颜色分别为棕色、浅蓝色和黄绿色。其中：棕色代表相线（L），浅蓝色代表零线（N），黄绿双色线为保护线（PE）。

任务工单 2-1

工作任务	电位、电压的测定及电路电位图的绘制						
姓名		学号		班级		日期	

1. 实训目的

(1) 明确电位和电压的概念，验证电路中电位的相对性和电压的绝对性。
(2) 掌握电路电位图的绘制方法。

2. 实训仪器

(1) 0～30 V 直流稳压电源；
(2) 直流数字电压表；
(3) 直流数字毫安表；
(4) 实验电路板挂箱。

3. 实训电路（见图 2-39）

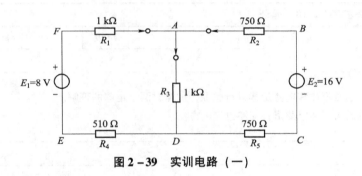

图 2-39 实训电路（一）

4. 实训内容

(1) 以图中的 A 点作为电位参考点，分别测量 B、C、D、E、F 各点的电位值 V 及相邻两点之间的电压值 U_{AB}、U_{BC}、U_{CD}、U_{DE}、U_{EF} 及 U_{FA}，将数据列于表 2-6 中。
(2) 以 D 点作为参考点，重复实验内容（1）的步骤，将测得数据记入表 2-6 中。

表 2-6 实验数据记录（一）

电位参考点	电位与电压/V	V_A	V_B	V_C	V_D	V_E	V_F	U_{AB}	U_{BC}	U_{CD}	U_{DE}	U_{EF}	U_{FA}
A	计算值												
	测量值												
	相对误差												
D	计算值												
	测量值												
	相对误差												

续表

5. 分析
实验电路中若以 F 点为电位参考点，各点的电位值将如何变化？现令 E 点作为电位参考点，试问此时各点的电位值又有何变化？

6. 评估
教师签字：

任务工单 2-2

工作任务	基尔霍夫定律的验证						
姓名		学号		班级		日期	

1. 实训目的

（1）对基尔霍夫电压定律和电流定律进行验证，加深对两个定律的理解。
（2）学会用电流插头、插座测量各支路电流的方法。

2. 实训仪器

（1）0~30 V 直流稳压电源；
（2）直流数字电压表；
（3）直流数字毫安表；
（4）实验电路板挂箱。

3. 实训电路（见图 2-40）

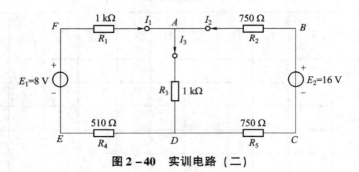

图 2-40　实训电路（二）

4. 实训内容

(1) 实验前先任意设定 3 条支路的电流参考方向,如图 2-40 中的 I_1、I_2、I_3 所示,并熟悉线路结构,掌握各开关的操作使用方法。

(2) 分别将两路直流稳压电源接入电路,令 $E_1 = 8$ V,$E_2 = 16$ V,其数值要用电压表监测。

(3) 熟悉电流插头和插孔的结构,先将电流插头的红、黑两接线端接至数字毫安表的"+""−"极;再将电流插头分别插入 3 条支路的 3 个电流插孔中,读出相应的电流值,记入表 2-7 中。

(4) 用直流数字电压表分别测量两路电源及电阻元件上的电压值,将数据记入表 2-7 中。

表 2-7 实验数据记录(二)

内容	电源电压/V		支路电流/mA				回路电压/V				
	E_1	E_2	I_1	I_2	I_3	$\sum I$	U_{FA}	U_{AB}	U_{CD}	U_{DE}	$\sum U$
计算值											
测量值											
相对误差											

5. 分析

(1) 若用指针式直流毫安表测各支路电流,什么情况下可能出现指针反偏,应如何处理?在记录数据时应注意什么?若用直流数字毫安表进行测量时,则会有什么显示?

(2) 改变电流或电压的参考方向,对验证基尔霍夫定律有影响吗?为什么?

6. 评估

教师签字:

任务工单 2-3

工作任务	叠加原理的验证					
姓名		学号		班级		日期

1. 实训目的

（1）验证线性电路叠加原理的正确性，从而加深对线性电路的叠加性和齐次性的认识和理解。
（2）加深理解叠加原理对非线性电路不适用。

2. 实训仪器

（1）0~30 V 双输出直流稳压电源；
（2）直流数字电压表；
（3）直流数字毫安表；
（4）数字万用表；
（5）实验电路板挂箱。

3. 实训电路（见图 2-41）

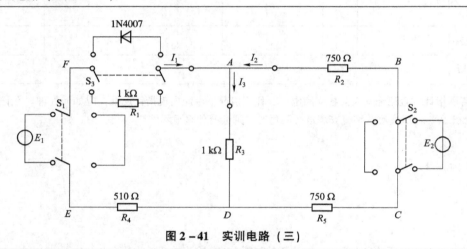

图 2-41 实训电路（三）

4. 实训内容

（1）按图 2-41 连接电路，E_1、E_2 由实验台直流电源提供，使 E_1 = 16 V、E_2 = 8 V。
（2）电源 E_1 单独作用时（将开关 S_1 投向 E_1 侧，开关 S_2 投向短路侧，开关 S_3 投向电阻侧），检查线路无误后，接通电源，用直流数字电压表和毫安表（接电流插头）测量各支路电流及各电阻元件两端的电压，将数据记入表 2-8 中。

表 2-8 线性电路叠加原理的验证

测量项目 实验内容	E_1 /V	E_2 /V	I_1 /mA	I_2 /mA	I_3 /mA	U_{AB} /V	U_{CD} /V	U_{AD} /V	U_{DE} /V	U_{FA} /V
E_1 单独作用										
E_2 单独作用										
E_1、E_2 同时作用										
E_1、$2E_2$ 同时作用										

续表

(3) 电源 E_2 单独作用时（将开关 S_1 投向短路侧，开关 S_2 投向 E_2 侧，开关 S_3 投向电阻侧），重复实验内容（2）的测量和记录。

(4) 电源 E_1 和 E_2 共同作用时（开关 S_1 和 S_2 分别投向 E_1 和 E_2 侧，开关 S_3 投向电阻侧），重复上述的测量和记录。

(5) 将 E_2 的数值增大 2 倍，调至 +16 V，重复上述第（3）项的测量并记录。

(6) 将 R_1 换成一只二极管 1N4007（即将开关 S_3 投向二极管侧），重复（2）~（5）的测量过程，将数据记入表 2-9 中。

表 2-9　含二极管的非线性电路

测量项目 实验内容	E_1 /V	E_2 /V	I_1 /mA	I_2 /mA	I_3 /mA	U_{AB} /V	U_{CD} /V	U_{AD} /V	U_{DE} /V	U_{FA} /V
E_1 单独作用										
E_2 单独作用										
E_1、E_2 同时作用										
E_1、$2E_2$ 同时作用										

5. 分析

(1) 叠加原理中 E_1、E_2 分别单独作用，在实验中应如何操作？可否直接将不作用的电源（E_1 或 E_2）置零（短接）？

(2) 实验电路中，若有一个电阻器改为二极管，试问叠加原理的叠加性与齐次性还成立吗？为什么？

6. 评估

教师签字：

练习题

一、判断题

1. 已知 $R_1 = 5\ \Omega$,$R_2 = 10\ \Omega$,把 R_1、R_2 串联起来,并在其两端加 15 V 的电压,此时 R_1 所消耗的功率是 5 W。( )

2. 有两个电阻 R_1 和 R_2,已知 $R_1 = 2R_2$,把它们并联起来的总电阻为 4 Ω,则 $R_1 = 12\ \Omega$,$R_2 = 4\ \Omega$。( )

3. 有两个电阻,把它们串联起来的总电阻为 10 Ω,把它们并联起来的总电阻为 2.4 Ω,这两个电阻的阻值分别为 4 Ω 和 6 Ω。( )

4. 已知 R_1 和 R_2 两个电阻,且 $R_2 = 3R_1$,若串联在电路中,则 R_1 消耗功率与 R_2 消耗功率之比为 1:3;若并联在电路中,则 R_1 消耗功率与 R_2 消耗功率之比为 3:2。( )

5. 有两电阻 R_1 和 R_2,已知 $R_1:R_2 = 1:4$。若它们在电路中串联,则电阻两端的电压比 $U_1:U_2 = 1:4$;流过电阻的电流比 $I_1:I_2 = 1:1$,它们消耗的功率比 $P_1:P_2 = 1:4$。若它们并联接在电路中,则电阻两端的电压之比 $U_1:U_2 = 1:1$;流过电阻的电流之比 $I_1:I_2 = 4:1$;它们消耗的功率之比 $P_1:P_2 = 4:1$。( )

6. 电阻负载并联时,因为电压相等,所以负载消耗的功率与电阻成反比;电阻负载串联时,因为电流相等,所以负载消耗的功率与电阻成反比。( )

7. 有两根同种材料的电阻丝,长度之比为 1:2,横截面积之比为 2:3,则它们的电阻之比是 3:4。( )

8. 一段导线的电阻值为 R,若将其对折合并成一条新导线,其阻值为 R/2。( )

9. 部分电路欧姆定律告诉我们,在某段纯电阻电路中,电路中的电流 I 与电阻两端的电压 U 成正比,与电阻 R 成反比,其表达式为 $I = U/R$。( )

10. 组成电容器的两个导体叫极板,中间的绝缘物质叫介质。( )

11. $1\ F = 10^6\ \mu F = 10^{12}\ pF$。( )

12. 电容器的额定工作电压一般称耐压,接到交流电路中,其额定工作电压小于交流电压最大值。( )

13. 串联电容器的总电容比每个电容器的电容小,每个电容器两端的电压和自身容量成反比。( )

14. 以空气为介质的平行板电容器电源对其充电后,将电源断开,若增大电容器极板正对面积,则 C 将增大,Q 不变,U 变小;若电源不断开,减小两板之间的距离,则 C 将增大,Q 不变,U 变大。( )

15. 两个电容器的电容和额定工作电压为 "10 μF、25 V"、"20 μF、15 V";现将它们并联后接在 10 V 的直流电源上,则它们储存的电量分别是 10^{-4} C 和 2×10^{-4} C,并联后等效电容是 20 μF,允许加的最大电压是 15 V;若将它们串接在 30 V 的直流电源上,则它们的端电压分别为 20 V、10 V,串联后等效电容为 6.67 μF,允许加的最大电压是 37.5 V。( )

16. 在电容器充电电路中,已知 $C = 1\ \mu F$,电容器上的电压从 2 V 升高到 12 V,电容器储存的电场能从 2×10^{-6} J 增加到 72×10^{-6} J,增大了 70×10^{-6} J。( )

二、选择题

1. 有一根阻值为 1 Ω 的电阻丝,将它均匀拉长为原来的 3 倍,拉长后的电阻丝的阻值为( )。
   A. 1 Ω   B. 3 Ω   C. 6 Ω   D. 9 Ω

2. 一电阻两端加 15 V 电压时,通过 3 A 的电流,若在电阻两端加 18 V 电压时,通过它的电流为( )。
   A. 1 A   B. 3 A   C. 3.6 A   D. 5 A

3. 有一电容为 50 μF 的电容器,接到直流电源上对它充电,这时它的电容为 50 μF;当它不带电时,它的电容是( )。
   A. 0   B. 25 μF   C. 50 μF   D. 100 μF

4. 一个电容为 C 的电容器和一个电容为 2 μF 的电容器串联,总电容为 C 的电容器的 1/3,那么电容 C 是( )。
   A. 2 μF   B. 4 μF   C. 6 μF   D. 8 μF

5. 电路如图 2-42 所示,已知 $U=10$ V,$R_1=2$ Ω,$R_2=8$ Ω,$C=100$ μF,则电容两端的电压 U_C 为( )。
   A. 10 V   B. 8 V
   C. 2 V   D. 0 V

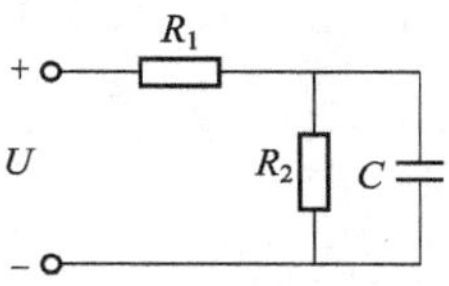

图 2-42 选择题 5 用图

6. 电容器 C_1 和 C_2 串联后接在直流电路中,若 $C_1=3C_2$,则 C_1 两端的电压是 C_2 两端电压的( )。
   A. 3 倍   B. 9 倍   C. 1/3   D. 1/9

7. 两个相同的电容器并联之后的等效电容,跟它们串联之后的等效电容之比为( )。
   A. 1:4   B. 4:1   C. 1:2   D. 2:1

8. 如图 2-43 所示,当 $C_1>C_2>C_3$ 时,它们两端的电压关系是( )。
   A. $U_1=U_2=U_3$ B. $U_1>U_2>U_3$
   C. $U_1<U_2<U_3$ D. 不能确定

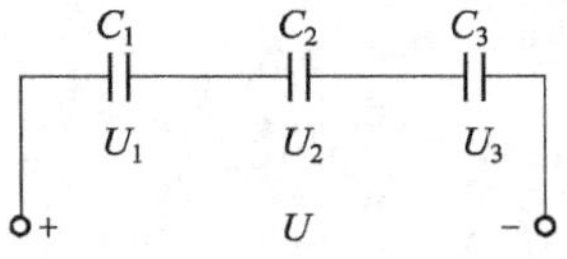

图 2-43 选择题 8 用图

9. 将电容器 C_1 "200 V、20 μF" 和电容器 C_2 "160 V、20 μF" 串联接到 350 V 电压上,则( )。
   A. C_1、C_2 均正常工作   B. C_1 击穿、C_2 正常工作
   C. C_2 击穿、C_1 正常工作   D. C_1、C_2 均被击穿

10. 电容器并联使用时将使总电容量( )。
    A. 增大   B. 减小
    C. 不变   D. 无法判断

三、计算题

如图 2-44 所示电路中,AB 间的电压为 12 V,流过电阻 R_1 的电流为 1.5 A,$R_1=6$ Ω,$R_2=3$ Ω。试求 R_3 的电阻值。

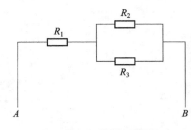

图 2-44 计算题用图

学习项目三

正弦交流电路

学习单元 1
正弦交流电的基本概念

2 学时

电子多媒体教室

1. 掌握正弦交流电的三要素
2. 掌握相位差的概念并能够应用
3. 掌握正弦交流电有效值的概念并能够应用

学习项目二中分析的是直流电路，其电流和电压的大小和方向（或电压的极性）是不随时间而变化的。在生产上和日常生活中所用的交流电，一般都是指正弦交流电，它们是按正弦规律变化的。正弦交流电路是指含有正弦电源而且电路各部分的电压和电流均按正弦规律变化的电路。正弦交流电路不仅是电工技术的重点内容之一，而且也是学习电子技术的基础。因此，对本学习项目中的一些概念、方法应很好地掌握并能运行，为后面的学习打下基础。

正弦交流电路中的物理量都是随时间做周期性变化的，这与直流电路有着明显的不同。因此，在交流电路中将产生一些特殊的物理现象，并随之引入新的物理量。这些物理现象用直流电路的概念是无法理解的，必须建立交流的概念；否则容易引起错误。

一、正弦量的三要素

在正弦交流电路中，电压和电流的大小和方向随时间按正弦规律变化。凡按照正弦规律变动的电压、电流等统称为正弦量。正弦量的特征表现在变化的快慢、大小及初始值 3 个方面，而它们分别由振幅值（或有效值）、频率（或周期）和初相位来确定。以正弦电流为例，其波形如图 3 - 1 所示。对于给定的参考方向，正弦量的一般解析函数式为

$$i(t) = I_\mathrm{m}\sin(\omega t + \varphi)$$

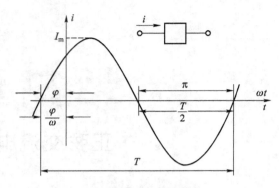

图 3-1 正弦量的波形

1. 瞬时值和振幅值

交流量任一时刻的值称为瞬时值,用小写字母来表示,如 i、u 分别表示电流、电压的瞬时值。瞬时值中的最大值(指绝对值)称为正弦量的振幅值,又称峰值。I_m、U_m 分别表示正弦电流、电压的振幅值。

2. 周期和频率

正弦量变化一周所需的时间称为周期。通常用 T 表示,单位为秒(s)。实用单位有毫秒(ms)、微秒(μs)、纳秒(ns)。正弦量每秒钟变化的周数称为频率,用 f 表示,单位为赫兹(Hz)。周期和频率互成倒数,即

$$f = \frac{1}{T}$$

我国和大多数国家都采用 50 Hz 作为电力标准频率,有些国家(如美国、日本等)采用 60 Hz。这种频率在工业上应用广泛,习惯上也称为工频。通常的交流电动机和照明负载都用这种频率。

3. 相位、角频率和初相位

正弦量解析式中的 $\omega t + \varphi$ 称为相位角或电工角,简称相位或相角,它反映出正弦量变化的进程。正弦量在不同的瞬间有着不同的相位,因而有着不同的状态(包括瞬时值和变化趋势)。相位的单位一般为弧度(rad)。

相位角变化的速度 $\dfrac{d(\omega t + \varphi)}{dt} = \omega$ 称为角频率,其单位为 rad/s。相位变化 2π,经历一个周期 T,那么

$$\omega = \frac{2\pi}{T} = 2\pi f$$

可见,角频率是一个与频率成正比的常数。

$$i(t) = I_m \sin(2\pi f t + \varphi) = I_m \sin\left(\frac{2\pi}{T}t + \varphi\right)$$

$t=0$ 时,相位为 φ,称其为正弦量的初相。此时的瞬时值 $i(0) = I_m \sin\varphi$,称为初始值,如图 3-2 所示。

当 $\varphi = 0$ 时,正弦波的零点就是计时起点,如图 3-2(a)所示;当 $\varphi > 0$ 时,正弦波零

点在计时起点之左，其波形相对于 $\varphi=0$ 的波形左移 φ 角，如图 3-2（b）所示；当 $\varphi<0$ 时，正弦波零点在计时起点之右，其波形相对于 $\varphi=0$ 的波形右移 $|\varphi|$ 角，如图 3-2（c）所示。

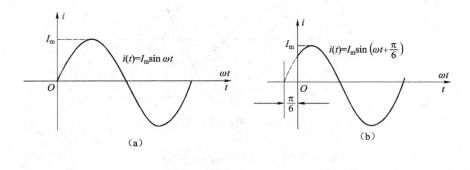

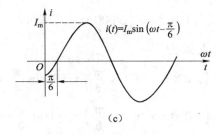

图 3-2 计时起点的选择

以上确定 φ 角正负的零点均指离计时起点最近的那个零点。在图 3-3 中，确定 φ 角的零点是 A 点而不是 B 点，$\varphi=-90°$ 而不是 270°。

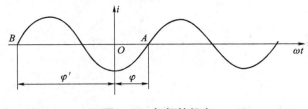

图 3-3 初相的规定

正弦交流电的最大值、频率和初相叫作正弦交流电的三要素。三要素描述了正弦交流电的大小、变化快慢和起始状态。

例 3-1 图 3-4 给出正弦电压 u 和正弦电流 i_1、i_2 的波形。u 和 i_2 的最大值分别为 300 mV 和 5 mA，频率都为 1 kHz，角频率为 $2\,000\pi$ rad/s，初相分别为 $\dfrac{\pi}{3}$ 和 $-\dfrac{\pi}{6}$。

（1）写出 u 和 i_2 的解析式，并求出它们在 $t=100$ ms 时的值。

（2）写出 i_1 的解析式，并求出 $t=100$ ms 时的值。

解 u 和 i_2 的最大值分别为 300 mV 和 5 mA，频率都为 1 kHz，角频率为 $2\,000\pi$ rad/s，初相分别为 $\dfrac{\pi}{3}$ 和 $-\dfrac{\pi}{6}$。它们的解析式分别为

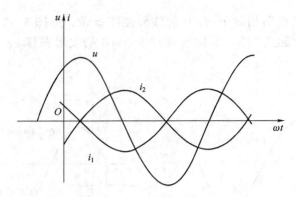

图 3-4 例 3-1 用图

$$u = 300\sin\left(2\,000\pi t + \frac{\pi}{3}\right) \text{mV}$$

$$i_2(t) = 5\sin\left(2\,000\pi t - \frac{\pi}{6}\right) \text{mV}$$

(1) $t = 100$ ms 时，u 和 i_2 分别为

$$u(0.1) = 300\sin\left(2\,000\pi \times 0.1 + \frac{\pi}{3}\right) = 300\sin\frac{\pi}{3} = 150\sqrt{3}\,(\text{mV})$$

$$i_2(0.1) = 5\sin\left(2\,000\pi \times 0.1 - \frac{\pi}{6}\right) = -5\sin\frac{\pi}{6} = -2.5\,(\text{mV})$$

(2) i_1 的解析表达式和 $t = 100$ ms 时的值为

$$i_1(t) = -i_2 = 5\sin\left(2\,000\pi t - \frac{\pi}{6} + \pi\right) = 5\sin\left(2\,000\pi t + \frac{5\pi}{6}\right) \text{mV}$$

$$i_1(0.1) = 5\sin\left(\frac{5\pi}{6}\right) = 2.5\,(\text{mV})$$

二、相位差

1. 相位差

两个正弦交流量，如果频率相同，最大值相等，但初相位不同，则这两个正弦交流量不能同时达到最大值或零。为了比较两个正弦交流量，引入相位差的概念，就是两个同频率正弦交流电的相位之差。

设有任意两个相同频率的正弦电流，其表达式分别为

$$i_1 = I_{m1}(\sin\omega t + \varphi_{i1})$$

$$i_2 = I_{m2}(\sin\omega t + \varphi_{i2})$$

其波形如图 3-5 所示。它们之间相位之差称为相位差，用 φ 或 φ_{12} 带双下标表示，即

$$\varphi = (\omega t + \varphi_{i1}) - (\omega t + \varphi_{i2}) = \varphi_{i1} - \varphi_{i2}$$

上式表明，同频率正弦交流电的相位之差，

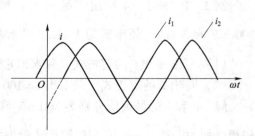

图 3-5 同频率两个正弦量

实质上就是它们的初相角之差。对于

$$u(t) = U_m \sin(\omega t + \varphi_u)$$
$$i(t) = I_m \sin(\omega t + \varphi_i)$$

电压 u 与电流 i 的相位差为

$$\varphi(\varphi_{ui}) = \varphi_u - \varphi_i$$

当两个同频率正弦量的计时起点改变时,它们之间的初相也随之改变,但二者的相位差却保持不变。通常 φ 的范围也为 $(-\pi, +\pi)$。

2. 相位差的几种情况

相位差与计时起点无关,是一个定数。这里只讨论同频率正弦量的相位差,这一点要注意,如图 3-6 所示。

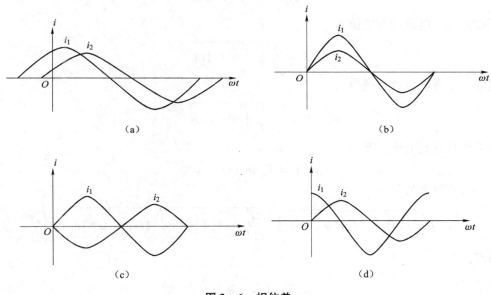

图 3-6 相位差

(a) 超前 $\varphi > 0$;(b) 同相 $\varphi = 0$;(c) 反相 $\varphi = \pi$;(d) 正交 $\varphi = \dfrac{\pi}{2}$

(1) 若 $\varphi > 0$,称电流 $i_1(t)$ 超前 $i_2(t)$ 一个角度 φ。若 $\varphi < 0$,称电流 $i_1(t)$ 滞后于 $i_2(t)$ 一个角度 φ,如图 3-6 (a) 所示。

(2) 若 $\varphi = 0$,即两个同频率正弦量的相位差为零,称 $i_1(t)$ 和 $i_2(t)$ 同相位,简称同相,如图 3-6 (b) 所示。

(3) 若 $\varphi = \pi$,则称 $i_1(t)$ 和 $i_2(t)$ 反相位,简称反相,如图 3-6 (c) 所示。

(4) 若 $\varphi = \dfrac{\pi}{2}$,则称 $i_1(t)$ 和 $i_2(t)$ 相位正交,如图 3-6 (d) 所示。

例 3-2 求两个正弦电流 $i_1(t) = -14.1\sin(\omega t - 120°)$,$i_2(t) = 7.05\cos(\omega t - 60°)$ 的相位差 φ_{12}。

解 把 $i_1(t)$ 和 $i_2(t)$ 写成标准的解析式,求出二者的初相,再求出相位差。则

$$i_1(t) = -14.1\sin(\omega t - 120° + 180°) = 14.1\sin(\omega t + 60°) \text{ (A)}$$
$$i_2(t) = 7.05\sin(\omega t - 60° + 90°) = 7.05\sin(\omega t + 30°) \text{ (A)}$$
$$\varphi_1 = 60°, \varphi_2 = 30°, \varphi_{12} = \varphi_1 - \varphi_2 = 60° - 30° = 30°$$

三、正弦量的有效值

正弦电流和电压的大小往往不是用它们的幅值，而是常用有效值（均方根值）来计量的。交流电的有效值是根据它的热效应确定的。如某一交流电流和一直流电流分别通过同一电阻 R，在一个周期 T 内所产生的热量相等，那么这个直流电流 I 的数值就叫作交流电流的有效值。

由此得出

$$I^2RT = \int_0^T i^2(t)R\,\mathrm{d}t$$

所以，交流电流的有效值为

$$I = \sqrt{\frac{1}{T}\int_0^T i^2(t)\,\mathrm{d}t}$$

同理，交流电压的有效值为

$$U = \sqrt{\frac{1}{T}\int_0^T u^2(t)\,\mathrm{d}t}$$

对于正弦交流电流，有

$$i(t) = I_m\sin(\omega t + \varphi)$$

因此，它的有效值为

$$I = \sqrt{\frac{1}{T}\int_0^T I_m^2\sin^2(\omega t + \varphi)\,\mathrm{d}t} = \sqrt{\frac{I_m^2}{T}\int_0^T \frac{1}{2}[1 - \cos 2(\omega t + \varphi)]\,\mathrm{d}t} = \frac{I_m}{\sqrt{2}}$$

同理，有

$$U = \frac{U_m}{\sqrt{2}}$$

按照规定，有效值都用大写字母表示，和表示直流的字母一样。

一般所讲的正弦电压或电流的大小，如交流电压 380 V 或 220 V，都是指它的有效值。一般交流电流表和电压表的刻度也是根据有效值来确定的。

例 3-3 一个正弦电流的初相角为 $60°$，在 $\dfrac{T}{4}$ 时电流的值为 5 A。试求该电流的有效值。

解 该正弦电流的解析式为

$$i(t) = I_m\sin(\omega t + 60°) \text{ A}$$

由已知得

$$5 = I_m\sin(\omega t + 60°)$$

或

$$5 = I_m\sin\left(\frac{\pi}{2} + \frac{\pi}{3}\right) = I_m\sin\left(\frac{5\pi}{6}\right)$$

则
$$I_\mathrm{m} = \frac{5}{\sin\left(\frac{5\pi}{6}\right)} = \frac{5}{\frac{1}{2}} = 10 \text{ (A)}$$

对应的有效值
$$I = \frac{I_\mathrm{m}}{\sqrt{2}} = \frac{10}{\sqrt{2}} = 7.07 \text{ (A)}$$

学习单元 2
正弦量的相量表示法

1 学时

电子多媒体教室

1. 掌握正弦量的表示方法
2. 掌握正弦量的相量表示并能够应用

一、正弦量的表示方法

如上节所述，一个正弦量具有幅值、频率及初相位 3 个特征。而这些特征可以用一些方法表示出来。正弦量的各种表示方法是分析与计算正弦交流电路的工具。

正弦交流电的表示方法有三角函数法、波形图法及相量表示法 3 种方法。

(1) 三角函数法。用三角函数式来表示，如 $i = I_m \sin(\omega t + \varphi)$，这是正弦量的基本表示法。

(2) 波形图法。用正弦波形来表示，如图 3-7 所示。

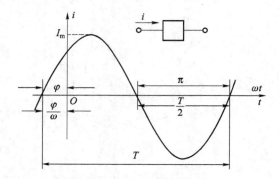

图 3-7 正弦量的波形

（3）相量表示法。用相量来表示，如 $\dot{U} = U\underline{/\varphi}$。

二、正弦量的相量表示

正弦量相量表示法的基础是复数，就是用复数来表示正弦量。

令一直角坐标系的横轴表示复数的实部，称为实轴，以 +1 为单位；纵轴表示虚部，称为虚轴，以 +j 为单位。实轴和虚轴构成的平面称为复平面。设 A 为复数，如图 3-8 所示，其表示形式为

$$A = a + jb$$

式中：$a = r\cos\varphi$；$b = r\sin\varphi$，其中 $r = \sqrt{a^2 + b^2}$ 为复数的模，$\varphi = \arctan\dfrac{b}{a}$ 为复数的辐角。所以

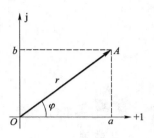

图 3-8　复数表示正弦量

$$A = r\cos\varphi + jr\sin\varphi = r(\cos\varphi + j\sin\varphi)$$

由欧拉公式

$$\sin\varphi = \frac{e^{j\varphi} - e^{-j\varphi}}{2j}$$

可得

$$e^{j\varphi} = \cos\varphi + j\sin\varphi$$

可写成

$$A = re^{j\varphi}$$

或简写为

$$A = r\underline{/\varphi}$$

以上可归结为

$$A = a + jb = r\cos\varphi + jr\sin\varphi = re^{j\varphi} = r\underline{/\varphi}$$

因此，一个复数可用上述几种复数形式来表示。分别为复数的代数形式、三角形式、指数形式和极坐标形式。

学习单元 3

3 种元件的交流电路

2 学时

电子多媒体教室

1. 掌握电阻元件在交流电路中的伏安特性
2. 掌握电感元件在交流电路中的伏安特性
3. 掌握电容元件在交流电路中的伏安特性

分析各种正弦交流电路,不外乎要确定电路中电压与电流之间的关系(大小和相位),并讨论电路中能量的转换和功率问题。

分析各种交流电路时,必须首先掌握单一参数(电阻、电感、电容)元件电路中电压与电流之间的关系,因为其他电路无非是一些单一参数元件的组合而已。

一、电阻元件的伏安特性

在图 3-9 (a) 中,设电流为

$$i(t) = \sqrt{2}I\sin(\omega t + \varphi_i)$$

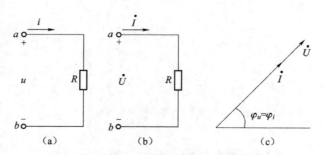

图 3-9 电阻元件的相量模型及相量图

则有
$$u(t) = Ri = \sqrt{2}RI\sin(\omega t + \varphi_i) = \sqrt{2}U\sin(\omega t + \varphi_u)$$
电阻两端电压 u 和电流 i 之间的关系为
$$\begin{cases} U = RI \\ \varphi_i = \varphi_u \end{cases}$$
上述表明，电流与电压的频率相同，相位相同，数值之间仍符合欧姆定律。
$\varphi_i = 0$ 时电阻上电压相量和电流相量的关系为
$$\frac{\dot{U}}{\dot{I}} = \frac{U\angle\varphi_u}{I\angle\varphi_i} = R$$
即
$$\dot{U} = R\dot{I}$$
由此可以画出电阻的相量模型电路如图 3-9（b）所示，相量图如图 3-9（c）所示。

例 3-4 一电阻 $R = 100\ \Omega$，通过的电流 $i(t) = 1.41\sin(\omega t - 30°)$ A。试求 R 两端的电压 U 和 $u(t)$。

解 电流 $I = \frac{I_m}{\sqrt{2}} = \frac{1.41}{\sqrt{2}} = 1$（A）

电压 $U = RI = 100 \times 1 = 100$（V）
$$u(t) = Ri = 100 \times 1.41\sin(\omega t - 30°) = 141\sin(\omega t - 30°)\ V$$
或利用相量关系求解
$$\dot{I} = \frac{1.41}{\sqrt{2}}\angle -30° = 1\angle 30°$$
$$\dot{U} = R\dot{I} = 100 \times 1\angle -30° = 100\angle -30°$$
对应的正弦电压为
$$u(t) = 100\sqrt{2}\sin(\omega t - 30°) = 141\sin(\omega t - 30°)\ V$$
有效值 $U = 100$ V。

二、电感元件的伏安特性

电阻为零的纯电感元件，如果接到直流电源上，则电源被短路；如果接到交流电源上，情况就完全不同，变化的电流流过电感线圈，将使其中的磁通 Φ 随之变化，从而在线圈中产生自感电动势。

在图 3-10（a）中，设通过电感元件的电流为
$$i(t) = \sqrt{2}I\sin(\omega t + \varphi_i)$$
则有
$$u(t) = L\frac{di}{dt} = \sqrt{2}\omega LI\cos(\omega t + \varphi_i)$$
$$= \sqrt{2}\omega LI\sin\left(\omega t + \varphi_u + \frac{\pi}{2}\right) = \sqrt{2}U\sin(\omega t + \varphi_u)$$

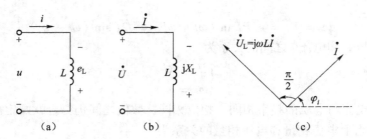

图3-10 电感元件的相量模型及相量图

上式表明,电感两端电压 u 和电流 i 是同频率的正弦量,电压超前电流90°。用 X_L 表示 ωL 后,电压和电流有效值的关系为

$$U = X_L I \qquad U_m = X_L I_m$$

或

$$\begin{cases} U = X_L I \\ \varphi_u = \varphi_i + 90° \end{cases}$$

其中 $X_L = \omega L = 2\pi f L = \dfrac{U}{I}$ 称为感抗,单位为 Ω。

感抗的倒数 $B_L = \dfrac{1}{X_L} = \dfrac{1}{\omega L}$ 称为感纳,单位为西门子(S)。

电感的电流相量和电压相量的关系为

$$\frac{\dot{U}}{\dot{I}} = \frac{U\underline{/\varphi_u}}{I\underline{/\varphi_i}} = jX_L$$

即

$$\dot{U} = jX_L \dot{I}$$

由此可以画出电感的相量模型如图3-10(b)所示,相量图如图3-10(c)所示。

例3-5 流过0.1 H电感的电流为 $i(t) = 15\sqrt{2}\sin(200t + 10°)$。试求关联参考方向下电感两端的电压 u。

解 用相量关系求解

$$\dot{I} = 15\underline{/10°}$$

$$\dot{U} = jX_L\dot{I} = j200 \times 0.1 \times 15\underline{/10°} = 300\underline{/(90° + 10°)} = 300\underline{/100°}$$

对应的正弦电压为

$$u(t) = 300\sqrt{2}\sin(200t + 100°) \text{ V}$$

三、电容元件的伏安特性

交流电路中,当电压发生变化时,电容器极板上的电荷也要随着发生变化,在电路中就会引起电流。

在图 3-11（a）中，设加在电容两端的电压为 $u = \sqrt{2}U\sin(\omega t + \varphi_u)$

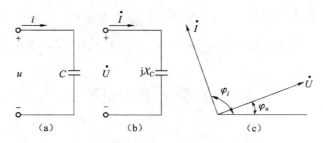

图 3-11 电容元件的相量模型及相量图

根据电容元件中电容、电压、电流之间的关系，即

$$i(t) = C\frac{\mathrm{d}u}{\mathrm{d}t}$$

得到

$$i(t) = C\frac{\mathrm{d}u}{\mathrm{d}t} = \sqrt{2}\omega CU\cos(\omega t + \varphi_u)$$

$$= \sqrt{2}\omega CU\sin\left(\omega t + \varphi_u + \frac{\pi}{2}\right) = \sqrt{2}I\sin(\omega t + \varphi_i)$$

上式表明，电容电流和端电压是同频率的正弦量，电流超前电压 90°。用 X_C 表示 $1/\omega C$ 后，电流和电压的关系为

$$I = \omega CU = \frac{U}{\dfrac{1}{\omega C}} = \frac{U}{X_C}$$

或

$$\begin{cases} U = X_C I \\ \varphi_i = \varphi_u + 90° \end{cases}$$

而容抗为

$$X_C = \frac{1}{\omega C} = \frac{1}{2\pi f C} = \frac{U}{I} = \frac{U_m}{I_m}$$

容抗的倒数 $B_C = \dfrac{1}{X_C} = \omega C$ 称为容纳，单位是西门子（S），电容的电流相量和电压相量的关系为

$$\frac{\dot{U}}{\dot{I}} = \frac{U\underline{/\varphi_u}}{I\underline{/\varphi_i}} = -jX_C$$

由此可以画出电容元件的相量模型如图 3-11（b）所示，相量图如图 3-11（c）所示。

例 3-6 流过 0.5 F 电容的电流 $i(t) = \sqrt{2}\sin(100t - 30°)$ A。试求关联参考方向下电容的电压 u。

解 用相量关系求解

$$\dot{I} = 1\angle{-30°} \text{ A}$$

$$\dot{U} = -jX_C\dot{I} = -j\frac{1}{\omega C}\dot{I} = -j\frac{1}{100 \times 0.5} \times 1\angle{-30°}$$

$$= 2 \times 10^{-2}\angle(-90° - 30°) = 2 \times 10^{-2}\angle{-120°} \text{ (V)}$$

对应的正弦电压为

$$u(t) = 0.02\sqrt{2}\sin(100t - 120°) \text{ V}$$

学习单元 4
RLC 串联电路

2 学时

电子多媒体教室

1. 掌握 RLC 串联电路中电压与电流的关系
2. 掌握 RLC 串联电路的 3 种性质

一、电压与电流的关系

1. 电压三角形

RLC 串联电路的交流电路如图 3 – 12（a）所示。电路的各元件通过同一电流。电流与各个电压的参考方向如图中所示。分析这种电路可以应用前面一节所得的结果。RLC 串联电路的相量模型如图 3 – 12（b）所示。先选择参考相量。选择的方法：选已知量或公共量。在串联电路中，电流是公共量，所以取电流的相量为参考相量，设 $\dot{I} = I\underline{/0°}$，作出相量图，如图 3 – 13（a）所示，图中设 $U_L > U_C$；在图 3 – 13（b）中，$U_L < U_C$；在图 3 – 13（c）中，则 $U_L = U_C$。

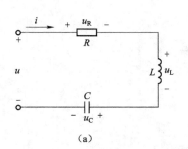
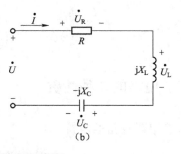

图 3 – 12　RLC 串联电路及相量表示

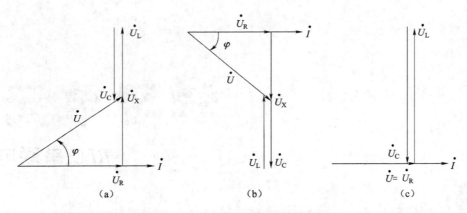

图 3-13 RLC 串联电路的相量图

显然，$\dot{U}_R$、$\dot{U}_X$、$\dot{U}$ 组成一个直角三角形，称为电压三角形，由电压三角形可得

$$U = \sqrt{U_R^2 + (U_L - U_C)^2} = \sqrt{U_R^2 + U_X^2}$$

U 也可以写成相量形式，即

$$\dot{U} = \dot{U}_R + \dot{U}_X + \dot{U}_C = [R + j(X_L - X_C)]\dot{I} = Z\dot{I}$$

2. 阻抗三角形

$$Z = R + j(X_L - X_C) = R + X = |Z|\underline{/\varphi}$$

其中 $X = X_L - X_C$ 称为电抗，$|Z|$ 和 $\underline{/\varphi}$ 分别称为复阻抗的模和阻抗角，其关系式为

$$\begin{cases} |Z| = \sqrt{R^2 + X^2} \\ \varphi = \arctan\dfrac{X}{R} \end{cases}$$

显然 $|Z|$、R、X 也组成一个直角三角形，称为阻抗三角形，如图 3-14 所示，与电压三角形相似。设端口电压与电流的相量分别为

$$\dot{U} = U\underline{/\varphi_u}, \quad \dot{I} = I\underline{/\varphi_i}, \quad Z = \dfrac{\dot{U}}{\dot{I}} = \dfrac{U\underline{/\varphi_u}}{I\underline{/\varphi_i}}$$

$$= \dfrac{U}{I}\underline{/(\varphi_u - \varphi_i)} = |Z|\underline{/\varphi}$$

图 3-14 阻抗三角形

由上式可得

$$\begin{cases} |Z| = \dfrac{U}{I} \\ \varphi = \varphi_u - \varphi_i \end{cases}$$

二、电路的 3 种性质

根据 RLC 串联电路的电抗

$$X = X_L - X_C = \omega L - \dfrac{1}{\omega C}$$

RLC 串联电路有以下 3 种不同性质：

(1) 当 $\omega L > \dfrac{1}{\omega C}$ 时，$X > 0$，$\varphi > 0$，$U_L > U_C$，U_X 超前电流，端口电压超前电流；电路呈感性，相量图如图 3-13（a）所示。

(2) 当 $\omega L < \dfrac{1}{\omega C}$ 时，$X < 0$，$\varphi < 0$，$U_L < U_C$，U_X 滞后电流，端口电压滞后电流；电路呈容性，相量图如图 3-13（b）所示。

(3) 当 $\omega L = \dfrac{1}{\omega C}$ 时，$X = 0$，$\varphi = 0$，$U_L = U_C$，$Z = R$。端口电压与电流同相，电路呈阻性。这是一种特殊状态，称为谐振，相量图如图 3-13（c）所示。

RL 串联电路、RC 串联电路、LC 串联电路、电阻元件、电感元件、电容元件都可以看成 RLC 串联电路的特例。R、L、C 的复阻抗 Z 分别为 R、jX_L、$-jX_C$，φ 分别为 $0°$、$90°$、$-90°$。

RL 串联，有

$$\varphi = \arctan \dfrac{X_L}{R}, \quad |Z| = |R + jX_L| = \sqrt{R^2 + X_L^2}$$

RC 串联，有

$$\varphi = \arctan \dfrac{-X_C}{R}, \quad |Z| = |R - jX_C| = \sqrt{R^2 + X_C^2}$$

例 3-7 图 3-15（a）所示为 RC 串联移相电路，u 为输入正弦电压，以 u_C 为输出电压。已知 $C = 0.01\ \mu F$，u 的频率为 6 000 Hz，有效值为 1 V。欲使输出电压比输入电压滞后 $30°$，试问应选配多大的电阻 R？在此情况下，输出电压多大？

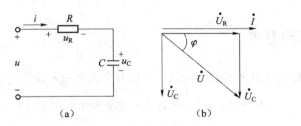

图 3-15 例 3-7 电路

解 作出相量图，如图 3-15（b）所示。容性电路的阻抗角为负值，根据已知有

$$\varphi = -30°$$

$$\varphi = \arctan \dfrac{-X_C}{R} = \arctan \dfrac{-1}{R\omega C} = -30°$$

根据阻抗三角形 X_C 和 R 的关系，即

$$R = \dfrac{X_C}{\tan 30°} = \dfrac{1}{\omega C \tan 30°} = \dfrac{1}{2\pi \times 6\,000 \times 0.01 \times 10^{-6} \times \dfrac{1}{\sqrt{3}}} = 4\,600(\Omega) = 4.6(k\Omega)$$

在此情况下，输出电压为

$$U_C = U\sin 30° = 1 \times 0.5 = 0.5(V)$$

学习单元 5
阻抗的串联与并联

1 学时

电子多媒体教室

1. 掌握串联阻抗电路中的等效阻抗并能够应用
2. 掌握并联阻抗电路中的等效阻抗并能够应用

在交流电路中,阻抗的连接形式是多种多样的,其中最简单和最常用的是串联与并联。

一、阻抗的串联

图 3 – 16 (a) 是两个阻抗串联的电路。根据基尔霍夫电压定律可写出它的相量表示式为

$$\dot{U} = \dot{U}_1 + \dot{U}_2 = Z_1\dot{I} + Z_2\dot{I} = (Z_1 + Z_2)\dot{I}$$

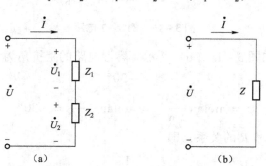

图 3 – 16 阻抗串联电路
(a) 阻抗的串联;(b) 等效电路

两个串联的阻抗可用一个等效阻抗 Z 来代替,在同样电压的作用下,电路中电流的有效值和相位保持不变。根据图 3 – 16 (b) 所示的等效电路可写出

$$\dot{U} = Z\dot{I}$$

比较上列两式，则得 $Z = Z_1 + Z_2$，因为一般 $U \neq U_2 + U_2$，即 $|Z|I \neq |Z_1|I + |Z_2|I$，所以 $|Z| \neq |Z_1| + |Z_2|$。

由此可见，只有等效阻抗才等于各个串联阻抗之和。在一般情况下，等效阻抗可写为

$$Z = \sum Z_\kappa = \sum R_\kappa + j\sum X_\kappa = |Z|e^{j\varphi}$$

式中：$|Z| = \sqrt{(\sum R_\kappa)^2 + (\sum X_\kappa)^2}$；$\varphi = \arctan\dfrac{\sum X_\kappa}{\sum R_\kappa}$

在上列各式的 $\sum X_\kappa$ 中，感抗 X_L 取正号，容抗 X_C 取负号。

例 3 – 8 图 3 – 17（a）所示有两个阻抗 $Z_1 = 6.16 + j9 \ \Omega, Z_2 = 2.5 - j4 \ \Omega$。它们串联接在 $\dot{U} = 220\underline{/30°}$ V 的电源上。求：$\dot{I}$、$\dot{U}_1$、$\dot{U}_2$，并作相量图。

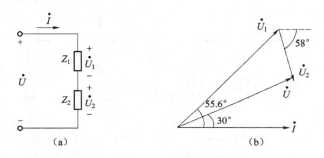

图 3 – 17 例 3 – 8 的电路图与相量图

解 这是两个电阻串联的情况，所以

$$Z = Z_1 + Z_2 = (6.16 + 2.5) + j(9 - 4)$$
$$= 8.66 + j5 = 10\underline{/30°}(\Omega)$$

$$\dot{I} = \frac{\dot{U}}{Z} = \frac{220\underline{/30°}}{10\underline{/30°}} = 22\underline{/0°}(A)$$

$$\dot{U}_1 = Z_1\dot{I} = (6.16 + j9) \times 22 = 10.9\underline{/55.6°} \times 22 = 239.8\underline{/55.6°}(V)$$

同理：$\dot{U}_2 = Z_2\dot{I} = (2.5 - j4) \times 22 = 103.6°\underline{/-58°}(V)$

相量图如图 3 – 17（b）所示。

二、阻抗的并联

图 3 – 18（a）是两个阻抗并联的电路。根据基尔霍夫电流定律可写出它的相量表示式为

$$\dot{I} = \dot{I}_1 + \dot{I}_2 = \frac{\dot{U}}{Z_1} + \frac{\dot{U}}{Z_2} = \dot{U}\left(\frac{1}{Z_1} + \frac{1}{Z_2}\right)$$

两个并联的阻抗也可用一个等效阻抗 Z 来代替。根据图 3 – 18（b）所示的等效电路可写出 $\dot{I} = \dfrac{\dot{U}}{Z}$。

比较上列两式，则得 $\dfrac{1}{Z} = \dfrac{1}{Z_1} + \dfrac{1}{Z_2}$ 或 $Z = \dfrac{Z_1 Z_2}{Z_1 + Z_2}$。

因为一般 $I \ne I_1 + I_2$，即

$$\frac{U}{|Z|} \ne \frac{U}{|Z_1|} + \frac{U}{|Z_2|}$$

所以

$$\frac{1}{|Z|} \ne \frac{1}{|Z_1|} + \frac{1}{|Z_2|}$$

由此可见，只有等效阻抗的倒数才等于各个并联阻抗的倒数之和。一般情况下写成

$$\frac{1}{Z} \ne \sum \frac{1}{Z_\kappa}$$

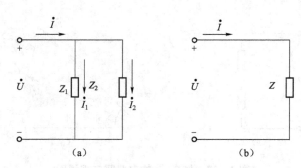

图 3-18　阻抗并联电路
（a）阻抗的并联；（b）等效电路

例 3-9　图 3-19（a）所示有两个阻抗 $Z_1 = 3 + j4\ \Omega$；$Z_2 = 8 - j6\ \Omega$。它们并联接在 $\dot{U} = 220\ \underline{/0°}$ V 的电源上。求 $\dot{I}_1$、$\dot{I}_2$ 和 $\dot{I}$，并作相量图。

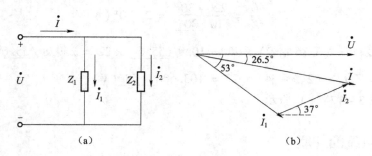

图 3-19　例 3-9 的电路

解　这是两个阻抗并联的情况，有

$$Z_1 = 3 + j4\ \Omega = 5\ \underline{/53°}$$
$$Z_2 = 8 - j6\ \Omega = 10\ \underline{/-37°}$$

所以

$$Z = \frac{Z_1 Z_2}{Z_1 + Z_2} = \frac{5\ \underline{/53°} \times 10\ \underline{/-37°}}{3 + j4 + 8 - j6} = 4.47\ \underline{/26.5°}$$

$$\dot{I}_1 = \frac{\dot{U}}{Z_1} = \frac{220\ \underline{/0°}}{5\ \underline{/53°}} = 44\ \underline{/-53°}$$

同理

$$\dot{I}_2 = \frac{\dot{U}}{Z_2} = \frac{220\ \underline{/0°}}{10\ \underline{/-37°}} = 22\ \underline{/37°}$$

$$\dot{I} = \frac{\dot{U}}{Z} = \frac{220\ \underline{/0°}}{4.47\ \underline{/26.5°}} = 49.2\ \underline{/-26.5°}$$

相量图如图 3-19（b）所示。

学习单元 6
正弦交流电路中的谐振电路

2 学时

电子多媒体教室

1. 掌握串联谐振的谐振条件、谐振频率及特点
2. 掌握并联谐振的谐振条件、谐振频率及特点

在具有电感和电容的电路中，电路中的电压和电流的相位一般是不同的。若调节电路中的 L、C 或改变电源的频率，使电路中的电压和电流达到同相位，这时电路中就产生了谐振现象。处于谐振状态的电路称为谐振电路。此时电路与电源之间不再有能量的双向交换，电路呈电阻性。

谐振电路在电子技术中应用很广，如收音机、振荡器等。常用的谐振电路有串联谐振和并联谐振。研究谐振的目的，就是一方面在生产上充分利用谐振的特点，如在无线电工程、电子测量技术等许多电路中应用；另一方面又要预防它所产生的危害。

一、串联谐振

1. 谐振条件和谐振频率

在 R、L、C 串联的电路中，当 $X_L = X_C$ 时，电路中的电流和总电压同相位，如图 3-20 所示，这时电路中就产生谐振现象。

因此，$X_L = X_C$ 即为电路产生谐振的条件。根据

$$2\pi f_0 L = \frac{1}{2\pi f_0 C}$$

可得谐振时的频率为

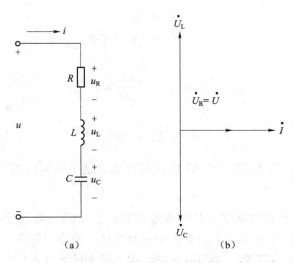

图 3-20 R、L、C 串联时的电路和矢量图

$$f_0 = \frac{1}{2\pi\sqrt{LC}}$$

由谐振频率公式可知，串联电路发生谐振时的频率 f_0 仅由电路本身的参数 L 和 C 确定，因此 f_0 又称为其电路的固有频率。若电路的 L、C 为一定值，则电路的固有频率为一定值。当调节电源的频率使它和电路的固有频率相等时，则满足 $X_L = X_C$ 的条件，电路便发生谐振；反之，若电源频率为一定值，则改变电路的 L、C，即改变电路的固有频率，使二者达到相等，也能使电路发生谐振。

2. 串联谐振的特点

(1) 阻抗最小，有

$$|Z| = \sqrt{R^2 + (X_L - X_C)^2} = R$$

当电路中 $X_L = X_C$ 时，串联谐振的阻抗 $|Z| = R$。这时电路的阻抗为最小。

(2) 电流最大，有

$$I = I_0 = \frac{U}{\sqrt{R^2 + (X_L - X_C)^2}} = \frac{U}{R}$$

电路的电流在 $X_L = X_C$ 时，电路的电流 $I = \frac{U}{R}$ 为最大。如果 $X_L \neq X_C$，则 $|Z| > R$，$I < \frac{U}{R}$。

(3) $\dot{U}$、$\dot{I}$ 同相，有

$$\phi = \arctan\frac{X_L - X_C}{R} = 0$$

电路呈电阻性，能量全部被电阻消耗，即电源与电路之间不发生能量互换。

(4) 电压关系为一因数。

电阻电压为

$$U_R = I_0 R = U$$

电容电压、电感电压为

$$\dot{U}_L = \dot{U}_C$$
$$U_L = IX_L = U_C = IX_C$$

令
$$Q = \frac{U_L}{U} = \frac{U_C}{U} = \frac{\omega_0 L}{R} = \frac{1}{\omega_0 RC}$$

因此
$$U_L = U_C = QU$$

上式中 $\frac{\omega_0 L}{R}$ 或 $\frac{1}{\omega_0 RC}$ 为 U_L 和 U 或 U_C 和 U 的比值。这个比值称为谐振回路的品质因数，用 Q 表示。

当 $R \ll X_L$ 或 X_C 时，且谐振回路的品质因数很高时，电感、电容上的电压可以比总电压高很多倍。由于串联谐振会在电感、电容上引起高电压，所以串联谐振又称为电压谐振。电压谐振产生的高电压在电信工程上是很有利的，因为外来的无线电信号很微弱，通过电压谐振就可把信号电压上升到几十倍甚至几百倍。但电压谐振也有其不利的一面，如在电力系统中有时会把电容器和电感线圈的绝缘击穿而造成设备损坏事故。因此，在电力系统中应尽量避免产生电压谐振。

二、并联谐振

1. 谐振条件和谐振频率

图 3-21（a）所示为既有电阻 R 又有电感 L 的线圈和电容器 C 并联的电路。如果线圈支路电流的无功分量 I_{1V} 和电容支路的电流 I_C 大小相等相位相反，则电路的电压和总电流便达到同相位，如图 3-21（b）所示。这时电路中就产生谐振现象。所以，并联谐振的条件是：$I_C + I_{1V} = 0$，即电路中总电流的无功分量等于零。

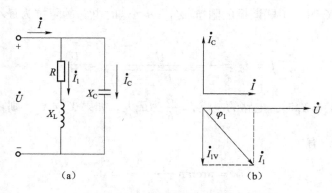

图 3-21 并联谐振电路

图中的 $I_{1V} = I_1 \sin \varphi_1$，而 $\sin \varphi_1 = X_L / \sqrt{R^2 + X_L^2}$，故
$$I_{1V} = \frac{U}{\sqrt{R^2 + X_L^2}} \frac{X_L}{\sqrt{R^2 + X_L^2}} = \frac{X_L}{R^2 + X_L^2} U$$

电容支路中的电流 $I_C = U/X_C$。

实际上，一般都采用损耗很小的谐振回路。所以，线圈的电阻远小于它的感抗，即谐振回路具有较高的 Q 值。所以 $\varphi_1 \approx \pi/2$，$I_{2V} \approx U/X_L$。此时，并联谐振的条件可认为是 $X_L \approx X_C$，谐振频率为

$$f_0 = \frac{1}{2\pi\sqrt{LC}}$$

2. 并联谐振的特点

（1）并联谐振时，线圈支路、电容支路中的电流可以比总电流大许多倍。

因为谐振时线圈支路和电容支路的无功电流互相补偿，所以电路的电压和总电流同相位，电路为纯电阻性质。此时总电流为

$$I_0 = I_1 \cos\varphi_1$$

把上式改写为

$$\frac{I_1}{I_0} = \frac{1}{\cos\varphi_1} = \frac{\sqrt{R^2 + X_L^2}}{R}$$

当 $R \ll X_L$ 时，$\sqrt{R^2 + X_L^2} \approx X_L$，所以 $\dfrac{I_1}{I_0} = \dfrac{X_L}{R} = Q$

根据 $I_C = I_1 \sin\varphi_1$，同样可得

$$\frac{I_C}{I_0} = \frac{X_L}{R} = Q$$

这说明，在 Q 值较高的情况下，并联谐振回路中的 I_1、I_C 大约是总电流 I_0 的 Q 倍。由于并联谐振时，可以在 L 和 C 上引起较大的电流，因此并联谐振又称为电流谐振。

电流谐振时，I_1 和 I_C 之间的相位差接近于180°，当 I_1 正方向增大时，I_C 几乎是反方向增大。因此，在谐振回路中有一个环流 I 存在，如图3-21所示，这个环流是由于电容 C 和电感 L 之间进行电磁场能量的互相交换而引起的振荡电流。在振荡过程中，时而由线圈的感应电动势对电容器充电，把线圈中的磁场能量释放出来，转变为电容极板间的电场能量储存在电容器中；时而电容器又对线圈放电，再把电场能量转变为磁场能量。因此在 L 和 C 之间不断地进行能量的互相交换，电源只是补偿在振荡过程中回路的电阻所消耗的能量，而这个能量是很小的。为此，在并联谐振的电路中，总电流 I_0 可以小于分支电流 I_1 和 I_C。

（2）谐振时回路的总电流 I_0 为最小，回路的等效阻抗 $|Z_0|$ 为最大，其值为

$$|Z_0| = \frac{U}{I_0} = \frac{U}{I_1\cos\varphi_1} = \frac{R^2 + X_L^2}{R} \approx QX_L$$

或

$$|Z_0| \approx QX_C$$

这说明，在 Q 值较高时，谐振回路的等效阻抗约为线圈的感抗或容抗的 Q 倍。偏离谐振频率 f_0，则 Z_0 将迅速下降。并联谐振在无线电技术和工业电子技术中应用都很广泛。

任务工单 3

工作任务	RLC 串联电路					
姓名		学号		班级		日期

1. 实训目的

(1) 了解电阻、电感、电容的性质和作用。
(2) 加深对 R、L、C 元件在交流电路中的基本特性认识。
(3) 研究 RLC 串联、RL 串联及 RC 串联电路各电压间的关系。

2. 实训仪器

(1) 单相调压器;
(2) 交流电流表一只;
(3) 交流电压表一只;
(4) 动态电路板或电容组单元板一只;
(5) 镇流器或电感器一只;
(6) 功率表一块。

3. 实训电路(见图 3-22)

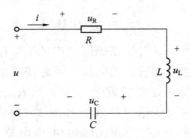

图 3-22 RLC 串联电路

4. 实训数据(见表 3-1)

表 3-1 实验数据记录

项目	I/mA	U_R/V	U_L/V	U_C/V	U/V	P/W
RC 串联						
RL 串联						
RLC 串联						

5. 分析

(1) 纯电阻电路、纯电感电路和纯电容电路的基本特征

续表

（2）纯电阻电路、纯电感电路和纯电容电路的电压关系

（3）纯电阻电路、纯电感电路和纯电容电路的阻抗关系

6．评估

教师签字：

一、判断题

1．正弦交流电在 0.1 s 时间内变化了 5 周，那么它的周期等于 0.02 s，频率等于 50 Hz。
（　　）

2．我国民用交流电压的频率为 60 Hz，有效值为 220 V。（　　）

3．一个电热器接在 10 V 的直流电源上，产生一定的热功率，把它接到交流电源上，使产生的热功率是直流时相等，则交流电压的最大值是 12.14 V。（　　）

4．正弦交流电的三要素是最大值、频率、初相位。（　　）

5．已知交流电压的解析式：$u_1 = 10\sin(100t - 90°)$ V，$u_2 = 10\sin(100t + 90°)$ V，则它们之间的相位关系是同相。（　　）

6．若正弦交流电在 $t=0$ 时的瞬时值为 2 A，其初相为 $\pi/6$，则它的有效值为 2.828 A。
（　　）

7．已知某正弦交流电流在 $t=0$ 时，瞬时值为 0.5 A，电流初相位为 30°，则这个电流的有效值为 7.07 A。（　　）

8．电容器和电阻器都是构成电路的基本元件，但它们在电路中所起的作用却是不同的，从能量上来看，电容器是一种储能元件，而电阻器则是耗能元件。（　　）

9. 当 $R=2\ \Omega$ 的电阻通入交流电,已知交流电流的表达式为 $i=4\sin(314t-45°)$ A,则电阻上消耗的功率是 18 W。 (   )

10. 在某交流电路中,电源电压 $u=100\sin(\omega t-30°)$ V,电路中的电流 $i=\sin(\omega t-90°)$ A,则电压和电流之间的相位差为 60°,电路的功率因数 $\cos\varphi=0.5$,电路中的有功功率 $P=50$ W,电路中的无功功率 $Q=86.6$ var,电源输出的视在功率 $S=10$ V·A。 (   )

11. 如图 3-23 所示电路中,电流表读数为 1 A,电压表读数为 60 V。 (   )

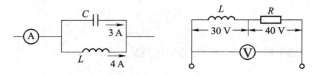

图 3-23 判断题 11 用图

12. 在 RLC 串联的正弦交流电路中,已知 R、L、C 上的电压均为 10 V,则电路两端的总电压应是 12 V。 (   )

13. 在 RLC 串联电路中,当 $X_L>X_C$ 时,电路呈电感性,$X_L<X_C$ 时,电路呈电容性,当 $X_L=X_C$,则电路呈电感性。 (   )

二、选择题

1. 在纯电阻电路中,计算电流的公式是 (   )。

   A. $i=\dfrac{U}{R}$ B. $i=\dfrac{U_m}{R}$ C. $I=\dfrac{U_m}{R}$ D. $I=\dfrac{U}{R}$

2. 在电感为 $X_L=50\ \Omega$ 的纯电感电路两端加上正弦交流电压 $u=20\sin\left(100\pi t+\dfrac{\pi}{3}\right)$ V,则通过它的瞬时电流为 (   )。

   A. $i=20\sin\left(100\pi t-\dfrac{\pi}{6}\right)$ A   B. $i=0.4\sin\left(100\pi t-\dfrac{\pi}{6}\right)$ A

   C. $i=0.4\sin\left(100\pi t+\dfrac{\pi}{3}\right)$ A   D. $i=0.4\sin\left(100\pi t+\dfrac{\pi}{6}\right)$ A

3. 已知 $e_1=50\sin(314t+30°)$ V,$e_2=70\sin(628t-45°)$ V,则 e_1、e_2 的相位关系是 (   )。

   A. e_1 比 e_2 超前 75°   B. e_1 比 e_2 滞后 75°
   C. e_1 比 e_2 滞后 15°   D. e_1 与 e_2 的相位差不能进行比较

4. 交流电的有效值,说法正确的是 (   )。

   A. 有效值是最大值的 $\sqrt{2}$ 倍
   B. 最大值是有效值的 $\sqrt{3}$ 倍
   C. 最大值为 311 V 的正弦交流电压就其热效应而言,相当于一个 220 V 的直流电压
   D. 最大值为 311 V 的正弦交流,可以用 220 V 的直流电来代替

5. 一个电容器耐压为 250 V,把它接入正弦交流电中使用时,加在电容器上的交流电压有效值最大可以是 (   )。

   A. 250 V；   B. 200 V；   C. 177 V；   D. 150 V

6. 如图 3-24 所示电路中，L 是纯电感，当电路接通以后，电路中的电流是（   ）。
   A. 0 A　　　　　　B. 2 A
   C. 3 A　　　　　　D. 12 A

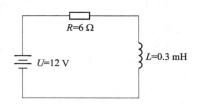

图 3-24　选择题 6 用图

7. 已知某正弦交流电路如图 3-25 所示，其中 $i_1 = 4\sqrt{2}\sin\omega t$ A，$i_2 = 4\sqrt{2}\sin\left(\omega t - \dfrac{\pi}{2}\right)$ A，则 i 等于（   ）。

   A. $8\sin\left(\omega t - \dfrac{\pi}{4}\right)$ A

   B. $8\sqrt{2}\sin\left(\omega t + \dfrac{\pi}{4}\right)$ A

   C. $8\sin\left(\omega t + \dfrac{\pi}{4}\right)$ A

   D. $8\sqrt{2}\sin\left(\omega t - \dfrac{\pi}{4}\right)$ A

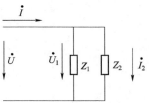

图 3-25　选择题 7 用图

8. 某负载两端所加的正弦交流电压和流过的正弦交流电流最大值分别为 U_m、I_m，则该负载的视在功率为（   ）。
   A. $\sqrt{2}U_m I_m$　　B. $2U_m I_m$　　C. $\dfrac{1}{2}U_m I_m$　　D. $\dfrac{1}{\sqrt{2}}U_m I_m$

9. 在一个 RLC 串联电路中，已知 $R=20\ \Omega$，$X_L=80\ \Omega$，$X_C=40\ \Omega$，则该电路呈（   ）。
   A. 电容性　　　　B. 电感性　　　　C. 电阻性　　　　D. 中性

三、计算题

1. 将一个阻值为 48.4 Ω 的电炉，接到电压为 $u=220\sqrt{2}\sin\left(\omega t - \dfrac{\pi}{3}\right)$ V 的电源上，求：（1）通过电炉的电流为多少？写出电流的解析式；（2）白炽灯消耗的功率是多少？

2. 一个电感为 20 mH 的纯电感线圈，接在电压 $u=311\sin(314t+30°)$ V 的电源上，求：（1）通过线圈的电流为多少？写出电流的解析式；（2）电路的无功功率是多少？

3. 一个容量为 637 μF 的电容器，接在电压 $u=220\sqrt{2}\sin(314t-60°)$ V 的电源上，求：（1）通过电容器的电流为多少？写出电流的解析式；（2）电路的无功功率是多少？

4. 在 RLC 串联交流电路中，已知 $R=40\ \Omega$，$L=223$ mH，$C=80$ μF，电路两端交流电压 $u=311\sin 314t$ V。求：（1）电路阻抗；（2）电流有效值；（3）各元件两端电压的有效值；（4）电路的有功功率、无功功率、视在功率；（5）电路的性质。

5. 在图 3-26 所示电路中，在日光灯两端并上一只电容后，能提高电路的功率因数。若此时日光灯的功率不变，分析：（1）并联电容后流过灯管的电流 I_R 将如何变化（指出变大、变小或不变）；（2）电路总电流 I 将如何变化（指出变大、变小或不变）。

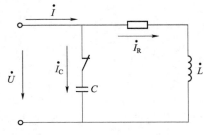

图 3-26　计算题 5 用图

学习项目四

三相交流电路及应用

学习单元 1

三相正弦电压源

2 学时

电子多媒体教室

1. 掌握三相交流电路的基本特点
2. 能根据实际情况进行三相交流电路的分析与计算

电工实验台、数字万用表

三相交流电路，是指由 3 个单相交流电路所组成的电路系统。前面所讨论的单相交流电路只是三相交流电路中的一相。三相交流电路在工农业生产中应用极为广泛。目前电能的产生、输送和分配几乎全部采用三相交流电的方式。在汽车上，就是使用三相交流发电机发出三相交流电，再经过整流器变为直流电供汽车使用的。

用三相制传输电能，可以节省材料和减少线路中的损耗。工厂企业得到三相电之后，既可以各相分别接入各种单相用电设备单独工作（如照明设备），也可以同时在一台设备上使用三相电源（如三相电动机）。三相异步电动机结构简单，性能能够满足生产中大部分机械设备的拖动要求，是当前生产动力设备的主要品种。此外，三相发电机、三相变压器与同容量的单相设备相比，结构都要简单得多，这使得三相制成为当前供电的主要形式。

一、对称三相正弦电压

三相正弦电压是由三相交流发电机发出的。三相交流发电机的主要组成部分是电枢和磁极。

电枢是固定的,也称定子。定子铁芯的内圆周表面冲有槽,用于放置三相绕组。每相绕组是同样的,每个绕组的两边放置在相应的定子铁芯的槽内。但要求绕组的始端之间或末端之间都彼此相隔 120°。

磁极是转动的,也称转子。转子铁芯上绕有励磁绕组,用直流励磁。选择合适的极面形状和励磁绕组的分布情况,可使空气间隙中的磁感应强度按正弦规律分布。

当转子由原动机带动,并以匀速按顺时针方向转动时,则每相绕组依次切割磁力线,其中产生频率相同、幅值相等的正弦电动势。

三相正弦电压源也是三相电路中最基本的组成部分,电力系统中,就是三相交流发电机的三相绕组,如图 4 – 1 所示,波形如图 4 – 2 所示,相量图如图 4 – 3 所示。它的解析式为

$$\begin{cases} e_1 = E_m \sin \omega t \\ e_2 = E_m \sin (\omega t - 120°) \\ e_3 = E_m \sin (\omega t + 120°) \end{cases}$$

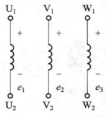

图 4 – 1　三相正弦电压源

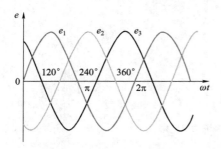

图 4 – 2　三相正弦电压波形

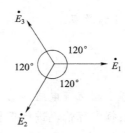

图 4 – 3　三相正弦电压相量图

$$\begin{cases} \dot{E}_1 = E \underline{/0°} = E \\ \dot{E}_2 = E \underline{/-120°} = E\left(-\frac{1}{2} - j\frac{\sqrt{3}}{2}\right) \\ \dot{E}_3 = E \underline{/120°} = E\left(-\frac{1}{2} + j\frac{\sqrt{3}}{2}\right) \end{cases}$$

在波形图上,同一时刻三相电压的瞬时值代数和为零,即

$$e_1 + e_2 + e_3 = 0$$

或

$$\dot{E}_A + \dot{E}_B + \dot{E}_C = 0$$

三相交流电到达正最大值的顺序称为相序,供电系统三相交流电的相序为 $U_1 \rightarrow V_1 \rightarrow W_1$。

二、三相电源的连接

常用的三相电源的连接有星形连接(即 Y 形)和三角形连接(即 △ 形)。

1. 三相电源的 Y 形连接方式

图 4 – 4 是三相电源的 Y 形连接方式。这种连接方式是把三相绕组的末端连接在一起,成为一个公共点(称中性点),用符号"N"表示。从中性点引出的输电线称为中性线。从

始端 A、B、C 引出的 3 根导线称为相线或端线，俗称火线。

三相电源的Y形连接供电时，有中性线的三相供电系统称为三相四线制，如果不引出中性线就称为三相三线制。

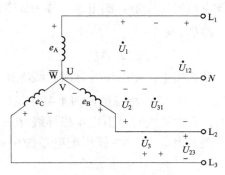

图 4-4　三相电源Y形连接

有时为了方便，常不画发电机的接线方式，只画出 4 根输出线，这种有中线的三相供电系统称为三相四线制，如果不画中性线就称为三相三线制，如图 4-5 所示。

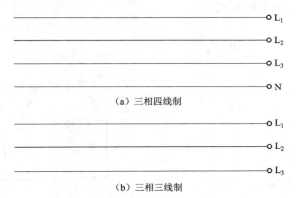

（a）三相四线制

（b）三相三线制

图 4-5　三相四线制和三相三线制

在Y形连接时，根据参考方向的规定，先作出 3 个相电压 $\dot{U}_1$、$\dot{U}_2$、$\dot{U}_3$ 的相量图，它们大小相等，相位依次相差 120°。在三相四线制中，得到

$$\dot{U}_{12} = \dot{U}_1 - \dot{U}_2 = \dot{U}_1 + (-\dot{U}_2)$$

作出 $(-\dot{U}_2)$，如图 4-6 所示，用平行四边形法则，在三角形中有

$$\frac{1}{2}U_{12} = U_1 \cos 30° = \frac{\sqrt{3}}{2}U_1$$

根据 KVL 定律，有

$$\begin{cases} \dot{U}_{12} = \dot{U}_1 - \dot{U}_2 \\ \dot{U}_{23} = \dot{U}_2 - \dot{U}_3 \\ \dot{U}_{31} = \dot{U}_3 - \dot{U}_1 \end{cases}$$

由相量图可得

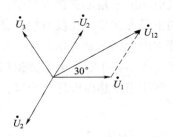

图 4-6　三相电源Y形连接相量计算过程

$$\dot{U}_{12} = \sqrt{3}\dot{U}_1 \underline{/30°} = \sqrt{3}\dot{U}_P \underline{/30°} = \dot{U}_L \underline{/30°}$$

式中：$\dot{U}_1$、$\dot{U}_2$、$\dot{U}_3$ 为端线与中性线间（发电机每相绕组）的电压，称为相电压 $\dot{U}_P$；$\dot{U}_{12}$、$\dot{U}_{23}$、$\dot{U}_{31}$ 为端线与端线间（发电机每相绕组）的电压，称为线电压 $\dot{U}_L$。

同理，$U_{23} = \sqrt{3}U_2$，$U_{31} = \sqrt{3}U_3$，即

$$U_L = \sqrt{3}U_P$$

由此可见，三相电源的Y形连接中，相电压对称时，线电压也是对称的，线电压 $U_L = \sqrt{3}U_P$，在相位上比相应的相电压超前30°，相量图如图4-7所示。

三相电源的Y形连接供电，有中性线时可引出4根导线（三相四线制），这样就有可能给予负载两种电压，因而被广泛应用。通常在低压配电系统中相电压为220 V，线电压为380 V。

汽车发电机或变压器的绕组连成星形时，不一定都引出中线。

2. 三相电源的△形连接

将3个电压源的首、末端顺次相连，再从3个连接点引出3根端线1、2、3，向外供电，这样就构成△形连接，如图4-8所示。

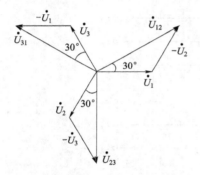
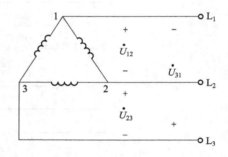

图4-7 三相电源Y形连接相量计算过程　　图4-8 三相电源△形连接电路

三相电源三角形连接时，三相电源的线电压等于电源绕组每一相的相电压，即

$$\begin{cases} \dot{U}_{12} = \dot{U}_1 \\ \dot{U}_{23} = \dot{U}_2 \\ \dot{U}_{31} = \dot{U}_3 \end{cases}$$

在电源的三角形连接方法中，没有中性线引出，因此采用的是三相三线制。这种连接方法不同于星形连接，在没有接上负载时，绕组本身就形成一个闭合回路。假如在此回路内的三相绕组产生的电动势不对称，或者把某一相绕组的两个端钮接错，使其回路内的3个电动势相量之和不等于零，由于绕组回路的内阻是很小的，在此情况下，回路内会产生相当大的电流，使绕组发热而毁坏。所以，绕组为三角形连接时切记不可将绕组接反。

学习单元 2
三相负载

2 学时

电子多媒体教室

1. 掌握三相负载的连接
2. 能根据实际情况进行三相负载的分析与计算

电工实验台、数字万用表

使用交流电的电气设备种类很多，其中有些设备是需要三相电源才能工作的，如三相交流电动机、三相整流等，这些都是三相负载。还有一些电气设备只需要单相电源，如照明用的白炽灯、电烙铁等，它们一端可以接在三相电源的任一根相线上，而另一端接在中性线上。许多像这样只要单相电源的设备，也往往按照一定的方式接在三相电源上，所以对电源来说，这些设备的总体可以看成是三相负载。因此，三相负载可以是单个的需要三相电源才能工作的电气设备，也可以是单相负载的组合。

在三相供电系统中，三相负载也有星形连接和三角形连接两种，根据负载的额定电压和电源电压来决定以哪种方式接入电源。

一、负载的Y形连接

负载的星形连接，是把三相负载分别接到三相电源的一根相线和中性线之间的接法。照明电路三相四线制 380 V/220 V 电路如图 4-9 所示。

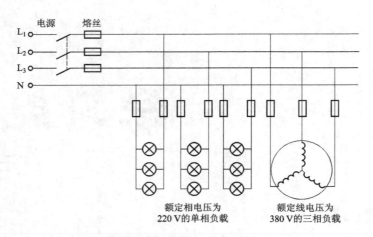

图 4-9　照明电路三相四线制 220 V/380 V 电路

1. 对称负载丫形连接三相电路

为了用电安全，三相负载连接原则是单相负载尽量均衡地分配到三相电源上，此时负载的额定电压等于电源提供的电压。

把每相负载上的电压称为负载相电压；相线与相线上的电压称为负载线电压；流过各相负载的电流称为负载相电流；流过相线的电流称为负载线电流；流过中性线的电流称为中性线电流，用字母 I_N 来表示。对称负载丫形连接三相电路如图 4-10 所示。

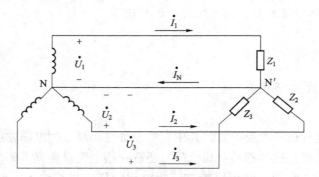

图 4-10　对称负载丫形连接三相电路

由图 4-10 可以得到负载丫形连接的一般关系。

① 负载端的线电压等于电源线电压。
② 负载的相电压等于电源相电压。
③ 线电流等于相电流，即 $I_L = I_P$。

$$\begin{cases} \dot{I}_1 = \dfrac{\dot{U}_1}{Z_1} \\ \dot{I}_2 = \dfrac{\dot{U}_2}{Z_2} \\ \dot{I}_3 = \dfrac{\dot{U}_3}{Z_3} \end{cases}$$

即

$$\begin{cases} I_1 = \dfrac{U_1}{|Z_1|} \\ I_2 = \dfrac{U_2}{|Z_2|} \\ I_3 = \dfrac{U_3}{|Z_3|} \end{cases}$$

相位差为

$$\begin{cases} \phi_1 = \arccos \dfrac{R_1}{|Z_1|} \\ \phi_2 = \arccos \dfrac{R_2}{|Z_2|} \\ \phi_3 = \arccos \dfrac{R_3}{|Z_3|} \end{cases}$$

④ 中线电流为

$$\dot{I}_N = \dot{I}_1 + \dot{I}_2 + \dot{I}_3$$

因为三相电压对称，且 $Z_1 = Z_2 = Z_3$，所以中性线电流为

$$\dot{I}_N = \dot{I}_1 + \dot{I}_2 + \dot{I}_3 = 0$$

负载对称时，中性线无电流，可省掉中性线。

负载对称无中性线时，有

$$U_L = \sqrt{3} U_P$$

$$I_L = I_P = I_1 = I_2 = I_3 = \dfrac{U_P}{|Z_P|}$$

$$\phi = \arccos \dfrac{R_P}{|Z_P|}$$

例 4-1 已知三相对称负载作Y形连接，每相的 $R = 6\ \Omega$，$L = 25.5\ \text{mH}$，电源线电压 $U_L = 380\ \text{V}$，$f = 50\ \text{Hz}$。求每相负载的电流、各相线上的电流及中性线上的电流。

解 （1）每相感抗 X_{LP} 为

$$X_{LP} = 2\pi f L = 2 \times 3.14 \times 50 \times 25.5 \times 10^3 \approx 8(\Omega)$$

（2）每相阻抗 $|Z_P|$ 为

$$|Z_P| = \sqrt{R_P^2 + X_P^2} = \sqrt{6^2 + 8^2} = 10(\Omega)$$

（3）每相电压 $|U_P|$ 为

$$|U_{YP}| = \dfrac{U_{YL}}{\sqrt{3}} = \dfrac{380}{\sqrt{3}} = 220\ (\text{V})$$

（4）每相电流 I_P 为

$$I_L = I_P = \dfrac{U_{YP}}{|Z_P|} = \dfrac{220}{10} = 22\ (\text{A})$$

(5) 中性线上的电流为

$$I_N = 0$$

2. 不对称负载丫形连接三相电路

现以例 4-2 为例说明三相不对称负载丫形连接三相电路。

例 4-2 一丫形连接的三相电路，电源电压对称，如图 4-11 所示。设电源线电压 $u_{AB} = 380\sqrt{2}\sin(314t + 30°)$ V。(1) 求线电流及中性线电流 I_N；(2) 若 $Z_A = 5\ \Omega$，$Z_B = 10\ \Omega$，$Z_C = 20\ \Omega$，求线电流及中性线电流 I_N；(3) A 相短路中性线未断时，求各相负载电压以及 A 相短路中性线断开时各相负载电压；(4) A 相断路中性线未断时，求各相负载电压以及 A 相断路中性线断开时各相负载电压。

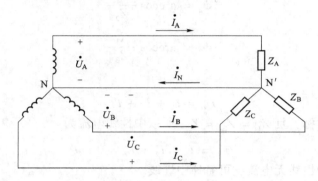

图 4-11 例 4-2 电路

解 已知：$U_{AB} = 380\ \underline{/30°}$ V，那么 $U_A = 220\ \underline{/0°}$ V，

(1) 三相负载对称时，线电流为

$$\dot{I}_A = \frac{\dot{U}_A}{R_A} = \frac{220\ \underline{/0°}}{5}\text{A} = 44\ \underline{/0°}\ \text{A}$$

由于三相负载对称，所以

$$\begin{cases} \dot{I}_B = 44\ \underline{/-120°}\ \text{A} \\ \dot{I}_C = 44\ \underline{/120°}\ \text{A} \end{cases}$$

中性线电流

$$\dot{I}_N = \dot{I}_A + \dot{I}_B + \dot{I}_C = 0$$

(2) 三相负载不对称时（即 $R_A = 5\ \Omega$，$R_B = 10\ \Omega$，$R_C = 20\ \Omega$），每相电流分别为

$$\dot{I}_A = \frac{\dot{U}_A}{R_A} = \frac{220\ \underline{/0°}}{5}\text{A} = 44\ \underline{/0°}\ \text{A}$$

$$\dot{I}_C = \frac{\dot{U}_C}{R_C} = \frac{220\ \underline{/120°}}{20}\text{A} = 11\ \underline{/120°}\ \text{A}$$

$$\dot{I}_B = \frac{\dot{U}_B}{R_B} = \frac{220\ \underline{/-120°}}{10}\text{A} = 22\ \underline{/-120°}\ \text{A}$$

中性线电流为

$$\dot{I}_N = \dot{I}_A + \dot{I}_B + \dot{I}_C = 44\underline{/0°}\text{ A} + 22\underline{/-120°}\text{ A} + 11\underline{/120°}\text{ A} = 29\underline{/19°}\text{ A}$$

(3) A 相短路中性线未断时，A 相短路电流很大，将 A 相熔丝熔断，而 B 相和 C 相未受影响，其相电压仍为 220 V，正常工作。

A 相短路中性线断开时，有

$$\begin{cases} U_A = 0 \\ U_B = 380 \text{ V} \\ U_C = 380 \text{ V} \end{cases}$$

此情况下，B 相和 C 相的电灯组由于承受电压上所加的电压都超过额定电压 220 V，这是不允许的。

(4) A 相断路中性线未断时，B、C 相灯仍承受 220 V 电压，正常工作。中性线断开变为单相电路，有

$$\begin{cases} I = \dfrac{U_{BC}}{R_B + R_C} = \dfrac{380}{10 + 20} = 12.7(\text{A}) \\ U_B = IR_B = 12.7 \times 10 = 127(\text{V}) \\ U_C = IR_C = 12.7 \times 20 = 254(\text{V}) \end{cases}$$

于是得到以下结论。

① 不对称负载Y形连接又未接中性线时，负载相电压不再对称，且负载电阻越大，负载承受的电压越高。

② 中线的作用：保证星形连接三相不对称负载的相电压对称。

③ 照明负载三相不对称，必须采用三相四线制供电方式，且中性线（指干线）内不允许接熔断器或刀开关。

二、三相负载的△形连接

三相负载△形连接时，各相首尾端依次相连，3 个连接点分别与电源的端线相连接。

对于△形连接的每相负载来说，也是单相交流电路，所以各相电流、电压和阻抗三者的关系仍与单相电路相同。由于三角形连接的各相负载是接在两根相线之间，因此负载的相电压就是线电压。因此，不论负载对称与否，其相电压总是对称的。

要求供电系统为三相三线制，如图 4-12 所示。三相负载无论对称与否，相电压一般总是对称的，即

$$U_{AB} = U_{BC} = U_{CA} = U_L = U_P$$

相电流为

$$\begin{cases} \dot{I}_{AB} = \dfrac{\dot{U}_{AB}}{Z_{AB}} \\ \dot{I}_{BC} = \dfrac{\dot{U}_{BC}}{Z_{BC}} \\ \dot{I}_{CA} = \dfrac{\dot{U}_{CA}}{Z_{CA}} \end{cases}$$

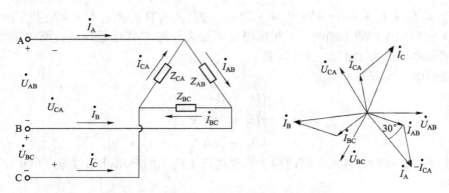

图 4-12 负载的三角形连接及电压、电流相量图

线电流为

$$\begin{cases} \dot{I}_A = \dot{I}_{AB} - \dot{I}_{CA} \\ \dot{I}_B = \dot{I}_{BC} - \dot{I}_{AB} \\ \dot{I}_C = \dot{I}_{CA} - \dot{I}_{BC} \end{cases}$$

如果负载对称，也就是各相阻抗相等，即

$$I_{AB} = I_{BC} = I_{CA} = I_P = \frac{U_P}{|Z|}$$

$$\phi_{AB} = \phi_{BC} = \phi_{CA} = \phi = \arctan\frac{X}{R}$$

为此，线电流也对称，即

$$I_L = 2I_P\cos 30° = \sqrt{3}I_P$$

可以看出，负载对称时相电流也对称，线电流也对称，线电流总是滞后与之对应的相电流30°。

通过三相电源的Y形连接和△形连接，可以得到三相负载的连接原则：当负载的额定电压等于电源的线电压时，应作△形连接；当负载的额定电压等于$1/\sqrt{3}$倍电源线电压时，应作Y形连接。三相电动机的绕组可以连接成星形，也可以连接成三角形，而照明负载一般都连接成Y形连接。

学习单元 3
三相电路的功率

 建议学时

2 学时

 教学地点

电子多媒体教室

 学习目标

1. 了解三相交流电路的功率分析
2. 掌握三相交流电路的分析与相关计算

 设备器材

电工实验台、数字万用表

三相电路的功率与单相电路功率一样,也有有功功率、无功功率和视在功率之分。

三相电路中每一相负载有功功率的计算方法与单相电路完全一样。不论采用星形连接还是三角形连接,三相负载总的有功功率必定等于各相负载有功功率之和,即

每相负载的功率为

$$P_P = U_P I_P \cos \phi_P$$

式中:ϕ_P 为相电压 U_P 与相电流 I_P 之间的相位差。

当三相负载对称时,每相功率相同,则

$$P = 3 U_P I_P \cos \phi_P$$

对称负载Y形连接时,有

$$U_P = \frac{1}{\sqrt{3}} U_L, \quad I_P = I_L$$

对称负载△形连接时,有

$$U_P = U_L, \quad I_P = \frac{1}{\sqrt{3}} I_L$$

所以

$$P = 3U_P I_P \cos\phi_P = \sqrt{3} U_L I_L \cos\phi_P$$

同理,无功功率为

$$Q = 3U_P I_P \sin\phi_P = \sqrt{3} U_L I_L \sin\phi_P$$

视在功率为

$$S = \sqrt{P^2 + Q^2} = 3U_P I_P = \sqrt{3} U_L I_L$$

任务工单 4

工作任务	三相负载星形连接及中线作用				
姓名		学号		班级	日期

1. 实训目的

(1) 学习三相电路中负载的丫形连接方法。
(2) 验证对称、不对称 U_L 与 U_P、I_L 与 I_P 的关系。
(3) 了解三相不对称负载丫形连接时中线的作用。

2. 实训仪器

(1) 三相白炽灯负载单元板一块;
(2) 电流测量插口单元板一块;
(3) 三相负荷开关单元板一块;
(4) 交流电流表(2 A)一只;
(5) 交流电压表(450 V)一只;
(6) 电压表测试表笔一副;
(7) 三相调压器一台(或中心控制柜输出 220 V 线电压)。

3. 实训电路(见图 4-13)

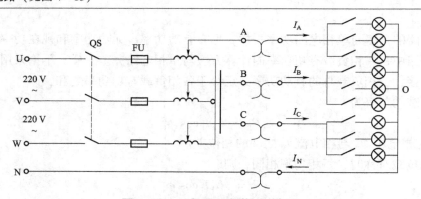

图 4-13 三相星形负载接法电路

4. 实训数据(见表 4-1、表 4-2)

表 4-1 对称负载丫形连接

线电压/V			相电压/V			中线电流	线电流/A			每相灯泡		
U_{UV}	U_{VW}	U_{WU}	U_{UN}	U_{VN}	U_{WN}		I_U	I_V	I_W	U	V	W
										3个	3个	3个

续表

表4–2 不对称负载丫形连接

接法	线电压/V			相电压/V			中线电流	线电流/A			每相灯泡		
	U_{UV}	U_{VW}	U_{WU}	U_{UN}	U_{VN}	U_{WN}		I_U	I_V	I_W	U	V	W
有中线											1	2	3
无中线											1	2	3

5. 分析

(1) 在三相四线制供电系统中,当负载的额定电压与电源相电压相同时,负载应接成_____形,当负载的额定电压与电源线电压相同时,应接成_____形。

(2) 三组相同的灯泡负载丫形连接有中线时,中线电流_____(有/无)。若去掉中线,对灯泡亮度_____(有/无)影响。

(3) 三相不对称灯泡负载丫形连接有中线时,三相线电流_____(相等/不相等),中线电流_____(有/无)。若去掉中线则对三相灯泡亮度_____(有/无)影响。_____(相电压大的/相电流大的)一相变得更亮。

6. 评估

教师签字：

练习题

一、判断题

1. 三相交流电是由三相交流发电机产生的,最大值相等,频率相同,相位互差120°的3个正弦电动势,称为三相对称电动势。（　　）

2. 三相四线制是由3根相线和一根中线所组成的供电体系,其中相电压是指相线与中线之间的电压,线电压是指相线与相线之间的电压,且 $U_L = \sqrt{3} U_P$。（　　）

3. 目前,我国低压三相四线制配电线路供给用户的线电压为380 V,相电压为220 V。（　　）

4. 三相负载接到三相电源中,若各相负载的额定电压等于电源线电压,负载应作△形连接,若各相负载的额定电压等于电源线电压的 $\dfrac{1}{\sqrt{3}}$ 时,负载应作丫形连接。（　　）

5. 对称三相负载星形连接,通常采用三相三线制供电,不对称负载星形连接时一定要采用三相四线制供电。在三相四线制供电系统中,中线起使不对称负载两端的电压保持不对称作用。（　　）

6. 三相负载接法分丫形接法和△形接法。其中,丫形接法线电流等于相电流,△形接法线电压等于相电压。（　　）

7. 某对称三相负载星形连接时，线电流为 2 A，负载消耗的总功率为 50 W，若改为三角形接法时，各相功率应为 60 W。　　　　　　　　　　　　　　　　　　（　　）

8. 对称三相电路，负载为星形连接，测得各相电流均为 5 A，则中线电流 I_N = 1 A；当 U 相负载断开时，则中线电流 I_N = 5 A。　　　　　　　　　　　　（　　）

二、选择题

1. 在对称三相电压中，若 V 相电压为 $u_V = 220\sqrt{2}\sin(314t + \pi)$ V，则 U 相和 W 相电压为（　　）。

   A. $u_U = 220\sqrt{2}\sin(314t + \pi/3)$ V，$u_W = 220\sqrt{2}\sin(314t + \pi)$ V

   B. $u_U = 220\sqrt{2}\sin\left(314t - \dfrac{\pi}{3}\right)$ V，$u_W = 220\sqrt{2}\sin\left(314t + \dfrac{\pi}{3}\right)$ V

   C. $u_U = 220\sqrt{2}\sin\left(314t + \dfrac{2\pi}{3}\right)$ V，$u_W = 220\sqrt{2}\sin\left(314t - \dfrac{2\pi}{3}\right)$ V

   D. $u_U = 220\sqrt{2}\sin\left(314t + \dfrac{\pi}{3}\right)$ V，$u_W = 220\sqrt{2}\sin\left(314t - \dfrac{\pi}{3}\right)$ V

2. 某三相电动机，其每相绕组的额定电压为 220 V，电源电压为 380 V，电源绕组为星形连接，则电动机应作（　　）。

   A. 星形连接　　　　　　　　　　　B. 三角形连接

   C. 星形连接必须接中性线　　　　　D. 星形、三角形连接均可

3. 照明线路采用三相四线制供电线路，中线必须（　　）。

   A. 安装牢靠，防止断开　　　　　　B. 安装熔断器，防止中线断开

   C. 安装开关以控制其通断　　　　　D. 取消或断开

4. 一台三相电动机绕组星形连接，接到 U_L = 380 V 的三相交流电源上，测得线电流 I_L = 10 A，则电动机每相绕组的阻抗为（　　）。

   A. 11 Ω　　　　B. 22 Ω　　　　C. 38 Ω　　　　D. 66 Ω

5. 若要求三相负载各相互不影响，负载应接成（　　）。

   A. 星形有中性线　　　　　　　　　B. 星形无中性线

   C. 三角形　　　　　　　　　　　　D. 星形有中性线或三角形

6. 下列 4 个选项中，结论错误的是（　　）。

   A. 负载作星形连接时，线电流必等于相电流

   B. 负载三角形连接时，线电流必等于相电流

   C. 当三相负载越接近对称时，中线电流越小

   D. 三相对称负载星形和三角形连接时，其总有功功率均为 $P = \sqrt{3}U_L I_L \cos\varphi_P$

7. 在三相三线制供电系统中，三相对称负载星形连接，电源线电压为 380 V，若 V 相负载开路，则负载相电压 U_U 为（　　）。

   A. 110 V　　　　B. 190 V　　　　C. 220 V　　　　D. 380 V

8. 如图 4-14 所示的对称三相电路中，S 合上时电流表读数 $A_1 = A_2 = A_3$ = 10 A，当开关 S 打开时，电流表读数为（　　）。

   A. 全为 10 A　　　　　　　　　　B. $A_1 = A_2 = A_3 = \dfrac{10}{\sqrt{3}}$ A

C. $A_1 = A_3 = \dfrac{10}{\sqrt{3}}$ A，$A_2 = 10$ A 　　　　D. $A_1 = A_3 = 10$ A，$A_2 = \dfrac{10}{\sqrt{3}}$ A

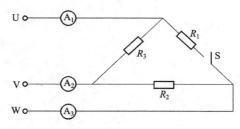

图 4 – 14　题 8 电路图

三、计算题

1. 有一三相对称负载，每相负载的 $R = 8$ Ω，$X_L = 6$ Ω，电源电压为 380 V。求：

（1）负载接成星形时的线电流、相电流和有功功率。

（2）负载接成三角形时的线电流、相电流和有功功率。

2. 有 3 根额定电压为 220 V、功率为 1 kW 的电热丝，接到线电压为 380 V 的三相电源上，应采用何种接法？如果这 3 根电热丝额定电压为 380 V，功率为 1 kW，又应采用何种接法？这只电热器的功率是多大？

学习项目五

磁路和变压器及应用

学习单元 1

磁场和磁路

2 学时

电子多媒体教室

1. 了解磁路的基本概念
2. 掌握磁路中常用的物理量

电工实验台

一、磁场和磁路的基本概念

1. 磁场

电流周围存在着磁场，线圈通以电流以后，在线圈周围就存在着磁场。用以产生磁场的电流称为励磁电流。磁场的方向与励磁电流方向之间符合右手螺旋定则。

2. 磁路

为了增强磁场，常把线圈绕在铁芯上，当线圈通以电流 I 后便产生很强的磁场，并且磁场集中在主要由铁芯形成的闭合回路中，这个闭合回路称为磁路。图 5-1 中的虚线所组成的闭合回路就是磁路。

3. 主磁通和漏磁通

1) 主磁通 Φ

铁磁材料具有高的磁导率，使绝大多数磁通在磁路中形成闭合回路，这部分磁通称为主磁通，记为 Φ。

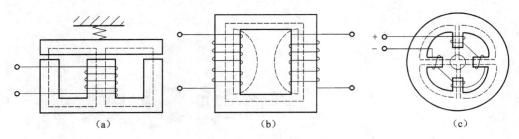

图 5-1 磁路

(a) 电磁铁的磁路；(b) 变压器的磁路；(c) 直流电机的磁路

2) 漏磁通 Φ_S

另外的一小部分磁通则不经磁路而经空气形成闭合回路，这部分磁通称为漏磁通，记为 Φ_S。

4. 磁动势

要使图 5-2 所示的磁路中建立一定的磁通 Φ，就必须在具有一定匝数 N 的线圈中通入一定大小的电流 I。把乘积 IN 称为磁路的磁动势，简称磁势，用字母 F 代表，即

$$F = IN$$

磁动势是产生磁通的磁源，有磁动势就一定有磁通。磁动势的单位是安（A）。

5. 涡流

当线圈中通过变化的电流 i 时，在铁芯中穿过的磁通也是变化的。由于构成磁路的铁芯是导体，于是在铁芯中将产生感应电流，如图 5-2（a）中圆弧所示。由于这种感应电流是一种自成闭合回路的环流，故称为涡流。

在电机和电器铁心中的涡流是有害的。因为它不仅消耗电能，使电气设备效率降低，而且涡流损耗转变为热量，使设备温度升高，严重时将影响设备正常运行。在这种情况下，要尽量减小涡流。

为了减小涡流损耗，当线圈用于一般工频交流电时，可将硅钢片叠成铁芯，如图 5-2（b）所示，这样将涡流限制在较小的截面内流通。因铁芯含硅，电阻率较大，也使涡流及其损耗大为减小。一般电机和变压器的铁芯常采用厚度为 0.35 mm 和 0.5 mm 的硅钢制成，对高频铁芯线圈，常采用铁氧体铁芯，其电阻率很高，可大大降低涡流损耗。

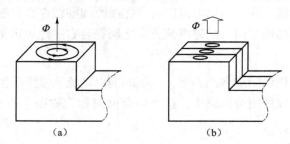

图 5-2 涡流及减少方法

(a) 涡流；(b) 减小涡流的方法

涡流也有其有利的一面，在一些场合下，人们利用涡流为生产、生活服务。例如，工业上用的中频感应炉就是利用几百赫兹的交流电在被熔炼金属中产生的涡流进行冶炼的，日常

生活中的电磁灶也是利用涡流的原理制成的。

二、磁场的基本物理量

1. 磁通 Φ

磁通是描述磁场在空间某个面上分布情况的物理量，也是指垂直于磁场的某一面积 A 上所穿过的磁力线的数目，如图 5-3 所示。

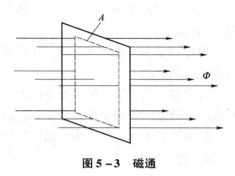

图 5-3 磁通

磁通用 Φ 表示，在 SI 制中，磁通单位是韦伯（Wb）。工程上还用电磁制单位麦克斯韦（简称麦，Mx）作为磁通的单位。它们之间的关系是：$1\ \text{Wb} = 10^8\ \text{Mx}$。

2. 磁感应强度 B

磁感应强度 B 是描述磁场中各点的磁场强弱和方向的物理量，它是一个矢量。

点电荷 q 以速度 v 在磁场中运动时受到力 F 的作用。在磁场给定的条件下，F 的大小与电荷运动的方向有关。当 v 沿某个特殊方向或与之反向时，受力为零；当 v 与此特殊方向垂直时受力最大，为 F_m。F_m 与 $|q|$ 及 v 成正比，比值与运动电荷无关，反映了磁场本身的性质，定义为磁感应强度的大小，即 B 的方向定义为由正电荷所受最大力 F_m 的方向转向电荷运动方向 v 时，右手螺旋前进的方向。定义了 B 之后，运动电荷在磁场 B 中所受的力可表为 $F = qvB$，此即洛伦兹力公式。

除利用洛伦兹力定义 B 外，也可以根据电流元 Idl 在磁场中所受安培力 $dF = Idl \times B$ 来定义 B，或根据磁矩 m 在磁场中所受力矩 $M = mB$ 来定义 B。3 种定义的方法雷同，完全等价。在 SI 制中，磁感应强度的单位是特斯拉，简称特（T）。

$$1\ \text{T} = 1\ \text{Wb/m}^2$$

在高斯单位制中，磁感应强度的单位是高斯（Gs），$1\ \text{T} = 10^4\ \text{Gs}$。在均匀磁场（即磁场内各点的磁感应强度的大小相等、方向相同）中，磁感应强度等于垂直穿过单位面积的磁力线数目，即

$$B = \frac{F}{lI} = \frac{F}{qv} = \frac{M}{m} = \frac{\Phi}{A}$$

3. 磁导率 μ

1）磁导率

人们在实践中发现，不同的物质在磁场中的磁性表现不同。例如，在通电线圈中放入铁、钴、镍等物质后，通电线圈周围的磁场将大为增强，磁感应强度 B 增大；如果放入铜、铝、木材等物质，通电线圈周围的磁场几乎没有什么变化。

通常用磁导率 μ 来衡量物质导磁性能。μ 的单位是 H/m（亨/米）。

2）相对磁导率

实验测得真空中的磁导率为 $\mu_0 = 4\pi \times 10^{-7}\ \text{H/m}$。

空气、木材、纸、铝等非磁性材料的磁导率与真空磁导率近似相等，即 $\mu \approx \mu_0$。

某物质的磁导率 μ 与真空磁导率 μ_0 的比值称为该物质的相对磁导率，用 μ_r 表示，即 $\mu_r = \mu/\mu_0$。

相对磁导率的物理意义是：在相同条件下，介质中某点的磁感应强度与真空中该点的磁感应强度之比。

自然界中的物质，按磁导率的大小可分成非磁性物质和磁性物质两大类。绝大多数物质对磁感应强度的影响很小，即 $\mu \approx \mu_0$ 或 $\mu_r \approx 1$，而且是常数，这种物质称为非磁性物质。

导磁性能很强的材料称为磁性物质，其磁导率远大于1。

4. 磁场强度 H

对通电导体周围的磁场进行磁感应强度 B 的计算时，磁感应强度 B 的大小与磁场周围介质的磁导率 μ 有关。

例如，在离通电长直导线的距离为 R_A 的点 A（见图5-4）处的磁感应强度 B 为

$$B = \mu \frac{I}{2\pi R_A}$$

上式说明，磁场中某点的磁感应强度不仅和电流导体的几何形状及位置等有关，而且还和物质的导磁性能有关。这就使磁场的计算变得比较复杂。

为了便于计算，引入了一个计算磁场的物理量，称为磁场强度，用 H 表示。它与磁感应强度的关系是

$$B = \mu H \quad \text{或} \quad H = \frac{B}{\mu}$$

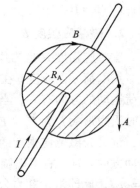

图5-4 通电的长直导线

如此可得通电长直导线周围点 A 的磁场强度 H 为

$$H = \frac{I}{2\pi R_A}$$

上式表明，磁场强度的大小只决定于励磁电流、导线的几何形状、匝数及位置，而与磁介质的性质无关。

磁场强度 H 是矢量，单位是安/米（A/m）。其方向就是该点磁感应强度 B 的方向。

5. 铁磁材料的磁性能

磁性材料主要指铁、镍、钴及其合金等。

1）高导磁性

磁性材料的磁导率通常都很高，即 $\mu_r \gg 1$，μ_r 可达 $10^2 \sim 10^4$（如坡莫合金，其 μ_r 可达 2×10^5）。

磁性材料能被强烈磁化，具有很高的导磁性能。

磁性物质的高导磁性被广泛应用于电工设备中，如电机、变压器及各种铁磁元件的线圈中都放有铁芯。在这种具有铁芯的线圈中通入不太大的励磁电流，便可以产生较大的磁通和磁感应强度。

2）磁饱和性

磁性物质由于磁化所产生的磁化磁场不会随着外磁场的增强而无限增强。当外磁场增大

到一定程度时，磁性物质的全部磁畴的磁场方向都转向与外部磁场方向一致，磁化磁场的磁感应强度将趋向某一定值，磁化曲线如图 5-5 所示。

通过磁化曲线可以看出 $B-H$ 磁化曲线的特征：在 Oa 段，B 与 H 几乎成正比地增加；在 ab 段，B 的增加缓慢下来；b 点以后，B 增加很少，达到饱和有磁性物质存在时，B 与 H 不成正比，磁性物质的磁导率 μ 不是常数，随 H 而变。有磁性物质存在时，Φ 与 I 不成正比。

磁性物质的磁化曲线在磁路计算上极为重要，其为非线性曲线，实际中通过实验得出，如图 5-6 所示。

3）磁滞性

磁滞性是指磁性材料中磁感应强度 B 的变化总是滞后于外磁场变化的性质。

磁性材料在交变磁场中反复磁化，其 $B-H$ 关系曲线是一条回形闭合曲线，称为磁滞回线，如图 5-7 所示。

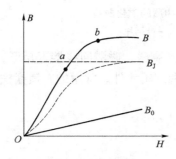

图 5-5 磁化曲线

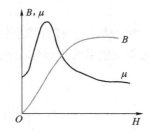

图 5-6 B、μ 与 H 的关系

B_J——磁场内磁性物质的磁化磁场的磁感应强度曲线；
B_0——磁场内不存在磁性物质时的磁感应强度直线；
B——B_J 曲线和 B_0 直线的纵坐标相加
　　即磁场的 $B-H$ 磁化曲线

在图 5-7 中，当线圈中电流减小到零（$H=0$）时，铁芯中的磁感应强度称为剩磁感应强度 B_r（剩磁）。

当 $B=0$ 时所需的 H 值称为矫顽磁力 H_c，磁性物质不同，其磁滞回线和磁化曲线也不同。

通过多次反复变化，就得到了对称于坐标原点的闭合曲线，即磁性材料的磁化曲线。铁磁性材料在反复磁化中产生的损耗称为磁滞损耗，它是导致铁磁性材料发热的原因之一，对电机、变压器等电气设备的运行不利，因此常采用磁滞损耗小的铁磁性材料作为它的铁芯。

图 5-8 所示为几种常见磁性物质的磁化曲线。

按磁性物质的磁性能，磁性材料分为 3 种类型。

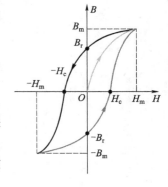

图 5-7 磁滞回线

（1）软磁材料。具有较小的矫顽磁力，磁滞回线较窄。一般用来制造电机、电器及变压器等的铁芯。常用的有铸铁、硅钢、坡莫合金即铁氧体等。

（2）永磁材料。具有较大的矫顽磁力，磁滞回线较宽。一般用来制造永久磁铁。常用的有碳钢及铁、镍、铝、钴合金等。

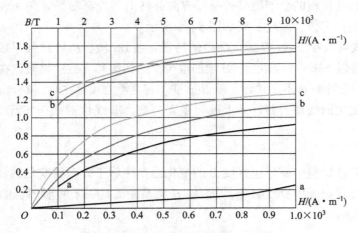

图 5-8 几种常见磁性物质的磁化曲线
a—铸铁；b—铸钢；c—硅钢片

（3）矩磁材料。具有较小的矫顽磁力和较大的剩磁，磁滞回线接近矩形，稳定性良好。在计算机和控制系统中用作记忆元件、开关元件和逻辑元件。常用的有镁锰铁氧体等。

学习单元 2
磁路的基本定律

2学时

电子多媒体教室

掌握磁路的基本定律

电工实验台

一、磁阻和磁路的欧姆定律

1. 磁阻

磁阻表示磁路对磁动势建立磁通所呈现的阻力。磁路的磁阻大小与构成磁路的材料性质及几何尺寸有关。磁阻用 R_M 表示，即

$$R_M = \frac{l}{\mu A}$$

式中：l 为磁路的长度，m；A 为磁路的截面积，m^2；μ 为磁路材料的磁导率。

上式表明，用 μ 大的材料构成的磁路具有较小的磁阻，在同样大的磁动势作用下，就能产生较大的磁通。磁阻的单位是亨$^{-1}$（1/H）。

2. 磁路的欧姆定律

把相同的磁动势加到不同的磁路中去，获得的磁通也不相同。这说明磁通除了与磁动势有关外，还与组成磁路的物质及尺寸有关。磁动势、磁通、磁阻间的关系可通过下式进行计算，即

$$\varPhi = \frac{NI}{R_M} = \frac{F}{R_M}$$

上式就是磁路欧姆定律的表示式。它表明,磁通 $\varPhi$ 与磁动势 F 成正比,与磁阻 R_M 成反比。

因铁磁物质的磁阻 R_M 不是常数,它会随励磁电流 I 的改变而改变,因而通常不能用磁路的欧姆定律直接计算,但可以用于定性分析很多磁路问题。

二、安培环路定律(全电流定律)

磁场中任何闭合回路磁场强度的线积分,等于通过这个闭合路径内电流的代数和,这称为全电流定律。其数学式为

$$\oint H \mathrm{d}l = \sum I$$

电流方向和磁场强度的方向符合右手定则,电流取正;否则取负。在图 5-9 中,取铁芯的中心线即磁路的平均长度为积分回路,由于中心线上各点的磁场强度大小相同,方向与 I 的方向一致,故有

$$\oint H \mathrm{d}l = H \oint \mathrm{d}l = Hl$$

电流的代数和则等于线圈的匝数 N 与电流的乘积,即

$$\sum I = NI$$
$$Hl = NI$$

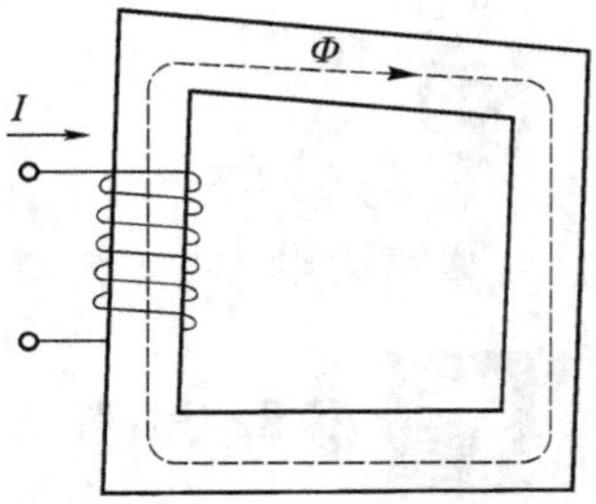

三、磁路基尔霍夫定律

图 5-9 无分支磁路

1. 磁路基尔霍夫第一定律

根据磁通连续性原理,对图 5-10 中的有分支磁路,在磁路的任一节点(任一闭合面)上磁通的代数和都等于零,即

$$\sum \varPhi = 0$$

上式称为磁路基尔霍夫第一定律。根据此定律,对图 5-10 中闭合面 A 有

$$\varPhi_1 + \varPhi_2 - \varPhi_3 = 0$$

2. 磁路基尔霍夫第二定律

根据全电流定律可知,磁路的任一闭合回路中磁压降 Hl 的代数和等于磁动势的代数和,即

$$\sum Hl = \sum NI$$

当磁场方向与回路环行方向一致时,Hl 取正值;否则取负值。当电流方向与回路环行方向符合右手螺旋定则时 IN 取正值;否则取负值。上式称为磁路基尔霍夫第二定律。

为了方便磁路学习,将磁路参数与电路进行对

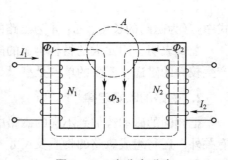

图 5-10 有分支磁路

比，如表 5-1 所列。

表 5-1 磁路参数与电路对比表

磁路	电路
(图：带线圈的磁芯，标注 I, N, Φ)	(图：电路，标注 I, E, R)
磁通势 F 磁通 Φ 磁感应强度 B 磁导率 μ 磁阻 $R_M = \dfrac{l}{\mu S}$ $\Phi = \dfrac{F}{R_M} = \dfrac{NI}{\dfrac{l}{\mu S}}$ 磁路的安培环路定律 $\sum Hl = \sum I$	电动势 E 电流 I 电流密度 J 电导率 ρ 电阻 $R = \dfrac{l}{\rho S}$ $I = \dfrac{E}{R} = \dfrac{E}{\dfrac{1}{\rho S}}$ 电路的安培环路定律 $\sum IR = \sum E$

3. 磁路分析的特点

（1）在处理电路时不涉及电场问题，在处理磁路时离不开磁场的概念。

（2）在处理电路时一般可以不考虑漏电流，在处理磁路时一般都要考虑漏磁通。

（3）磁路欧姆定律和电路欧姆定律只是在形式上相似。由于 μ 不是常数，其随励磁电流而变，磁路欧姆定律不能直接用来计算，只能用于定性分析。

（4）在电路中，当 $E=0$ 时，$I=0$；但在磁路中，由于有剩磁，当 $F=0$ 时，Φ 不为 0。

四、电磁感应定律

电磁感应定律可以用下式来表示，即

$$e = -N\dfrac{d\Phi}{dt}$$

式中：N 为线圈匝数。感应电动势的方向由 $\dfrac{d\Phi}{dt}$ 的符号与感应电动势的参考方向比较而定出。当 $\dfrac{d\Phi}{dt}>0$，即穿过线圈的磁通增加时，$e<0$，这时感应电动势的方向与参考方向相反，表明感应电流产生的磁场要阻止原磁场的增加；当 $\dfrac{d\Phi}{dt}<0$，即穿过线圈的磁通减少时，$e>0$，这时感应电动势的方向与参考方向相同，表明感应电流产生的磁场要阻止原磁场的减少。

学习单元 3
变压器的结构和工作原理

2 学时

电子多媒体教室

1. 熟悉变压器的结构和变压器变换电压、变换电流、变换阻抗的原理
2. 掌握变压器的特性

电工实验台

一、变压器的作用

变压器是根据电磁感应原理制成的一种常见的电气设备,它具有变压、变流和变阻抗的作用,因而在各个工程领域获得广泛应用。

发电厂欲将 $P = 3UI\cos\varphi$ 的电功率输送到用电的区域,在输送的电功率和功率因数为一定时,电压越高,电流就越小,输电线路上的损耗就越小,这样不仅可以减小输电导线截面、节省材料,而且还可以减少功率损耗。因此,电力系统中均采用高电压进行电能的远距离输送。

目前,我国交流输电的电压最高已达 500 kV。这样高的电压,无论从发电机的安全运行方面还是从制造成本方面考虑,都不允许由发电机直接生产。

发电机的输出电压通常为 6.3~10.5 kV,因此必须用升压变压器将电压升高才能远距离输送。

电能输送到用电区域后,为了适应用电设备的电压要求,还需通过各级变电站(所)利用变压器将电压降低为各类电器所需要的电压值。

在用电方面，多数用电器所需电压是 380 V、220 V 或 36 V，少数电机也采用 3 kV、6 kV 等。

例如，图 5 – 11 是输配电系统示意图。图中发电机的电压通常为 6.3 ~ 10.5 kV，用升压变压器将电压升高到 35 ~ 500 kV 进行远距离输电，当电能送到用电地区后，再用降压变压器将电压降低到较低的配电电压（一般为 10 kV），分配到各工厂、用户，最后再用配电变压器将电压降低到用户所需的电压等级（如 380 V/220 V），供用户使用。

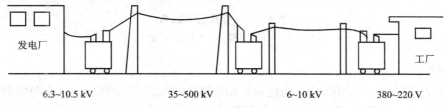

图 5 – 11　输配电系统示意图

在电子线路中，变压器可以使负载获得适当电压等级的电源，还可用来传递信号和实现阻抗匹配。

变压器的种类很多，按交流电的相数不同，分为单相变压器和三相变压器；按用途分为输配电用的电力变压器、调节电压用的自耦变压器、测量电路用的仪用互感器以及电子设备中常用的电源变压器、耦合变压器、脉冲变压器等。变压器种类虽多，但基本结构和原理是一样的。

二、变压器的基本结构

变压器是由套在一个闭合铁芯上的两个或多个线圈（绕组）构成的，如图 5 – 12 所示。铁芯和线圈是变压器的基本组成部分。

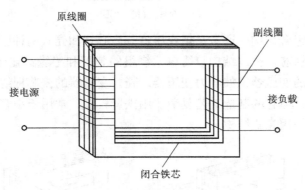

图 5 – 12　变压器的结构原理

1. 铁芯

铁芯构成变压器的磁路部分。为减小铁芯中的磁滞和涡流损耗，变压器的铁芯大多用 0.35 ~ 0.5 mm 厚的硅钢片交错叠装而成。叠装之前，硅钢片上还需涂一层绝缘漆，交错叠装，即将每层硅钢片的接缝错开。图 5 – 13 所示为几种常见铁芯的形状。

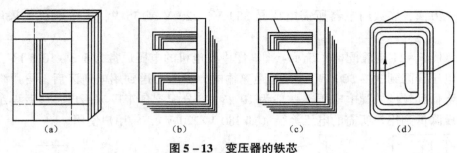

图 5-13 变压器的铁芯

(a) 口形；(b) 日形；(c) F形；(d) C形

2. 绕组

绕组构成变压器的电路部分。绕组通常用绝缘的铜线或铝线绕制，其中与电源相连的绕组称为原绕组（又称原边或初级）；与负载相连的绕组称为副绕组（又称副边或次级）。

一般小容量变压器的绕组用高强度漆包线绕制而成，大容量变压器可用绝缘扁铜线或铝线绕制。绕组的形状有筒形和盘形两种，如图 5-14 所示。筒形绕组又称同心式绕组，原、副绕组套在一起，一般低压绕组在里面，高压绕组在外面，这样排列可降低绕组对铁芯的绝缘要求。盘形绕组又称交叠式绕组，原、副绕组分层交叠在一起。

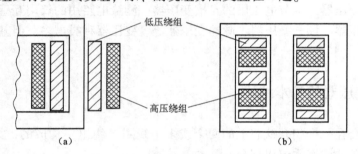

图 5-14 变压器的绕组

(a) 筒形；(b) 盘形

按铁芯和绕组的组合结构，通常又把变压器分为心式和壳式两种，如图 5-15 所示。心式变压器的绕组套在铁芯柱上，结构较简单，绕组的装配和绝缘都比较方便，且用铁量少，因此多用于容量较大的变压器，如电力变压器。壳式变压器的铁芯把绕组包围在中间，故不要专门的变压器外壳，但它的制造工艺复杂，用铁量较多，常用于小容量的变压器中，如电子线路中的变压器多采用壳式结构。

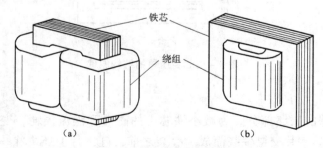

图 5-15 变压器的结构形式

(a) 心式；(b) 壳式

除了铁芯和绕组外,变压器还有其他一些部件。例如,电力变压器的铁芯和绕组通常浸在油箱中,变压器油有绝缘和散热作用,为增强散热作用,油箱外还装有散热油管;此外,油箱上还装有为引出高低压绕组而使用的高低压绝缘套管,以及防爆管、油枕、调压开关、温度计等附属部件。

三、变压器的工作原理

图 5-16 是一台单相变压器的空载运行原理。它有两个绕组,为了分析方便,将原绕组和副绕组分别画在两边,其中原绕组的匝数为 N_1,副绕组的匝数为 N_2。

1. 电压变换原理(变压器空载运行)

变压器的原绕组接交流电压 u_1,副边开路,这种运行状态称为空载运行。这时副绕组中的电流为零,电压为开路电压 u_{20},原绕组通过的电流为空载电流 i_{10},该电流就是励磁电流。各量的方向按习惯参考方向选取,e_1、e_2 与 Φ 符合右手螺旋法则。

由于副边开路,这时变压器的原边电路相当于一个交流铁芯线圈电路。其磁动势 $i_{10}N_1$ 在铁芯中产生主磁通 Φ,主磁通 Φ 通过闭合铁芯,在原、副绕组中分别感应出电动势 e_1、e_2。

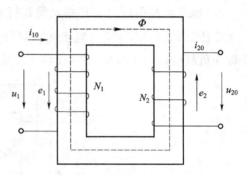

图 5-16 变压器的空载运行

根据电磁感应定律可得

$$\begin{cases} e_1 = -N_1 \dfrac{\mathrm{d}\Phi}{\mathrm{d}t} \\ e_2 = -N_2 \dfrac{\mathrm{d}\Phi}{\mathrm{d}t} \end{cases}$$

在计算原、副绕组中的感应电动势时设主磁通按正弦规律变化,即

$$\Phi = \Phi_\mathrm{m} \sin\omega t$$

则原线圈中的感应电动势为

$$e_1 = -N_1 \frac{\mathrm{d}\Phi}{\mathrm{d}t} = -N_1 \frac{\mathrm{d}}{\mathrm{d}t}(\Phi_\mathrm{m}\sin\omega t) = -N_1 \omega \Phi_\mathrm{m}\cos\omega t = E_{1\mathrm{m}}\sin(\omega t - 90°)$$

上式表明,e_1 按正弦规律变化,且在相位上滞后于主磁通 90°。

所以感应电动势有效值为

$$E_1 = \frac{E_{1\mathrm{m}}}{\sqrt{2}} = \frac{2\pi f N_1 \Phi_\mathrm{m}}{\sqrt{2}} = 4.44 f \Phi_\mathrm{m} N_1$$

同理,副线圈中感应电动势的有效值为

$$E_2 = \frac{E_{2\mathrm{m}}}{\sqrt{2}} = \frac{2\pi f N_2 \Phi_\mathrm{m}}{\sqrt{2}} = 4.44 f \Phi_\mathrm{m} N_2$$

式中:f 为交流电源的频率;Φ_m 为主磁通的最大值。

由于原线圈中电阻和感抗(或漏磁通)较小,其两端的电压也较小,与主磁电动势 E_1 比较可忽略不计,则

$$U_1 \approx E_1 = 4.44f\Phi_m N_1$$
$$U_2 = U_{20} \approx E_2 = 4.44f\Phi_m N_2$$

由上式可得

$$\frac{U_1}{U_2} = \frac{U_1}{U_{20}} \approx \frac{E_1}{E_2} = \frac{N_1}{N_2} = K$$

上式表明，变压器空载运行时，原、副绕组上电压的比值等于两者的匝数比，这个比值 K 称为变压器的变压比或变比。当原、副绕组匝数不同时，变压器就可以把某一数值的交流电压变换为同频率的另一数值的电压，这就是变压器的电压变换作用。当 $K>1$ 时，变压器为降压变压器；当 $K<1$ 时，为升压变压器。

2. 电流变换原理（变压器负载运行）

变压器的原绕组接交流电压 u_1，副绕组接负载 $|Z_L|$，变压器向负载供电，这种运行状态称为负载运行，如图 5-17 所示。负载运行后原边电流由 i_{10} 增大到 i_1，副边的电流为 i_2。

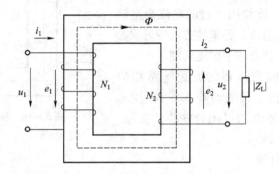

图 5-17 变压器的负载运行

这时 U_2 稍有下降，是因为副绕组接上负载后，原、副边电流 i_1、i_2 均比空载时增大了，原、副绕组本身的内部压降也要比空载时增大，故副绕组电压 U_2 会比 E_2 低一些。但一般变压器内部压降小于额定电压的 10%，因此变压器有无负载对电压比影响不大，可以认为负载运行时变压器原、副绕组的电压比仍基本等于原、副绕组的匝数之比。

变压器负载运行时，由于 i_2 形成的磁动势 $i_2 N_2$ 对磁路也产生影响，故这时铁芯中的主磁通 Φ 是由 $i_1 N_1$ 和 $i_2 N_2$ 共同产生的。又由式 $U_1 \approx E_1 = 4.44f N_1 \Phi_m$ 可知，当电源的电压和频率一定时，铁芯中磁通最大值 Φ_m 也保持不变，因而从空载状态到负载状态，磁动势应保持不变，即

$$N_1 i_1 + N_2 i_2 = N_1 i_{10}$$

由于变压器的空载电流很小，一般只有额定电流的百分之几，因此当变压器额定运行时，可忽略不计，于是有

$$N_1 i_1 = -N_2 i_2$$

可见，变压器负载运行时，原、副绕组的磁动势方向相反，即对变压器有去磁作用。

也就是说，当副边电流 i_2 增大时，使铁芯中的主磁通 Φ 减小，这时原边电流 i_1 必然增加，以保持主磁通 Φ 基本不变，所以副边电流变化时，原边电流也会相应变化。

若考虑原、副绕组电流有效值，由上式可得

$$\frac{I_1}{I_2} = \frac{N_2}{N_1} = \frac{1}{K}$$

上式说明,变压器负载运行时,其原绕组和副绕组电流有效值之比近似等于它们的匝数比的倒数,即变比的倒数,这就是变压器的电流变换作用。

3. 阻抗变换原理

由以上分析可知,虽然变压器的原、副绕组之间只有磁耦合关系,没有电的直接关系,但实际上原绕组的电流 I_1 会随着副绕组上负载阻抗 Z_L 的大小而变化,$|Z_L|$ 减小,则 $I_2 = U_2/|Z_L|$ 增大,$I_1 = I_2/K$ 也增大。因此,从原边电路来看,可以设想它存在一个等效阻抗 $|Z_L'|$,$|Z_L'|$ 能反映副边负载阻抗 $|Z_L|$ 的大小发生变化时对原绕组电流 I_1 的作用。图 5-18 中点画线框内的电路可用另一个阻抗 $|Z_L'|$ 来等效代替。等效就是它们从电源吸取的电流和功率相等。

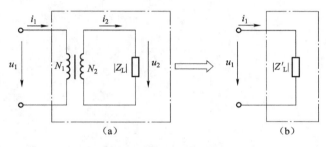

图 5-18 变压器的阻抗变换
(a) 变压器电器;(b) 等效电路

当忽略变压器的漏磁和损耗时,等效阻抗可由下式求得,即

$$|Z_L'| = \frac{U_1}{I_1} = \frac{KU_2}{\frac{1}{K}} = K^2 \frac{U_2}{I_2} = K^2 |Z_L|$$

上式说明,接在变压器副边的负载阻抗 $|Z_L|$ 反映到变压器原边的等效阻抗是 $|Z_L'| = K^2|Z_L|$,即扩大 K^2 倍,这就是变压器的阻抗变换作用。

变压器的阻抗变换作用常应用于电子电路中。例如,收音机、扩音机中扬声器的阻抗一般为几欧或几十欧,而其功率输出级要求负载阻抗为几十欧或几百欧才能使负载获得最大输出功率,这叫作阻抗匹配。实现阻抗匹配的方法就是在电子设备功率输出级和负载之间接入一个输出变压器,适当选择变比以获得所需的阻抗。

四、变压器的铭牌和技术数据

1. 变压器的型号

变压器的型号及含义如图 5-19 所示。

2. 额定值

(1) 额定电压 U_{1N}、U_{2N}。即变压器二次侧开路(空载)时,一次、二次侧绕组允许的电压值。对于三相变压器则是指线电压。

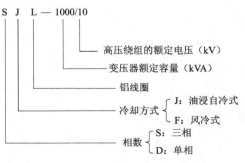

图 5-19 变压器的型号及含义

（2）额定电流 I_{1N}、I_{2N}。即变压器满载运行时，一次、二次侧绕组允许的电流值。

（3）额定容量 S_N。即传送功率的最大能力。

单相变压器为

$$S_N = U_{2N}I_{2N} = U_{1N}I_{1N}$$

三相变压器为

$$S_N = \sqrt{3}U_{2N}I_{2N} = \sqrt{3}U_{1N}I_{1N}$$

学习单元 4
变压器的特性

1 学时

电子多媒体教室

掌握变压器的特性

电工实验台

一、外特性

变压器的外特性是指当一次侧电压 U_1 和负载功率因数 $\cos\varphi_2$ 保持不变时，二次侧输出电压 U_2 和输出电流 I_2 的关系，即

$$U_2 = f(I_2)$$

图 5-20 所示为一变压器的外特性曲线。变压器从空载到额定负载，副边电压变化的数值与空载电压之比称为电压调整率，或称电压变化率，记为 ΔU，它一般用百分值来表示，即

$$\Delta U\% = \frac{U_{20} - U_2}{U_{20}} \times 100\%$$

式中：U_{20} 为一次侧加额定电压、二次侧开路时，二次侧的输出电压。

电压变化率反映电压 U_2 的变化程度。通常希望 U_2 的变动越小越好，一般变压器的电压变化率约为 5%。

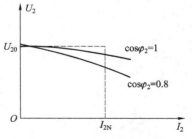

图 5-20 变压器外特性曲线

二、损耗与效率

和交流铁芯线圈一样，变压器的功率损耗 ΔP 包括铁芯中的铁损 ΔP_{Fe} 和绕组上的铜损 ΔP_{Cu} 两部分。

损耗为

$$\Delta P = \Delta P_{Cu} + \Delta P_{Fe}$$

铜损为

$$\Delta P_{Cu} = I_1 R_1 + I_2 R_2$$

铁损 ΔP_{Fe} 包括磁滞损耗和涡流损耗，铁损的大小与铁芯内磁感应强度的最大值有关，与负载大小无关，而铜损则与负载大小（正比于电流平方）有关。

变压器的效率常用下式确定，即

$$\eta = \frac{P_2}{P_1} = \frac{P_2}{P_2 + \Delta P}$$

式中：P_2 为变压器的输出功率；P_1 为输入功率。

由上式可知，变压器的效率与负载有关。空载时，$P_2 = 0$，但 $\Delta P_{Cu} \neq 0$，$\Delta P_{Fe} \neq 0$，故 $\eta = 0$。

随着负载的增大，开始时 η 也增大，但后来因铜损增加得很快（铜损与电流平方成正比，铁损因主磁通基本不变也保持基本不变），η 反而有所减少。在一般电力变压器中，当负载为额定负载的 50%～75% 时，效率达到最大值。

学习单元 5

特殊变压器

建议学时

1 学时

教学地点

电子多媒体教室

学习目标

掌握其他常用特殊变压器的工作原理

设备器材

电工实验台

一、自耦变压器

如图 5-21 所示，这个绕组的总匝数为 N_1，原绕组接电源，绕组的一部分匝数为 N_2，作为副绕组接负载，这样，原、副绕组不仅有磁的耦合，而且还有电的直接联系。

自耦变压器的工作原理与普通双绕组变压器基本相同。由于同一主磁通穿过原、副绕组，所以原、副边的电压仍与它们的匝数成正比；有载时，原、副边的电流仍与它们的匝数成反比，即

$$\frac{U_1}{U_2} = \frac{N_1}{N_2} = K$$

$$\frac{I_1}{I_2} = \frac{N_2}{N_1} = \frac{1}{K}$$

使用时，改变滑动端的位置，便可得到不同的输出电压。实验室中用的调压器就是根据此原理制作的。注意：一次、二次侧千万不能对调使用，以防变压器损坏。因为 N 变小时，磁通增大，电流会迅速增加。

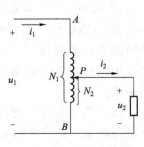

图 5-21 自耦变压器

二、仪用互感器

仪用互感器是在交流电路中专供电工测量和自动保护装置使用的变压器，它可以扩大测量装置的量程，使测量装置与高压电路隔离以保证安全，为高压电路的控制和保护设备提供所需的低电压、小电流，并可以使其后连接的测量仪表或其他测量电路结构简化。仪用互感器按用途不同可分为电流互感器和电压互感器两种。

1. 电流互感器

电流互感器是将大电流变换成小电流的升压变压器，其外形及结构原理如图 5-22 所示。原绕组线径较粗，匝数很少，与被测电路负载串联；副绕组线径较细，匝数很多，与电流表及功率表、电度表、继电器的电流线圈串联。用于将大电流变换为小电流。使用时副绕组电路不允许开路。根据变压器的工作原理，有

$$\frac{I_1}{I_2} = \frac{N_2}{N_1} = \frac{1}{K}$$

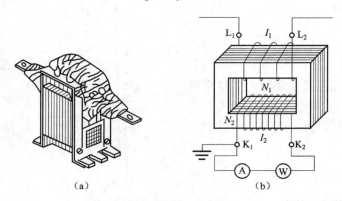

图 5-22 电流互感器
(a) 外形；(b) 结构原理

式中：$1/K$ 为电流互感器的变流比。通常电流互感器二次侧额定电流设计成标准值 5 A 或 1 A。例如，电流互感器的额定电流等级有 30 A/5 A、75 A/5 A、100 A/5 A 等。将测量仪表的读数乘以电流互感器的变流比，就可得到被测电流值。

使用电流互感器时应注意的事项如下。

(1) 电流互感器在运行中不允许副边开路，因为它的原绕组是与负载串联的，其电流 I_1 的大小决定于负载的大小，而与副边电流 I_2 无关，所以当副边开路时铁芯中由于没有 I_2 的去磁作用，主磁通将急剧增加，这不仅使铁损急剧增加，铁芯发热，而且将在副绕组感应出数百甚至上千伏的电压，造成绕组的绝缘击穿，并危及工作人员的安全。为此在电流互感器二次电路中不允许装设熔断器，在二次电路中拆装仪表时，必须先将绕组短路。

(2) 为了安全，电流互感器的铁芯和二次绕组的一端也必须接地。在工程中常用的钳形电流表是一种特殊的配有电流互感器的电流表，其外形、结构如图 5-23 所示。电流互感器的钳形铁芯可以开、合，测量时按下压块，使可动铁芯张开，将被测电流的导线套进钳形

铁芯口内,再松开压块,让弹簧压紧铁芯,使其闭合,这根导线就是电流互感器的原绕组。

电流互感器的副绕组绕在铁芯上并与电流表接成闭合回路,可从电流表上直接读出被测电流的大小。钳形电流表用来测量正在运行中设备的电流,使用非常方便。

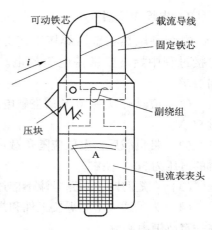

图 5-23 钳形电流表

2. 电压互感器

电压互感器是一台小容量的降压变压器,其外形及结构原理如图 5-24 所示。电压互感器的原绕组匝数很多,并联于待测电路两端;副绕组匝数较少,与电压表及电度表、功率表、继电器的电压线圈并联,用于将高电压变换成低电压。使用时副绕组不允许短路。根据变压器的工作原理,有

$$\frac{U_1}{U_2} = \frac{N_1}{N_2} = K$$

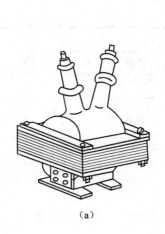
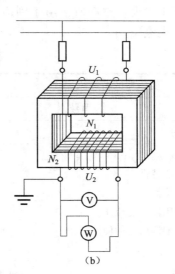

图 5-24 电压互感器
(a)外形;(b)结构原理

式中:K 为电压互感器的变压比。通常电压互感器低压侧的额定值均设计为 100 V。例如,电压互感器的额定电压等级有 6 000 V/100 V、10 000 V/100 V 等。将测量仪表的读数乘以电压互感器的变压比,就可得到被测电压值。

使用电压互感器时应注意的事项如下。

(1)电压互感器的低压侧(二次侧)不允许短路;否则会造成副边、原边出现大电流,烧坏互感器,故在高压侧应接入熔断器进行保护。

(2)为防止电压互感器高压绕组绝缘损坏,使低压侧出现高电压,电压互感器的铁芯、金属外壳和副绕组的一端必须可靠接地。

3. 电焊变压器

电焊是电热在金属焊接工艺上的一种应用，金属靠电弧放电的热量来熔化，因此在焊接过程中始终要维持电弧放电。为保证焊接质量和电弧的稳定，对电焊变压器有下列要求。

（1）应具有 60~70 V 的空载电压，以保证起弧容易。为了操作安全，电压一般不得超过 85 V。

（2）带负载后，电压应随负载的增大而急剧下降，如图 5-25 所示，通常在额定负载时的电压为 30 V 左右。

（3）在短路时，短路电流不应过大，以免损坏电焊机。

（4）为了适应不同焊接工件和焊条的需要，要求焊接电流能在一定范围内调节。

特点：因为在焊接过程中，电焊变压器的负载经常处于从空载（当焊条与工件分离时）到短路（当焊条与工件接触时）或者从短路到空载之间急剧变化的状态，所以，要求电焊变压器具有急剧下降的外特性。这样，短路时，由于输出电压迅速下降，副边电流也不至于过大；空载时，由于副边电流为零，输出电压能迅速恢复到点火电压。

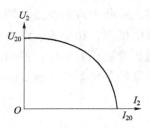

图 5-25　电焊变压器的外特性

任务工单 5

工作任务	变压器的特性测试					
姓名		学号		班级		日期

1. 实训目的

（1）测定变压特性。
（2）测定外特性。
（3）测定变压比、变流比。
（4）掌握自耦调压器的使用。

2. 实训仪器

（1）自耦调压器（在电源箱上，包括指示电压表、熔断器）一套；
（2）交流电压表一块；
（3）交流电流表一块；
（4）低功率因数瓦特表一块；
（5）单相变压器一台；
（6）导线若干；
（7）灯箱负载三块。

3. 实训电路（见图 5-26、图 5-27）

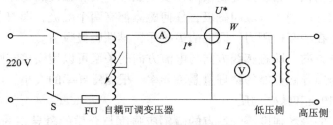

图 5-26 空载实训电路

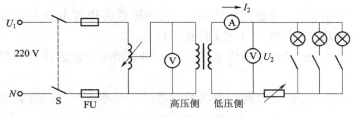

图 5-27 负载实训电路

4. 实训数据（见表 5-2、表 5-3）

表 5-2 空载

U_2	U_0	$K = U_0/U$	I_0	P_0
220 V	110 V			

表 5-3 负载

测量项目	空载	一个灯亮	两个灯亮	3个灯亮
U_2/V				
I_2/A				
U_1/V				
I_1/A				

5. 分析

（1）根据你所绘制的空载特性曲线，说明你所使用的变压器副边匝数设计得是否合理？为什么？

（2）一台变压器铭牌丢失，不知原边的额定电压是多少，你能否通过实训做出正确判定？

6. 评估

教师签字：

练习题

1. 物体具有吸引铁、钴、镍等物质的性质叫磁性，具有磁性的物体叫磁体。（   ）
2. 磁体两端磁性最强的区域叫磁极，任何磁体都有两个磁极，即N极和S极。（   ）
3. 磁极之间存在相互作用力，同性磁极排斥，异性磁极吸引。（   ）
4. 直线的磁场方向，即磁感线方向与电流方向的关系可以用安培定则来判断。（   ）
5. 用来表示介质导磁性能的物理量是磁导率，根据磁导率的大小，可将物质分成三类，即顺磁物质、反磁物质和铁磁物质。（   ）
6. 磁场中某点的磁场强度等于该点的磁感应强度与介质的磁导率的比值，用公式表示为 $H = B/\mu$。（   ）
7. 长度为 L 的直导线，通过的电流为 I，放在磁感应强度为 B 的匀强磁场中，为使其受到的磁场力为 $F = BIL$ 的条件是 B 与 I 相互不垂直。（   ）
8. 利用磁场产生电流的现象叫作电磁感应，用电磁感应的方法产生的电流叫作感应电流。（   ）
9. 感应电动势的大小跟穿过闭合回路的磁通的变化率成反比，这就是法拉第电磁感应定律。（   ）
10. 楞次定律是判别感应电流方向的定律，楞次定律的内容是感应电流的方向，总是使感应电流的磁场阻碍引起感应电流的磁通的变化。（   ）
11. 根据楞次定律，当线圈中的磁通增加时，感应电流的磁通方向与原磁通方向相反；当线圈中的磁通减少时，感应电流的磁通方向与原磁通方向相反。（   ）
12. 由通过线圈本身的电流变化引起的电磁感应，叫作互感。（   ）

学习项目六
汽车直流电动机和交流发电机

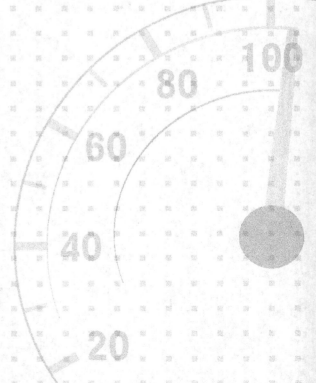

学习单元 1

汽车直流电动机

2 学时

电子多媒体教室

1. 理解汽车直流电动机的结构原理
2. 掌握汽车直流电动机的工作原理

电工实验台、直流电动机一台

汽车使用的直流电动机是串励直流电动机,其功用是将蓄电池输入的电能转换为机械能,产生电磁转矩。直流电动机调速性能好,调速范围广,易于平滑调节,启动、制动转矩大,易于快速启动、停车,且易于控制。

一般起动机均采用直流串励式电动机。"串励"是指电枢绕组与磁场绕组串联。串励直流电动机由电枢、磁极、电刷、壳体等主要部件构成,如图 6-1 所示。

一、直流电动机的结构

1. 磁极

磁极也叫定子,其功用是产生磁场,由固定在机壳上的磁极铁芯和磁场绕组组成。铁芯是用低碳钢制成马蹄形,并用螺钉固定在电动机壳体的内壁上。磁场绕组套装在铁芯上。一般采用 4 个(2 对)磁极,大功率起动机采用 6 个磁极。每个磁极上绕有励磁绕组,两对磁极相对交错安装在电动机定子内壳上。4 个励磁线圈可互相串联后再与电枢绕组串联,也可两两串联后并联,再与电枢绕组串联,如图 6-2 所示。

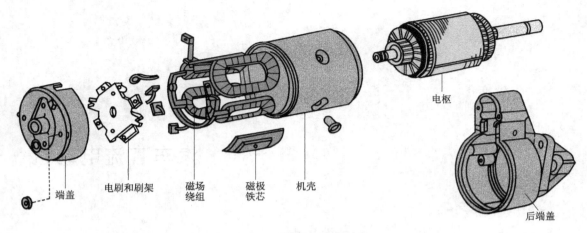

图 6-1 直流电动机的结构

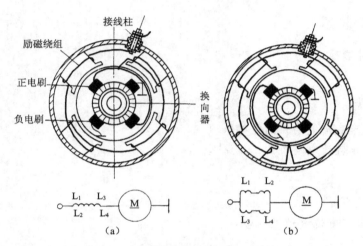

图 6-2 串励起动机励磁绕组的接法
(a) 4 个绕组相互串联；(b) 两个绕组串联后再并联

2. 电枢

电枢也叫转子，其功用是产生电磁转矩。它是由电枢轴、换向器、电枢铁芯、电枢绕组组成，如图 6-3 所示。电枢铁芯由外圆带槽相互绝缘的硅钢片叠装而成。电枢绕组一般采用较粗的矩形裸铜线绕制而成。

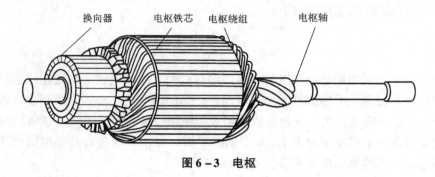

图 6-3 电枢

换向器由铜质换向片和云母片叠压而成，电枢绕组各线圈的端头均焊接在换向器片上，通过换向器和电刷将蓄电池的电流传递给电枢绕组，并适时地改变电枢绕组中电流的流向。

3. 电刷架与机壳

电刷架与机壳的功用主要是将直流电引入电枢绕组，由电刷、电刷架和电刷弹簧组成，如图6-4所示。电刷由铜粉与石墨粉压制而成，呈棕红色。刷架上装有弹性较好的盘形弹簧。电刷装在端盖上的电刷架中，电刷弹簧使电刷与换向片之间具有适当的压力以保持配合。

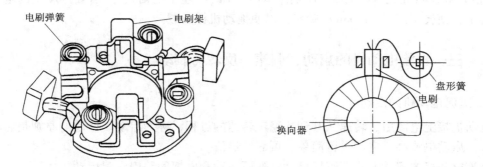

图6-4 电刷架

直接固定在支架或端盖上的电刷架称为负电刷架，所安装电刷称为负电刷，负极刷架通过机壳直接搭铁；电刷架与支架或端盖之间安装有绝缘垫片的称为正电刷架，所安装电刷称为正电刷，正极刷架与端盖绝缘，正电刷与励磁绕组的末端相连。起动机机壳的中部有一个与壳体绝缘的电流输入接线柱，并在内部与励磁绕组的一端相连。

二、直流电动机的工作原理

如图6-5（a）所示，若有直流电流从电刷A流入，经过线圈abcd，从电刷B流出，根据电磁力定律，载流导体ab和cd受到电磁力的作用，其方向可由左手定则判定，两段导体受到的力形成了一个转矩，使得转子逆时针转动。如果转子转到图6-5（b）所示的位置，电刷A和换向片2接触，电刷B和换向片1接触，直流电流从电刷A流入，在线圈中的流动方向是dcba，从电刷B流出。

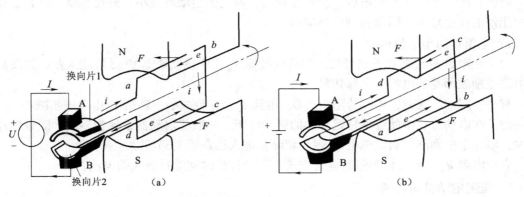

图6-5 直流电动机工作原理

此时载流导体 ab 和 cd 受到电磁力的作用，方向同样可由左手定则判定，它们产生的转矩仍然使得转子逆时针转动，这就是直流电动机的工作原理。外加的电源是直流的，但由于电刷和换向片的作用，在线圈中流过的电流是交流的，其产生转矩的方向却是不变的。实用中的直流电动机转子上的绕组也不是由一个线圈构成，同样是由多个线圈连接而成，以减少电动机电磁转矩的波动，绕组形式同发电机。将直流电动机的工作原理归结如下：将直流电源通过电刷接通电枢绕组，使电枢导体有电流流过，电机内部有磁场存在。载流的转子（即电枢）导体将受到电磁力 F 的作用，即 $F=Bli_a$（左手定则），所有导体产生的电磁力作用于转子，使转子以 n（r/min）旋转，以便拖动机械负载。

三、直流电动机的启动、调速、反转与制动

1. 直流电动机的启动

电动机接上电源后，转速从零到达稳定转速的过程，称为启动。启动的原则是启动转矩足够大，启动电流小，启动设备简单、可靠、经济。

直流电动机的启动方式有直接启动、降压启动和电枢回路串电阻启动。

1）直接启动

不采取任何限流措施，直接加额定电压的启动称为直接启动。直接启动的优点是启动转矩很大，不需另加启动设备，操作简便。缺点是启动电流很大，一般可达额定电流的 10～20 倍。一般规定启动电流不应超过额定电流的 1.5～2.5 倍。启动时将启动电阻调至最大，待启动后，随着电动机转速的上升将启动电阻逐渐减小。

直接启动要有足够大的启动转矩 T_{st}，启动电流 I_{st} 不能太大，但换向情况恶化，产生严重的火花，损坏换向器，过大转矩将损坏 T_{st}、拖动系统的传动机构，因此在启动时，除低压、小容量外，一般不允许直接启动。

2）降压启动

降压启动只能在电动机有专用电源时才能采用。启动时，通过降低电枢电压来达到限制启动电流的目的。为保证足够大的启动转矩，应保持磁通不变，待电动机启动后，随着转速的上升、反电动势的增加，再逐步提高其电枢电压，直至将电压恢复到额定值，电动机在全压下稳定运行。

降压启动虽然需要专用电源，设备投资大，但它的启动电流小，升速平滑，并且启动过程中能量消耗也较少，因而得到广泛应用。

3）电枢回路串电阻启动

为了在限定的电流 I_{st} 下获得较大的启动转矩 T_{st}，应该使磁通 Φ 尽可能大些，因此启动时串联在励磁回路的电阻应全部切除。

有了一定的转速后，电动势不再为 0，电流 I_{st} 会逐步减小，转矩 T_{st} 也会逐步减小。

为了在启动过程中始终保持足够大的启动转矩，一般将启动器设计为多级，随着转速的增大，串在电枢回路的启动电阻 R_{st} 逐级切除，进入稳态后全部切除。

启动电阻 R_{st} 一般设计为短时运行方式，不允许长时间通过较大的电流。

2. 直流电动机的调速

直流电动机拖动一定的负载运行时，其转速由工作点决定。如果调节某些参数，则可以

改变转速。其实质上都是改变了电动机的机械特性，使之与负载机械特性的交点改变，达到调速的目的。

直流电动机的调速方式有电枢串电阻调速、改变电枢电源电压调速等。

1）电枢串电阻调速

电枢串电阻调速，调节电阻增大时，电动机机械特性的斜率增大，与负载机械特性的交点也会改变，达到调速目的。

优点是设备简单、操作简便；缺点是只能降速，低转速时变化率较大，电枢电流较大，不易连续调速，有损耗。

2）改变电枢电源电压调速

因为提高电动机电枢端电压会受到绕组绝缘耐压的限制，所以，根据规定，电枢电压只允许比额定电压提高30%。

实际上改变电枢电源电压只能应用在降压的方向，即从额定转速向下调速。

降低电枢电压时，电动机机械特性平行下移。负载不变时交点也下移，速度也随之改变。

改变电枢电源电压调速的优点是调速后，转速稳定性不变、无级、平滑、损耗小。缺点是只能下调，且需专门设备，成本大。

3. 直流电动机的反转

在有些电力拖动设备中，由于生产的需要，常常需要改变电动机的转向。

直流电动机的反转方法有两种，即改变磁通（Φ）的方向和改变电枢电流的方向。

由于磁滞及励磁回路电感等原因，反向磁场的建立过程缓慢，反转过程不能很快实现，故一般多采用后一种方法。

4. 直流电动机的制动

直流电动机的制动也有能耗制动、反接制动和发电反馈制动3种。

能耗制动是在停机时将电枢绕组接线端从电源上断开后立即与一个制动电阻短接，由于惯性，短接后电动机仍保持原方向旋转，电枢绕组中的感应电动势仍存在并保持原方向，但因为没有外加电压，电枢绕组中的电流和电磁转矩的方向改变了，即电磁转矩的方向与转子的旋转方向相反，起到了制动作用。

反接制动是在停机时将电枢绕组接线端从电源上断开后立即与一个相反极性的电源相接，电动机的电磁转矩立即变为制动转矩，使电动机迅速减速至停转。

发电反馈制动是在电动机转速超过理想空载转速时，电枢绕组内的感应电动势将高于外加电压，使电机变为发电状态运行，电枢电流改变方向，电磁转矩成为制动转矩，限制电机转速过分升高。

任务工单 6-1

工作任务	汽车直流电动机的拆装与检测					
姓名		学号		班级		日期
1. 实训目的						
（1）掌握汽车直流电动机的构造。						
（2）掌握汽车直流电动机的检测方法。						

续表

2. 实训仪器	
（1）汽车直流电动机一台（起动机）； （2）万用表一块； （3）常用工具一套。	
3. 实训过程	
汽车直流电动机的拆装工艺	
转子（电枢）检测： （1）用数字万用表的_____挡，检查换向器的扇形板之间是否导通。如果阻值为"1"（无限大），说明电枢线圈有_____现象。 （2）用数字万用表的_____挡，检查换向器和电枢铁芯之间是否绝缘。如果导通，说明电枢线圈有_____故障。 （3）使用电枢线圈短路测试仪，检查起动机电枢线圈是否有短路现象。将锯片放在电枢的上面，转动电枢，如果锯片产生振动，表明电枢线圈中有_____现象。 （4）检修换向器，如果换向器有轻微磨损或脏污现象，应_____。	
定子检测： （1）来自蓄电池的电流进入起动机后分成两路，每条支路与电枢线圈_____连接，并且励磁线圈与电枢线圈形成的两条支路又为_____连接。 （2）使用数字万用表_____挡，检查励磁线圈两电刷之间是否导通。如果阻值为_____，说明励磁线圈有断路现象。 （3）使用数字万用表_____挡，检查励磁线圈某一电刷与磁场框架（搭铁）之间是否绝缘。如果阻值为_____，则励磁线圈有搭铁故障。	
4. 评估	
	教师签字：

学习单元 2
汽车交流发电机

2 学时

电子多媒体教室

1. 理解交流发电机的结构原理
2. 掌握交流发电机的工作原理

电工实验台、交流发电机一台

一、交流发电机的结构

交流发电机主要由定子、转子、电刷、整流器、前后端盖、风扇及驱动带轮等组成（电压调节器装在交流发电机后端的防护罩内，但不是交流发电机的组成部分），如图 6-6 所示。

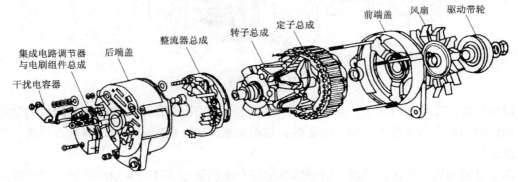

图 6-6　交流发电机

1. 定子

定子是产生和输出交流电的部件，由定子铁芯和定子绕组组成，如图 6-7 所示。定子铁芯由相互绝缘的内圆带槽的环状硅钢片叠成。定子槽内置有三相对称绕组，三相绕组的连接形式有星形（Y）和三角形（△）。

为使三相绕组中产生大小相等、相位互差 120°（电角度）的对称电动势，三相绕组及其在定子槽内的嵌镶必须遵循一定的原则。

（1）每相绕组的线圈个数、每个线圈的匝数和每个线圈的节距（每个线圈的两个有效边之间所间隔的定子槽数）都必须完全相等。

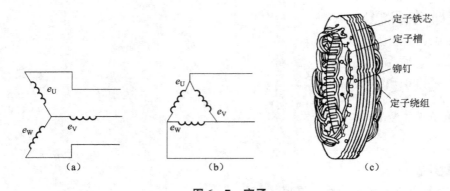

图 6-7 定子

(a) Y 形连接；(b) △形连接；(c) 结构

（2）三相绕组的起端 U_1、V_1、W_1（或末端 U_2、V_2、W_2）在定子槽内的排列，必须相隔 120°电角度。

2. 转子

转子的功用是产生旋转磁场，主要由转子轴、滑环、爪极、铁芯（磁轭）和励磁绕组组成，如图 6-8 所示。

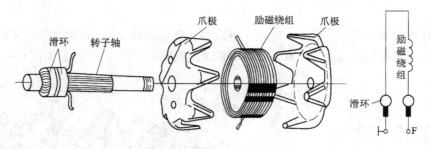

图 6-8 转子

两块爪极被压装在转轴上，且内腔装有磁轭，并绕有励磁绕组。绕组两端的引线分别焊在与轴绝缘的两个集电环上。两个电刷装在与端盖绝缘的电刷架内，通过弹簧力使其与集电环保持接触。

两个电刷与直流电源接通时，励磁绕组中便有电流流过，并产生轴向磁通，使一块爪极磁化为北极（N 极），另一块爪极磁化为南极（S 极），形成 6 对相互交错的磁极。

当转子旋转时，磁极交替地在定子铁芯中穿过，形成一个旋转的磁场，磁力线和定子绕组之间产生相对运动，在三相绕组中产生交流感应电动势，如图6-9所示。

3. 前、后端盖

前、后端盖的作用是支承转子总成并封闭内部构造。它由铝合金制成，具有轻便、阻磁（减少漏磁）、散热性能好等特征，如图6-10所示。

4. 电刷与电刷架

电刷将电源引入到转子的线圈（励磁绕组）中，使内部的电磁铁（磁轭和爪极）产生较强的磁场。电刷装在电刷架内，通过弹簧与集电环紧密接触。电刷架根据发电机类型的不同，其安装位置也有所不同。有的电刷架安装在发电机的后端盖上（外装式），这种结构便于电刷的维护与更换；有的则与整流器安装在一起（内装式）。维护或更换电刷时，须将发电机后端盖上的防护罩拆下，如图6-11所示。

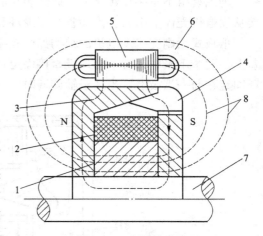

图6-9 交流的磁路
1—磁轭；2—磁场绕组；3, 4—磁极；5—定子；6—定子绕组；7—轴；8—漏磁通

图6-10 前、后端盖

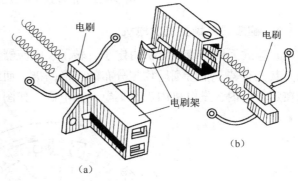

图6-11 电刷及电刷架
(a) 外装式；(b) 内装式

5. 风扇及带轮

交流发电机的前端装有带轮和风扇，由发动机通过传动带驱动发电机的转子轴和风扇一起旋转。风扇一般用低碳钢板冲压而成，在发电机工作时，对发电机强制通风冷却。带轮一般用铸铁或铝合金铸造而成。

二、无刷交流发电机的结构

无刷交流发电机是指没有电刷和滑环的交流发电机，其优点是没有电刷和滑环，不存在电刷与滑环接触不良导致的发电不稳或不发电故障，工作时无火花，也减小了无线电干扰；缺点是爪极间连接工艺复杂，由于磁路中间隙加大，发电机相同输出功率下须加大励磁电流。

无刷交流发电机分为爪极式、励磁机式、永磁式和感应式4种，其中爪极式和感应式比较常见。

1. 爪极式无刷交流发电机

励磁绕组不是装在转子上，而是装在后端盖上。它不随转子转动，因此励磁电流可以直接从发电机壳体上引入，因而省去了滑环和电刷。

爪板式无刷交流发电机的结构如图6-12所示。励磁绕组通过一个磁轭托架固定在后端盖上。两个爪极中只有一个爪极直接固定在发电机的转子轴上，另一个爪极则用非导磁连接环固定在前一爪极上。当转子轴旋转时，一个爪极带动另一个爪极在定子内转动。

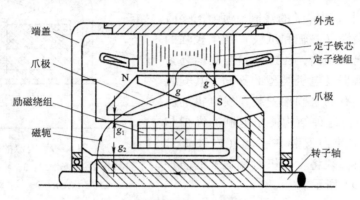

图6-12 爪板式无刷交流发电机的结构

2. 感应式无刷交流发电机

感应式无刷交流发电机由定子、转子、整流器和机壳组成。它的转子由齿轮状硅钢片铆成，其上有若干个沿圆周均匀分布的齿形凸极，而没有励磁绕组。励磁绕组和电枢绕组均安放在定子槽内，发电机内没有集电环和电刷，如图6-13所示。

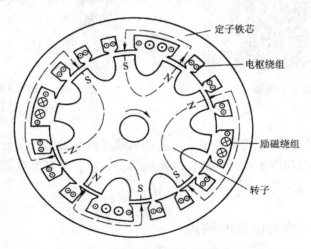

图6-13 感应式无刷交流发电机结构原理

当励磁绕组通入直流电后，在定子铁芯中产生固定磁场（右上部、左下部为S极，左上部、右下部为N极）。由于转子凸齿部分磁通容易通过，磁感应强度最大，从而形成磁极。但转子的每个凸齿是固定极性的，它对着定子右上部是N极，左上部是S极。定子的每个电枢绕组只与同极性的凸齿起作用。

转子在不运动的磁场内旋转,当转子凸齿对着定子凸齿时,磁通量最大;当转子槽对着定子凸齿时,磁通量最小。因此,转子旋转时,定子凸齿内产生脉动磁通,在定子绕组中感应出交变电动势。将电枢绕组以一定的方式连接起来,并经整流,就可得到直流电。

三、交流发电机的发电原理与正确使用

交流发电机的发电原理如图6-14所示。由发动机带动发电机转子旋转,当外电路通过电刷使励磁绕组通电时,便产生磁场,使磁极磁化为N极和S极。当转子旋转时,磁通交替地在定子绕组中变化,根据电磁感应原理可知,定子的三相绕组中便产生交变的感生电动势,由整流器整流为直流电输出。

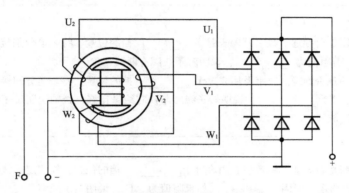

图6-14 交流发电机的发电原理

三相电路中每相绕组中电动势的有效值为

$$E_\Phi = 4.44KfN\Phi = 4.44K\frac{pn}{60}N\Phi = C_e\Phi n$$

式中:K为绕组系数,其值和发电机定子绕组的绕线方式有关;N为每相匝数;f为感应电动势的频率,Hz;p为磁极对数;n为发电机转速,r/min;Φ为每极磁通,Wb;C_e为电机常数,$C_e = 4.44KNp/60$;E_Φ为每相电动势的最大值。

任务工单6-2

工作任务	汽车交流发电机的拆装与检测						
姓名		学号		班级		日期	
1. 实训目的 (1) 掌握交流发电机的构造。 (2) 掌握交流发电机的检测方法。							
2. 实训仪器 (1) 交流发电机一台; (2) 万用表一块; (3) 常用工具一套。							

续表

3. 实训过程
交流发电机的拆装工艺
转子检测： （1）检查转子线圈是否导通。数字万用表置于_____挡的位置，将表笔分别接触在两滑环上，阻值为_____Ω，若阻值为_____，说明转子线圈有断路现象。 （2）检查转子线圈是否绝缘。数字万用表置于_____挡的位置，将表笔分别接触在滑环和转子铁芯上，若万用表显示值为_____，说明转子线圈与铁芯绝缘良好；否则说明转子线圈与铁芯之间有绝缘不良（或搭铁）故障。
定子检测： （1）检查定子线圈是否导通。将数字万用表置于_____挡的位置，检测定子线圈是否导通，如果万用表指示导通，说明定子线圈_____。如果阻值为"1"，说明定子线圈_____。 （2）检查定子线圈是否绝缘。将万用表置于_____挡的位置，将万用表的两只表笔分别接触在定子铁芯和定子线圈的任一引出端子上，如果万用表指示导通，说明定子线圈内部存在_____现象，如果阻值为"1"，说明定子线圈_____。
4. 评估
教师签字：

1. 简述直流电动机的组成结构及各组成部分的功用。
2. 直流电动机有哪些启动方法？
3. 直流电动机有哪些制动方法？
4. 简述发电机的组成结构及各组成部分的功用。

学习项目七

半导体二极管和整流电路

学习单元 1
半导体二极管

2 学时

电子多媒体教室

1. 了解半导体二极管的概念和特性
2. 掌握半导体二极管导电原理和 PN 结结构
3. 掌握二极管单向导电性、伏安特性曲线
4. 了解二极管的主要参数

半导体二极管

在自然界中，根据材料的导电能力，可以将它们划分为导体、绝缘体和半导体。常见的导体如铜和铝；常见的绝缘体如橡胶、塑料等。半导体的导电能力介于导体和绝缘体之间，常见的半导体材料有硅（Si）和锗（Ge）。半导体器件是用半导体材料制成的电子器件。常用的半导体器件有二极管、三极管、场效应晶体管等。半导体器件是构成各种电子电路最基本的元件。

一、半导体导电原理

硅（Si）和锗（Ge）都是 4 价元素，原子的最外层轨道上有 4 个价电子。每个原子周围有 4 个相邻的原子，原子之间通过共价键紧密结合在一起。两个相邻原子共用一对电子。

在绝对零度时，半导体晶体的共价键结构非常稳定，没有能够活动的载流子，此时半导体晶体不导电，如图 7-1 所示。

室温或者外界加热条件下，在热运动的作用下少数价电子挣脱共价键的束缚成为自由电子，同时在共价键中留下一个空位，这个空位称为空穴，这个过程称为"热激发"。有了空穴，邻近共价键中的价电子很容易过来填补这个空穴，这样空穴便转移到邻近共价键中。新的空穴又会被邻近的价电子填补。带负电荷的价电子依次填补空穴的运动，从效果上看，相当于带正电荷的空穴做相反方向的运动。可见，热激发后产生两种形式的载流子，即电子载流子和空穴载流子，如图7-2所示。此时如果该半导体受到外加电场的作用后，半导体中的电子载流子就会因电场力的作用而做定向运动，从而形成电子流电流。

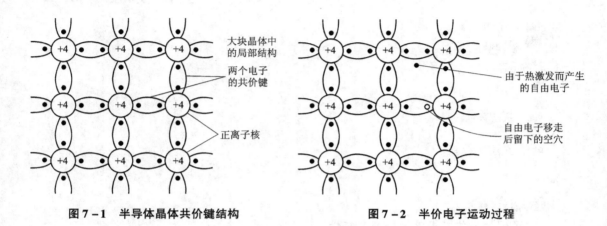

图7-1 半导体晶体共价键结构　　　　　图7-2 半价电子运动过程

二、半导体特性

实际上，半导体与导体、绝缘体的区别不仅在于导电能力的不同，更重要的是半导体所具有的以下几个方面的特性，即半导体的热敏性、光敏性及掺杂性等。

热敏性：当环境温度升高一些时，半导体的导电能力就显著地增加；当环境温度下降一些时，半导体的导电能力就显著地下降，这种特性称为半导体的"热敏性"。利用半导体的热敏性可制成热敏元件。例如，在汽车上应用的热敏元件有温度传感器，如水温传感器、进气温度传感器等。

光敏性：当有光线照射在某些半导体时，这些半导体就像导体一样，导电能力很强；当没有光线照射时，这些半导体就像绝缘体一样不导电，这种特性称为半导体的"光敏性"。利用半导体的光敏性可制成光敏元件，在汽车上应用的光敏元件有汽车自动空调上应用的光照传感器。

掺杂性：在纯净的半导体中适当地掺入一定种类的极微量的杂质，半导体的导电性能就会成百万倍地增加，这是半导体最显著、最突出的特性，如晶体管就是利用这种特性制成的。

三、PN结

纯净的半导体称为本征半导体。在本征半导体中加入一定类型的微量杂质，能使半导体的导电能力成百万倍地增加。加入了杂质的半导体可以分为两种类型：一种是在本征半导体硅或锗中掺入硼、铝等3价元素，由于这类元素的原子最外层只有3个价电子，故在构成的共价键结构中，由于缺少价电子而形成大量空穴，这类掺杂后的半导体其导电作用主要靠空穴运动，称为空穴半导体或P型半导体，其中空穴为多数载流子，热激发形成的自由电子是少数载流子；另一种是在本征半导体硅或锗中掺入磷、砷等5价元素，由于这类元素的原子最外层有5个价电子，故在构成的共价键结构中，由于存在多余的价电子而产生大量自由电子，这种半导体主要靠自由电子导电，称为电子半导体或N型半导体，其中自由电子为多数载流子，热激发形成的空穴为少数载流子。无论是P型半导体还是N型半导体都是中性的，对外不显电性。

半导体中载流子有漂移运动和扩散运动两种运动方式。载流子在电场作用下的定向运动称为漂移运动。在半导体中，如果载流子浓度分布不均匀，因为浓度差，载流子将会从浓度高的区域向浓度低的区域运动，这种运动称为扩散运动。将一块半导体的一侧掺杂成P型半导体，另一侧掺杂成N型半导体，在两种半导体的交界面处将形成一个特殊的薄层，称为PN结，如图7-3所示。

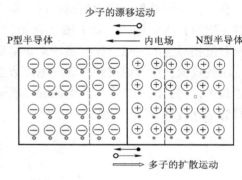

图7-3　PN结

四、二极管单向导电性

一个PN结加上相应的电极引线并用管壳封装起来，就构成了半导体二极管，简称二极管。半导体二极管按其结构不同，可分为点接触型和面接触型两类。点接触型二极管PN结面积很小，结电容很小，多用于高频检波及脉冲数字电路中的开关元件。面接触型二极管PN结面积大，结电容也小，多用在低频整流电路中。二极管的结构和图形符号如图7-4所示。

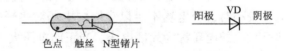

图7-4　二极管结构和图形符号

二极管被广泛应用的一个重要性质就是二极管的单向导电性。在PN结上外加正向电压，也叫正向偏置，外加电场与内电场方向相反，内电场削弱，扩散运动大大超过漂移运动，N区电子不断扩散到P区，P区空穴不断扩散到N区，形成较大的正向电流，如图7-5所示，此时灯泡点亮，这时称二极管处于导通状态。

在PN结上外加反向电压，也叫反向偏置，外加电场与内电场方向相同，增强了内电场，多子扩散难以进行，电子在电场作用下形成反向电流I_R，因为是少子漂移运动产生的，I_R很小，如图7-6所示，此时灯泡不亮，这时称二极管处于截止状态，即二极管具有单向导电性。

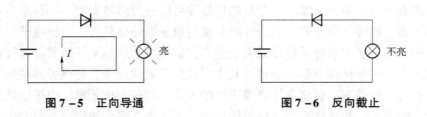

图 7-5 正向导通　　　　　　　　图 7-6 反向截止

五、二极管伏安特性曲线

在二极管两端加一定数值的电压，就有一定的电流流过二极管。如果在直角坐标系上以 X 轴（横轴）表示电压，以 Y 轴（纵轴）表示电流，就可以在坐标系上画出与上述电压、电流数值相对应的一点，这一点的横坐标是电压数值，纵坐标是电流数值。改变二极管上所加电压的数值，就可以得到对应的电流数值，同时可以在坐标上得到许多对应的点，将这些点连起来，就画出了二极管的电流随二极管上所加电压变化而变化的曲线，这条曲线就叫二极管的伏安特性曲线，如图 7-7 所示。

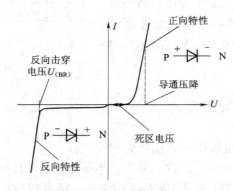

图 7-7 二极管伏安特性曲线

在二极管伏安特性曲线上，可以分为正向特性和反向特性两部分来分析，其中曲线中 $U>0$ 的部分称为二极管的正向特性，$U<0$ 的部分称为二极管的反向特性。

当二极管外加正向电压较小时，外电场不足以克服内电场对多子扩散的阻力，PN 结仍处于截止状态，这一区域所对应的电压称为死区电压。当正向电压大于死区电压后，结电场几乎被完全抵消，因而使二极管内阻变小，正向电流随着正向电压增大迅速上升。通常死区电压硅管约为 0.5 V，锗管约为 0.2 V。

当给二极管加上反向电压时，二极管中的 PN 结阻挡层加宽，内部呈现很大的反向电阻，称为二极管的截止状态。在这种状态下，由于晶体中的 P 区还存在有少数电子，N 区也有少数空穴，所以在反向电压的作用下仍有微小的反向电流，只是由于载流子数量有限，反向电压虽然在增加，但反向电流几乎保持不变。当加在二极管的反向电压超过某一临界电压值时，反向电流急剧增大，二极管被击穿，对应的临界电压称为反向击穿电压。反向电流又称反向饱和电流，用 I_R 表示。I_R 大则表明二极管的单向导电性能较差。一般硅二极管的 I_R 为几十微安，锗二极管为几百微安。

为了方便分析，设正向电阻为零，正向导通时为短路特性，二极管正向电阻较小，正向电流较大，相当于一个闭合的开关，正向压降忽略不计；反向电阻为无穷大，反向电流很小，相当于一个断开的开关，这种二极管称为理想二极管。但外加电压大于反向击穿电压时，二极管被击穿，失去单向导电性。另外，二极管的反向电流受温度的影响，温度越高反向电流越大。

六、二极管的主要参数

（1）最大整流电流 I_F，指二极管长期运行时允许通过的最大正向平均电流。

（2）反向击穿电压 U_B，二极管反向电流急剧增大到出现击穿现象时的反向电压值。

（3）最大反向工作电压 U_{DRM}，二极管运行时允许承受的最大反向电压（约为 U_B 的一半）。

（4）反向电流 I_R，指二极管未击穿时的反向电流，其值越小，二极管的单向导电性越好。

（5）最高工作频率 f_m，二极管具有单向导电性的最高交流信号的频率，主要取决于 PN 结结电容的大小。

学习单元 2

整流电路

2 学时

电子多媒体教室

掌握各种整流电路工作原理及主要参数计算

整流电路

利用具有单向导电性能的整流元件，如二极管等，将交流电转换成单向脉动直流电的电路，称为整流电路。整流电路按输入电源相数可分为单相整流电路和三相整流电路；按输出波形又可分为半波整流电路和全波整流电路。目前广泛使用的是桥式整流电路。在汽车上，二极管是组成整流器的主要元件，作用是将发电机发出的三相交流电转换为直流电。常见的整流电路有半波、全波、桥式整流以及单相和三相整流等。

一、半波整流电路

半波整流电路是一种利用二极管的单向导通特性来进行整流的常见电路。除去半周、剩下半周的整流方法，叫半波整流；将交流电转换为直流电即为整流。图 7-8 所示为半波整流电路：图中 Tr 为电源变压器，用来将市电 220 V 交流电压变换为整流电路所要求的低电压。设 VD 为整流二极管，令它为理想二极管，R_L 为要求直流供电的负载等效电阻。半波整流原理如下。

首先变压器次级电压 u_2 是一个方向和大小都随时间变化的正弦波电压，它的波形如图 7-9（a）所示。在 $0 \sim \pi$ 时间内，u_2 为正半周即变压器上端为正下端为负，此时二极管承受正向电压导通，u_2 通过二极管加在负载电阻 R_L 上，即 $u_o = u_2$。在 $\pi \sim 2\pi$ 时间内，u_2 为负半周，变压器次级下端为正，上端为负。这时二极管承受反向电压不导通，负载 R_L 上无电压，即 $u_o = 0$。在 $2\pi \sim 3\pi$ 时间内，重复 $0 \sim \pi$ 时间过程，而在 $3\pi \sim 4\pi$ 时间内，又重复 $\pi \sim 2\pi$ 时间的过程，这样反复下去，交流电的负半周就被"削"掉了，只有正半周通过 R_L，在 R_L 上获得了一个单一右向（上正下负）的电压，如图 7-9（b）所示，从而达到了整流的目的。但是，负载电压 u_o 以及负载电流的大小还随时间而变化，因此通常称它为脉动直流。图 7-9（c）、（d）分别为负载上的电流变化曲线及二极管上的电压变化曲线。半波整流电路结构简单，使用元件少，但整流效率低，输出电压脉动大，因此它只用于对电源质量要求不高的电路场合。

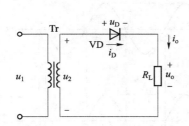

图 7-8 半波整流电路

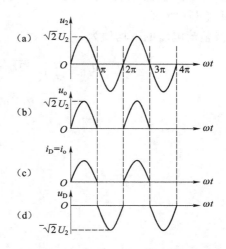

图 7-9 半波整流电路输出波形

半波整流电路中变压器次级电压值为

$$u_2 = \sqrt{2}U_2 \sin\omega t$$

半波整流电压的平均值为

$$U_O = \frac{1}{2\pi}\int_0^\pi \sqrt{2}U_2 \sin\omega t \, d\omega t = 0.45U_2$$

流过负载电阻 R_L 的电流平均值为

$$I_O = 0.45 \frac{U_2}{R_L}$$

流过二极管的电流平均值为

$$I_D = I_O = 0.45 \frac{U_2}{R_L}$$

二极管在截止时承受的最高反向电压为 u_2 的最大值，即

$$U_{RM} = \sqrt{2}U_2$$

式中：u_2 为电压瞬时值；U_2 为电压有效值。

二、全波整流电路

如果把整流电路的结构做一些调整，可以得到一种能充分利用电能的全波整流电路。图

7-10 所示为全波整流电路。全波整流电路可以看作是由两个半波整流电路组合而成的。变压器次级线圈中间需要引出一个抽头,把此组线圈分成两个对称的绕组,从而引出大小相等但极性相反的两个电压。

全波整流电路的工作原理,可用图 7-11 所示的波形说明。在 $0 \sim \pi$ 期间 B_1 次级上端为正下端为负,VD_1 正向导通,电源电压加到 R_1 上,R_1 两端的电压上端为正下端为负,其波形如图 7-11 (b) 所示;在 $\pi \sim 2\pi$ 期间,B_1 次级上端为负下端为正,VD_2 正向导通,电源电压加到 R_1 上,R_1 两端的电压还是上端为正下端为负,其波形如图 7-11 (c) 所示。在 $2\pi \sim 3\pi$、$3\pi \sim 4\pi$ 等后续周期中重复上述过程,这样电源正负两个半周的电压经过 VD_1、VD_2 整流后分别加到 R_1 两端,R_1 上得到的电压总是上正下负,其波形如图 7-11 (d) 所示。

全波整流电压的平均值为

$$U_O = U_L = \frac{1}{\pi}\int_0^\pi \sqrt{2}U_2\sin\omega t \mathrm{d}\omega t = \frac{2\sqrt{2}}{\pi}U_2 = 0.9U_2$$

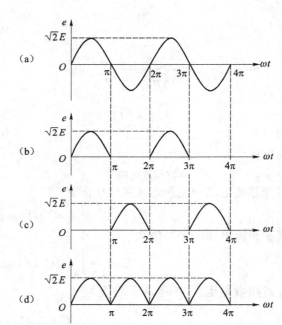

图 7-11 全波整流电路输出波形

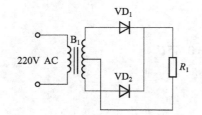

图 7-10 全波整流电路

流过负载的平均电流为

$$I_L = \frac{2\sqrt{2}U_2}{\pi R_L} = \frac{0.9U_2}{R_L}$$

二极管所承受的最高反向电压为

$$U_{Rmax} = 2\sqrt{2}U_2$$

三、单相桥式整流电路

单相桥式整流电路如图 7-12 (a) 所示,图 7-12 (b) 所示为简化图形。当 u_2 为正半周时，a 点电位高于 b 点电位，二极管 VD_1、VD_3 承受正向电压而导通，VD_2、VD_4 承受反向电压而截止。此时电流的路径为：$a \to VD_1 \to R_L \to VD_3 \to b$，如图 7-12 中实线箭头所示。$u_2$ 为负半周时，b 点电位高于 a 点电位，二极管 VD_2、VD_4 承受正向电压而导通，VD_1、VD_3 承受反向电压而截止。此时电流的路径为：$b \to VD_2 \to R_L \to VD_4 \to a$，如图 7-12 中虚线箭头所示。

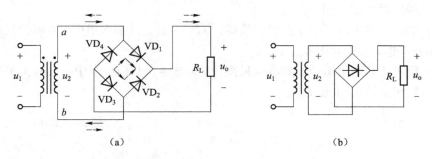

图 7-12 单相桥式全波整

单相桥式整流电路原理的波形如图 7-13 所示。

单相桥式整流电压的平均值为

$$U_O = \frac{1}{\pi}\int_0^\pi \sqrt{2}U_2 \sin\omega t \mathrm{d}\omega t = 2\frac{\sqrt{2}}{\pi}U_2 = 0.9U_2$$

流过负载电阻 R_L 的电流平均值为

$$I_O = \frac{U_O}{R_L} = 0.9\frac{U_2}{R_L}$$

流经每个二极管的电流平均值为负载电流的一半，即

$$I_D = \frac{1}{2}I_O = 0.45\frac{U_2}{R_L}$$

每个二极管在截止时承受的最高反向电压为 U_2 的最大值，即

$$U_{RM} = U_{2m} = \sqrt{2}U_2$$

必须注意，单相桥式整流电路的 4 个二极管的正负极不能接反。交流电源和直流负载也不许接错；否则，可能发生电源短路，不仅烧坏整流管，甚至烧坏电源变压器。

单相桥式整流电路的优点是电源利用率高，输出电压提高了一倍。流过每个管子的电流仅为输出电流的一半，有利于电路的保护。

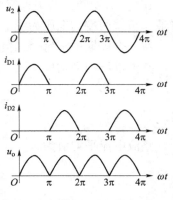

图 7-13 单相桥式全波整流电路波形图

四、三相桥式整流电路

单相整流电路只用三相供电线路中的一相电源，如果电流较大，将使三相负载严重不平衡，影响供电质量。故单相桥式整流电路仅适用于中、小功率的整流。大功率整流（几千瓦以上）一般采用三相整流电路。三相整流不仅可以做到三相电源的负载平衡，而且输出的直流电压脉动更小。三相桥式整流电路工作原理如图 7-14 所示，波形如图 7-15 所示。

VD₁、VD₃、VD₅三只二极管的阴极接在一起，称为共阴极组，VD₂、VD₄、VD₆三只二极管的阳极接在一起，称为共阳极组。在每一瞬间，共阴极组中阳极电位最高的二极管导通，而共阳极组中阴极电位最低的二极管导通。

在 $t_1 \sim t_2$ 期间，共阴极组中 a 点电位最高，VD₁ 导通，共阳极组中 b 点电位最低，VD₄ 导通，负载两端的电压为线电压 U_{ab}。

在 $t_2 \sim t_3$ 期间，共阴极组中 a 点电位最高，VD₁ 导通，共阳极组中 c 点电位最低，VD₆ 导通，负载两端的电压为线电压 U_{ac}。

在 $t_3 \sim t_4$ 期间，共阴极组中 b 点电位最高，VD₃ 导通，共阳极组中 c 点电位最低，VD₆ 导通，负载两端的电压为线电压 U_{bc}。

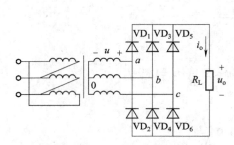

图 7-14 三相桥式整流电路

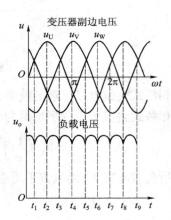

图 7-15 波形

在 $t_4 \sim t_5$ 期间，共阴极组中 b 点电位最高，VD₃ 导通；共阳极组中 a 点电位最低，VD₂ 导通，负载两端的电压为线电压 U_{ba}。

在一个周期中，每个二极管只有 1/3 的时间导通，负载两端的电压为线电压。

整流电压的平均值为

$$U_O = \frac{1}{\frac{\pi}{3}} \int_{\frac{\pi}{6}}^{\frac{\pi}{2}} \sqrt{2} U_{ab} \sin(\omega t + 30°) \, d\omega t = 2.34U$$

整流电流平均值为

$$I_O = \frac{U_O}{R_L} = 2.34 \frac{U}{R_L}$$

流过每个二极管电流的平均值为

$$I_D = \frac{1}{3} I_O$$

每个二极管承受的最高反向电压为

$$U_{DRM} = \sqrt{3} \times \sqrt{2} U = \sqrt{6} U$$

学习单元 3
滤波电路和稳压电路

2 学时

电子多媒体教室

1. 掌握滤波电路工作原理及主要参数计算
2. 掌握稳压二极管伏安特性曲线及稳压电路工作原理

1. 滤波电路
2. 稳压二极管
3. 稳压电路

一、滤波电路

整流电路虽然可将交流电变成直流电,但其脉动成分较大,在一些要求直流电平滑的场合是不适用的,故整流输出的电压必须采取一定的措施,一方面尽量降低输出电压中的脉动成分;另一方面尽量保存输出电压中的直流成分,使输出电压接近于较理想的直流电源的输出电压。这一措施就是滤波。最基本的滤波元件是电感、电容。其滤波原理是:利用这些电抗元件在整流二极管导通期间储存能量,在截止期间释放能量的作用,使输出电压变得比较平滑;或从另一角度来看,电容、电感对交、直流成分反映出来的阻抗不同,把它们合理地安排在电路中,即可达到降低交流成分而保留直流成分的目的,体现出滤波作用。图 7-16 所示为滤波电路。

滤波电路的工作工程为:假设电路接通时恰恰在 u_2 由负到正过零的时刻,这时二极管 VD 开始导通,电源 u_2 在向负载 R_L 供电的同时又对电容 C 充电。如果忽略二极管正向压降，电容电压 u_C 紧随输入电压 u_2 按正弦规律上升至 u_2 的最大值。然后 u_2 继续按正弦规律下降，且 $u_2 < u_C$ 时，二极管 VD 截止，而电容 C 则对负载电阻 R_L 按指数规律放电。u_C 降至 u_2 大于 u_C 时，二极管又导通，电容 C 再次充电……。这样循环下去，u_2 周期性变化，电容 C 周而复始地进行充电和放电，使输出电压脉动减小。电容 C 放电的快慢取决于时间常数 $\tau = R_L C$ 的大小，时间常数越大，电容 C 放电越慢，输出电压 u_o 就越平坦，平均值也就越高。

单相桥式整流电容滤波电路的输出特性曲线如图 7–17 所示。从图中可见，电容滤波电路的输出电压在负载变化时波动较大，说明它的带负载能力较差，只适用于负载较轻且变化不大的场合。

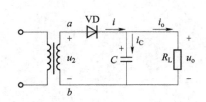

图 7–16　滤波电路

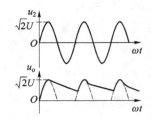

图 7–17　滤波电路波形

一般常用以下经验公式估算电容滤波时的输出电压平均值。

半波时，有

$$U_O = U_2$$

全波时，有

$$U_O = 1.2 U_2$$

为了获得较平滑的输出电压，一般要求 $R_L \geqslant (10 \sim 15) \dfrac{1}{\omega C}$，即

$$\tau = R_L C \geqslant (3 \sim 5) \dfrac{T}{2}$$

式中：T 为交流电压的周期。

滤波电容 C 一般选择体积小、容量大的电解电容器。应注意，普通电解电容器有正、负极性，使用时正极必须接高电位端，如果接反会造成电解电容器的损坏。另外，加入滤波电容以后，二极管导通时间缩短，且在短时间内承受较大的冲击电流 $i_C + i_o$，为了保证二极管的安全，选管时应放宽余量。

单相半波整流、电容滤波电路中，二极管承受的反向电压为 $u_{DR} = u_C + u_2$，当负载开路时，承受的反向电压最高为 $U_{RM} = 2\sqrt{2} U_2$。

二、稳压二极管

有一种二极管，它的正向特性与普通二极管相同，而反向特性却比较特殊：当反向电压加到一定程度时，虽然二极管呈现击穿状态，通过较大电流，却不损毁，并且这种现象的重复性很好；只要二极管处在反向击穿状态，尽管流过二极管的电流变化很大，而二极管两端

的电压却变化极小，起到稳压作用。这种特殊的二极管叫稳压二极管，简称稳压管。稳压管的稳压特性可用图7-18所示的伏安特性曲线清楚地表示出来。

稳压管的主要参数如下：

(1) 稳定电压U_Z。U_Z是PN结的击穿电压，它随工作电流和温度的不同而略有变化。对于同一型号的稳压管来说，稳压值有一定的离散性。

(2) 稳定电流I_Z。稳压管工作时的参考电流值。它通常有一定的范围，即$I_{ZK} \sim I_{ZM}$。

(3) 动态电阻r。它是稳压管两端电压变化与电流变化的比值，即$r = \dfrac{\Delta U_Z}{\Delta I_Z}$，如图7-18所示，即这个数值随工作电流的不同而改变。通常工作电流越大，动态电阻越小，稳压性能越好。

(4) 额定功耗P_Z。工作电流越大，动态电阻越小，稳压性能越好，但是最大工作电流受到额定功耗P_Z的限制，超过P_Z将会使稳压管损坏。

选择稳压管时应注意：流过稳压管的电流I_Z不能过大，应使$I_Z \leqslant I_{ZM}$；否则会超过稳压管的允许功耗，I_Z也不能太小，应使$I_Z \geqslant I_{ZK}$；否则不能稳定输出电压，这样使输入电压和负载电流的变化范围都受到一定限制。

三、稳压电路

将不稳定的直流电压变换成稳定且可调的直流电压的电路称为直流稳压电路。直流稳压电路按调整器件的工作状态可分为线性稳压电路和开关稳压电路两大类。前者使用起来简单易行，但转换效率低，体积大；后者体积小，转换效率高，但控制电路较复杂。随着自关断电力电子器件和电力集成电路的迅速发展，开关电源已得到越来越广泛的应用。

现以并联型稳压电路为例说明其原理。如图7-19所示，输入电压U_i波动时会引起输出电压U_o波动。如U_i升高将引起U_o随之升高，导致稳压管的电流I_Z急剧增加，使得电阻R上的电流I和电压U_R迅速增大。由于负载与稳压管并联，从而使U_o基本上保持不变；反之，当U_i减小时，U_R相应减小，仍可保持U_o基本不变。当负载电流I_o发生变化引起输出电压U_o发生变化时，同样会引起I_Z的相应变化，使得U_o保持基本稳定。如当I_o增大时，I和U_R均会随之增大，使得U_o下降，这将导致I_Z急剧减小，使I仍维持原有数值保持U_R不变，使得U_o得到稳定。

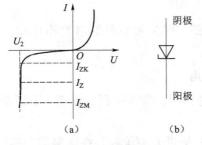

图7-18 稳压管伏安特性曲线及符号

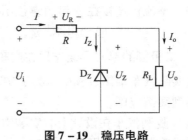

图7-19 稳压电路

四、半导体二极管在汽车上的应用

二极管在汽车电器及汽车电子电路中的主要应用有整流及保护作用。

1. 二极管的整流作用在汽车电器上的应用

二极管的单向导电作用广泛应用于整流设备,如常用的直流电源就是利用二极管的整流作用将交流电转换为直流电。在汽车上,发电机输出三相交流电,而汽车用的供电系统为直流电,因此就要借助二极管的整流作用实现。

整流器的功用是将三相交流电变为直流电,由 6 只、8 只、9 只或 11 只硅二极管分别焊装在两块极板(整流板)上组成。整流管分为正极管和负极管两种。

(1) 外壳为正极、中心引线为负极的二极管称为负极管,管壳底上注有黑色标记;安装二极管的散热板称为整流板(也称元件板),通常用合金制成以利散热。

现代汽车用交流发电机都有两块整流板,安装 3 只负二极管的整流板(装在内侧)称为负整流板(也有个别发电机将 3 只负二极管安装在后端盖上)。

(2) 外壳为负极、中心引线为正极的二极管称为正极管,管壳底上注有红色标记;安装 3 只正二极管的整流板(装在外侧)称为正整流板,两块板绝缘地安装在一起,它与后端盖用尼龙或其他绝缘材料制成的垫片隔开且固定在后端盖上,如图 7 – 20 所示。

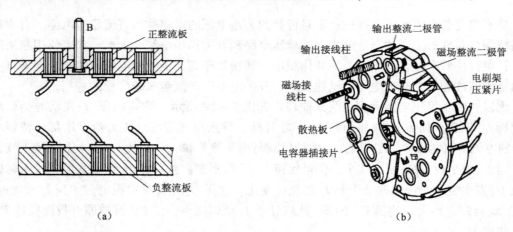

图 7 – 20 整流器
(a) 整流板;(b) 结构

与正整流板连接在一起的螺栓引至后端盖外部,作为发电机的电源输出端,并标记为"B"("+""A"或"电枢")。

2. 二极管的单向导通作用在汽车电器上的应用

在实际汽车维修过程中,为了实现单向供电的作用,常常用到二极管。下面是二极管的两个典型案例应用。

(1) 夏利汽车在设计上有安装空调的空间,并提供安装配件,在水箱前加装了冷凝器,原车的水箱散热风扇即为水箱散热,也为冷凝器散热,所以在风扇的控制上要实现以下功能:风扇受原车的温控开关控制,当水温达到 96 ℃时,温控开关控制风扇工作。在安装汽车空调后,需要实现的功能是空调打开后,无论水温高低,风扇必须工作。而当水温达到温控开关控制的温度时,来自温控开关的电流又不能影响空调系统工作。所以在控制上使用二极管的单向导电作用。只允许来自空调开关的电流进入风扇,而不允许冷却系统电流流向空调系统。

(2) 早期的汽车点火系统中的点火线圈和起动机之间有一根增强点火线。启动时,起动机内部的触点接通,增强点火线通电,提供给点火系统,实现启动时增强点火能量,但当启动后,起动机内部触点断开,增强点火线断开与点火系统的连接。后来在维修使用中,因为起动机上不再设有增强点火线,维修中利用二极管单向导电作用设计增强点火线。

任务工单7

工作任务	单相整流滤波电路					
姓名		学号		班级		日期

1. 实训目的

熟悉单相整流滤波电路的构成与测试方法。

2. 实训仪器

(1) 示波器1台;
(2) 数字万用表1只;
(3) 实训电路板1块。

3. 实训电路 (见图7-21)

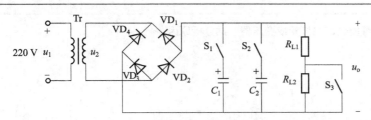

Tr: 220 V/12 V (5 V · A)
$VD_1 \sim VD_4$: 2CZ53A×4
$C_1 = 47\ \mu F/25\ V$
$C_2 = 1\ 000\ \mu F/25\ V$
$R_{L1} = 200\ \Omega$
$R_{L2} = 1\ k\Omega$

图7-21 桥式整流电容滤波电路

4. 实训数据 (见表7-1)

表7-1 数据记录

电源电压	二极管两端电压								整流输出电压	滤波电压
	VD_1		VD_2		VD_3		VD_4			
	正向	反向	正向	反向	正向	反向	正向	反向		

续表

5. 分析
在图 7-22 ~ 图 7-24 中分别画出电源电压波形、整流输出电压波形、电容滤波后的电压波形。 图 7-22　电源电压波形　　　图 7-23　整流输出电压波形 图 7-24　电容滤波后的电压波形
（1）为什么某个二极管接反可能烧坏二极管或变压器？试分析原因。   （2）RC 滤波电路的工作原理是什么？
6. 评估
   教师签字：

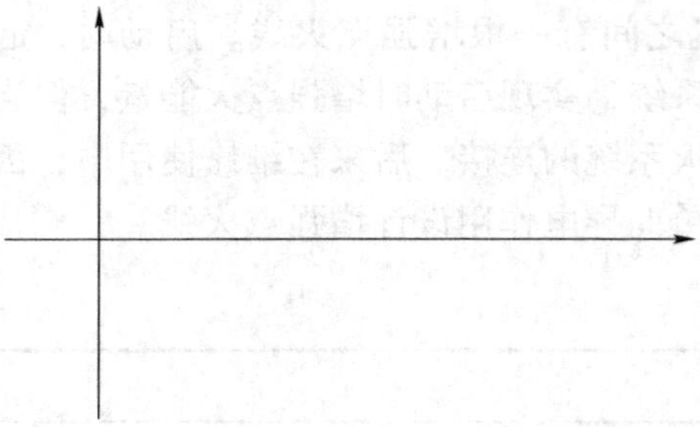

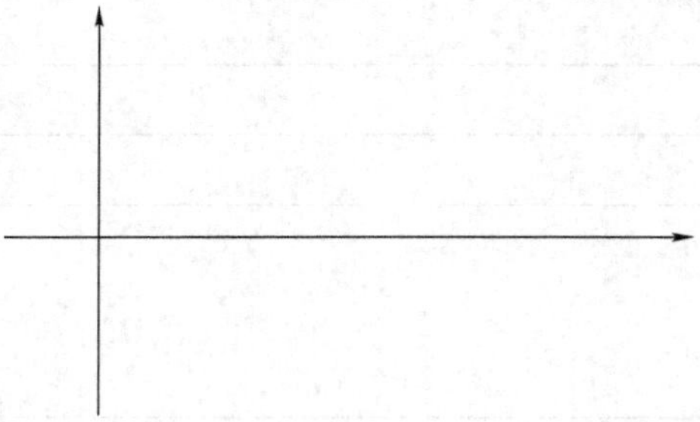

一、选择题

1. 单相桥式整流电路如图 7-25 所示,已知 $U_2=10$ V,则 $U_o=$ (　　) V。
   A. 9　　　　　B. 4.5　　　　　C. 10　　　　　D. 15

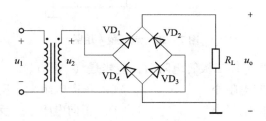

图 7-25　选择题 1 用图

2. 电路如图 7-26 所示,已知 $u_2=20\sin\omega t$ V,若二极管 VD_1 和 VD_4 极性都接反,此时 (　　)。

   A. 电路无输出
   B. 二极管 VD_2 和变压器副边线圈可能烧毁
   C. 二极管 VD_1、VD_2 和变压器副边线圈可能烧毁
   D. 无烧毁

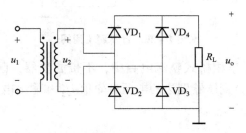

图 7-26　选择题 2 用图

3. 单相半波整流电路如图 7-27 所示,已知 $U_2=6$ V,则 $U_o=$ (　　) V。
   A. 2.7　　　　　B. 5.4　　　　　C. 6　　　　　D. 9

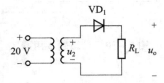

图 7-27　选择题 3 用图

4. 单相桥式整流电路如图 7-28 所示,已知 $U_2=4$ V,则 $U_o=$ (　　) V。
   A. 1.8　　　　　B. 3.6　　　　　C. 4　　　　　D. 5.4

5. 在本征半导体中掺入 3 价元素后的半导体称为 (　　)。
   A. 本征半导体　　　B. N 型半导体　　　C. P 型半导体　　　D. 纯半导体

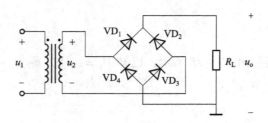

图 7-28 选择题 4 用图

6. 当用欧姆表测量半导体二极管电阻时,应当是( )。
   A. 正向电阻大,反向电阻小
   B. 正向电阻大,反向电阻大
   C. 正向电阻小,反向电阻小
   D. 正向电阻小,反向电阻大

二、计算题

1. 单相桥式整流电路如图 7-29 所示,已知变压器副边电压 $U_2 = 18$ V,求负载电压 U_o 为多少?

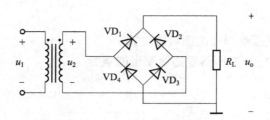

图 7-29 计算题 1 用图

2. 如图 7-30 所示,单相桥式整流电路中,不带滤波器,已知负载电阻 $R_L = 360$ Ω,负载电压 $U_o = 90$ V。试计算变压器副边的电压有效值 U_2 和输出电流的平均值,并计算二极管的电流 I_D 和最高反向电压 U_{DRM}。

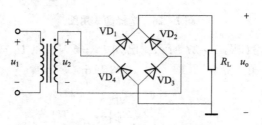

图 7-30 计算题 2 用图

学习项目八

半导体三极管和基本放大电路

　　三极管的主要用途之一就是利用其放大功能组成放大电路。在生产和科学实验中，往往要求用微弱的信号去控制较大功率的负载。例如，在自动控制机床上，需要将反映加工要求的控制信号加以放大，得到一定输出功率以推动执行元件（电磁铁、电动机、液压机构等）。就是在常见的收音机和电视机中，也是将天线收到的微弱信号放大到足以推动扬声器和显像管的程度。可见，放大电路的应用十分广泛，是电子设备中最为普遍的一种基本单元。

　　本章所介绍的是由分立元件组成的各种常用基本放大电路，将讨论它们的电路结构、工作原理、分析方法及特点应用。

学习单元 1
半导体三极管

建议学时

2 学时

教学地点

电子多媒体教室

学习目标

1. 掌握半导体三极管的放大原理及特性曲线
2. 了解半导体三极管的结构类型和主要参数

设备器材

半导体三极管

半导体三极管是最重要的一种半导体器件，三极管也即半导体三极管或晶体三极管，是一种最重要的半导体器件。它的放大作用和开关作用促使电子技术飞跃发展。本节主要介绍三极管的基本知识，有助你更深入地了解有关电子元器件方面的知识。

一、结构类型

半导体三极管是由两个相连的 PN 结构成的，在其工作过程中，两种载流子（电子和空穴）都参与导电，故又称为双极型晶体管，简称晶体管或三极管。三极管有 3 个区：发射区——发射载流子的区域；基区——载流子传输的区域；集电区——收集载流子的区域。对应地，各区引出的电极依次为基级（B）、集电极（C）、发射级（E）。发射区和基区在两区交界处形成发射结；集电区和基区在两区交界处形成集电结。根据半导体各区 PN 类型的不同，三极管可以分为 NPN 型和 PNP 型两种类型，如图 8－1 所示。

目前 NPN 型管多数为硅管，PNP 型管多数为锗管。因硅 NPN 型三极管应用最为广泛，故后续章节中主要以硅 NPN 型三极管为例来分析三极管及其放大电路的工作原理。

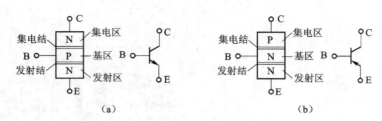

图 8-1 三极管的结构类型
(a) NPN 型；(b) PNP 型

二、放大原理

三极管是一种电流放大器件，实际上是利用基极电流的微小变化去控制集电极电流的巨大变化，但这种放大作用需要满足一定的条件才能实现。

三极管产生放大作用的内部条件如下。

①发射区掺杂浓度远大于基区的掺杂浓度，以便于有足够的载流子供"发射"。

②基区很薄，掺杂浓度很低，以减少载流子在基区的复合机会，这是三极管具有放大作用的关键所在。

③集电区比发射区体积大且掺杂少，以利于收集载流子。

由此可见，三极管并非两个 PN 结的简单组合，不能用两个二极管来代替；在放大电路中也不可将发射极和集电极对调使用。

三极管产生放大作用的外部条件是发射结加正向电压，集电结加反向电压，即发射结正偏，集电结反偏。

当三极管具备了发射结正偏、集电结反偏外部条件后就可以实现放大作用。三极管的放大作用，主要是依靠它的发射极电流能够通过基区传输，然后到达集电极而实现的。在正向电压的作用下，发射区的多子（电子）不断向基区扩散，并不断地由电源得到补充，形成发射极电流 I_E。基区多子（空穴）也要向发射区扩散，由于其数量很小，可忽略。到达基区的电子继续向集电结方向扩散，在扩散过程中，少部分电子与基区的空穴复合，形成基极电流 I_B。由于基区很薄且掺杂浓度低，因而绝大多数电子都能扩散到集电结边缘。由于集电结反偏，这些电子全部漂移过集电结，形成集电极电流 I_C，如图 8-2 所示。

从三极管上述的工作过程可知，$I_E = I_B + I_C$。另外，从发射区扩散到基区的电子中只有很少一部分在基区复合，绝大多数到达集电区，因此 I_C 要比 I_B 大得多，且当改变电阻 R_B 的值使得基极电流 I_B 有个微小变化时，都会引起集电极电流 I_C 发生很大变化。设电流放大系数 $\bar{\beta}$ 为直流电压输入条件下集电极电流 I_C 与基级电流 I_B 的比值，即

$$\bar{\beta} = \frac{I_C}{I_B}$$

有关电流放大系数 $\bar{\beta}$ 的相关知识会在三极管主要参数中作详细介绍。

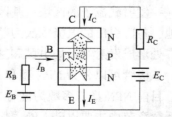

图 8-2 三极管载流子运动示意图

三、特性曲线

三极管的 3 个极在放大电路连接中必有一个极是共用的,若共用极为基极,则称为共基极放大电路;共用极为发射极则称为共发射极放大电路;共用极为集电极则称为共集电极放大电路。由于共发射极放大电路应用最为普遍,故本章节中均以共发射极放大电路讲解说明。

三极管的特性曲线是用来表示该三极管各极电压和电流之间相互关系的,它反映出三极管的性能,是分析放大电路的重要依据。下面用实验的方法对三极管的特性曲线进行测绘,实验电路如图 8-3 所示（三极管型号为 NPN 型 3DG100）。

输入特性曲线是指当集-射极电压 U_{CE} 为常数时,输入回路（基极电路）中基极电流 I_B 与基-射极电压 U_{BE} 之间的关系曲线,即 $I_B = f(U_{BE})$,其特性曲线如图 8-4 所示。

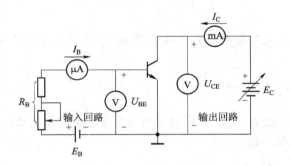

图 8-3　三极管特性试验电路

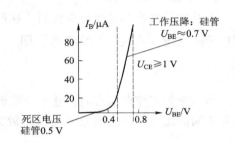

图 8-4　三极管输入特性曲线

当集-射极电压 $U_{CE}<1$ 时,对硅管而言,当 U_{CE} 超过 1 V 时,集电结已经达到足够反偏,可以把从发射区扩散到基区的电子中的绝大部分拉入集电区。如果此时再增大 U_{CE},只要 U_{BE} 保持不变（从发射区发射到基区的电子数就一定）,I_B 也就基本不变。就是说,当 U_{CE} 超过 1 V 后的输入特性曲线基本上是重合的。

由图 8-4 可见,和二极管的伏安特性一样,三极管的输入特性也有一段死区,只有当 U_{BE} 大于死区电压时,三极管才会出现基极电流 I_B。通常硅管的死区电压约为 0.5 V,锗管约为 0.1 V。在正常工作情况下,NPN 型硅管的发射结电压 U_{BE} 为 0.6~0.7 V,PNP 型锗管的发射结电压 U_{BE} 为 -0.2~-0.3 V。

三极管的输出特性曲线是指当基极电流 I_B 一定时,集电极电流 I_C 与集-射极电压 U_{CE} 之间的关系曲线。在不同的基极电流 I_B 下,可得出不同的曲线,所以三极管的输出特性是一组曲线,如图 8-5 所示。

通常把输出特性曲线分为 3 个工作区。

1) 放大区

在放大区有 $I_C = \bar{\beta} I_B$,也称为线性区,具有恒流特性。在放大区,发射结处于正向偏置,集电结处于反向偏置,三极管工作于放大状态。

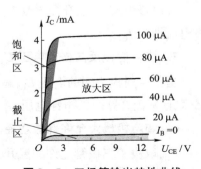

图 8-5　三极管输出特性曲线

2）截止区

$I_B \leq 0$ 以下区域为截止区，有 $I_C \approx 0$，相当于开关的关状态。在截止区发射结处于反向偏置，集电结处于反向偏置，三极管工作于截止状态。

3）饱和区

当 $I_B > 0$，$U_{BE} > 0$，$U_{CE} \leq U_{BE}$ 时，三极管处于饱和区，在饱和区 $I_C \leq \bar{\beta} I_B$，相当于开关的开。发射结处于正向偏置，集电结也处于正偏。深度饱和时，硅管 $U_{CES} \approx 0.3$ V，锗管 $U_{CES} \approx 0.1$ V。

由三极管的输出特性可知，三极管不仅具有放大作用，还具有开关作用。

四、主要参数

表示晶体管特性的数据称为三极管的参数，三极管的参数也是设计电路、选用晶体管的重要依据。主要参数有以下几个。

1. 电流放大系数 $\bar{\beta}$、β

当晶体管接成共发射极电路时，在静态时集电极电流 I_C 与基极电流 I_B 的比值称为共发射极静态电流（直流）放大系数，即

$$\bar{\beta} = \frac{I_C}{I_B}$$

当三极管工作在动态时，基极电流的变化量为 ΔI_B，它引起集电极电流的变化量为 ΔI_C。两者之间的比值为动态电流（交流）放大系数，即

$$\beta = \frac{\Delta I_C}{\Delta I_B}$$

由于在数值上 $\bar{\beta} \approx \beta$，因此在分析电路时，经常用 β 来代替 $\bar{\beta}$。

2. 集 – 基极反向截止电流 I_{CBO}

I_{CBO} 是由少数载流子的漂移运动所形成的电流，受温度的影响大。温度升高，I_{CBO} 增大。

3. 集 – 射极反向截止电流（穿透电流）I_{CEO}

I_{CEO} 受温度的影响大。温度升高，I_{CEO} 增大，所以 I_C 也相应增加，三极管的温度特性较差。

4. 集电极最大允许电流 I_{CM}

集电极电流 I_C 上升会导致三极管的 β 值的下降，当 β 值下降到正常值的 2/3 时的集电极电流即为 I_{CM}。

5. 集 – 射极反向击穿电压 $U_{(BR)CEO}$

当集 – 射极之间的电压 U_{CE} 超过一定数值时，三极管就会被击穿。手册上给出的数值是 25 ℃ 且基极开路时的击穿电压 $U_{(BR)CEO}$。

6. 集电极最大允许耗散功耗 P_{CM}

P_{CM} 取决于三极管允许的温升，消耗功率过大、温升过高都会烧坏三极管。硅管允许结温约为 150 ℃，锗管为 70 ℃ ~ 90 ℃。

五、半导体三极管在汽车上的应用

在汽车电子电路中主要应用三极管的开关作用。ECU 通过控制三极管的基极，控制三极管截止或者饱和导通实现对某个执行元件的控制。现实中，现在 ECU 内主要采用高度集成的控制芯片，早已没有单个三极管，但是上述控制原理还是用三极管表达出来的，因此我们应理解它内部的控制。

三极管在汽车电子电器控制中的应用主要是利用三极管的导通和截止实现对电气设备的控制，下面列举三极管在汽车电子电器控制中的典型应用。

1. 三极管在电磁线圈控制中的应用

汽车上的电控部件的执行元件，主要是电磁线圈，如发电机转子线圈、发动机喷油器、怠速控制阀、废气再循环阀、继电器、自动变速器电磁阀、ABS 系统电磁阀等，主要的控制方式是利用 NPN 三极管实现对电磁线圈的搭铁控制。

2. 三极管对电磁线圈通电电流的控制

在汽车电子电器的控制中，需要控制某些部件的通电电流，如自动变速器的油压电磁阀、废气再循环阀等，许多人认为是利用三极管的放大作用实现，即利用电子芯片控制三极管的基极电流，由基极控制集电极通电电流。但是实际应用中，则使用一种占空比的控制方式，电子芯片输出的是数字脉冲信号，控制三极管的基极，三极管快速导通和截止，导通占的时间比例越大，三极管集电极控制的电磁线圈的通电电流越大。

3. 三极管构成的多谐振荡器在汽车中的应用

在汽车电子中，需要产生多谐振荡信号用于控制器件和发出声音，如汽车三极管闪光器、无触点三极管电喇叭、刮水器间歇控制、电动汽油泵驱动等电路。多谐振荡器就是由三极管放大电路和三极管集电极输出信号反传给三极管基极的正反馈电路组成的。

任务工单 8 – 1

工作任务	万用表的使用及二极管、三极管的测试					
姓名		学号		班级		日期

1. 实训目的

（1）掌握电子线路实训中万用表的一般使用方法。
（2）巩固所学二极管、三极管的特性知识。
（3）掌握二极管、三极管极性和好坏的判别方法。

2. 实训仪器

（1）电子实训台；
（2）指针式万用表和数字式万用表各一只；
（3）3DG6 1 只、3AX21 各 1 只（准备 NPN 和 PNP 小功率三极管各一只，坏三极管一只，供测量和判断用）；
（4）二极管 2AP9、2CP10 各 1 只。

3. 实训电路（见图 8-6）

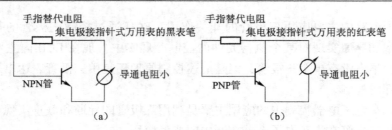

图 8-6 三极管及其测量电路

（a）发射极接指针式万用表的红表笔；（b）发射极接指针式万用表的黑表笔

4. 实训数据（见表 8-1、表 8-2）

表 8-1　利用万用表测试二极管的记录

电阻挡位	二极管正向电阻	二极管反向电阻
指针式万用表 1 kΩ 挡		
指针式万用表 100 Ω 挡		
数字式万用表 200 kΩ 挡		
数字式万用表 20 MΩ 挡		

表 8-2　利用万用表测试三极管的记录

电阻挡位	型号	管型	BE 电阻	BC 电阻	CE 电阻
指针式万用表 100 Ω 挡					
指针式万用表 1 kΩ 挡					
数字式万用表 200 kΩ 挡					
数字式万用表 20 MΩ 挡					

5. 分析

（1）为什么用万用电表不同电阻挡测量二极管正向电阻时，其阻值相差很大，而指针位置很接近，这是由二极管的什么特性决定的？这个电阻就是二极管的正向导通电阻吗？为什么？

(2) 如果万用电表没有 β (h_{FE}) 挡，只有一只 100 kΩ 电阻，你能用万用表的电阻挡来区分三极管的集电极和发射极吗？画出简单电路，并说明原理。

(3) 能用万用电表的交流电压挡取代晶体管毫伏表测量低频信号发生器的输出电压吗？用示波器是否可以代替晶体管毫伏表进行上述测量？其缺点是什么？

6. 评估

教师签字：

学习单元 2
共发射极放大电路

4 学时

电子多媒体教室

1. 了解共发射极放大电路
2. 掌握放大电路直流通路画法以及静态分析
3. 掌握共发射极放大电路的微变等效电路及动态分析

共发射极放大电路

一、共发射极交流放大电路

把微弱的电信号（电压、电流和功率）放大到所需的量级，称为放大器。放大的实质是用较小的信号去控制较大的信号。现以共发射极基本放大电路的组成及工作原理说明三极管单管放大电路。

图 8-7 所示为共发射极交流放大电路，共发射极交流放大电路由三极管、直流电源、电阻和电容等元器件组成。u_i 为输入信号电压（输入端接交流信号源，通常可用一个电动势 U_s 与电阻 R_s 组成的电压源等效表示），u_o 为输出电压。电路中各个元件作用如下。

晶体管 VT 为放大元件，$I_C = \overline{\beta} I_B$，是整个电路的核心器件。要保证集电结反偏，发射结正偏，使晶体管工作在放大区。

集电极电源 E_C 使晶体管的发射结正偏，集电结反偏，晶体管处在放大状态，同时也是放大电路的能量来源，提供电流 I_B 和 I_C，E_C 一般在几伏到十几伏之间。

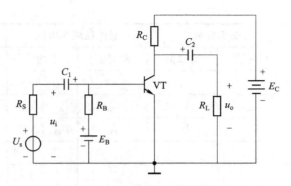

图 8-7 共发射极三极管交流放大电路

集电极负载电阻 R_C 主要是将集电极电流的变化变换为电压的变化，以实现电压放大。阻值一般为几千欧到几十千欧。

基极电源 E_B 与基极电阻 R_B 是在无信号输入时使三极管处于导通状态，并提供大小适当的基极电流，以使放大电路获得适合的工作点。R_B 一般为几十千欧到几百千欧。耦合电容 C_1、C_2 用来传递交流信号，起到耦合的作用。同时，又使放大电路和信号源及负载间直流相隔离，起隔直作用。为了减小传递信号的电压损失，C_1、C_2 应选得足够大，一般为几微法至几十微法，通常采用电解电容器。

在图 8-7 所示的电路中，实际上可以将 R_B 的一端改接到 E_C 的正极上，这样 E_B 可以省去，用 E_C 来兼管 E_B 的任务。另外，在放大电路中，通常把公共端接地，设其电位为零，作为电路中其他各点电位的参考点。同时为了简化电路的画法，习惯上常不画电源 E_C 的符号，而只在连接其正极的一端标出它对地的电压值 V_{CC} 和极性。若忽略电源 E_C 的内阻，则 $V_{CC} = E_C$。因此，通常的画法如图 8-8 所示。

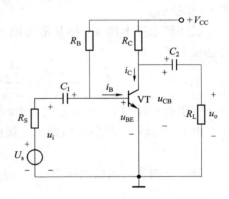

图 8-8 共发射极放大电路

二、共发射极交流放大电路的静态分析

静态是指无交流信号输入时，电路中的电流、电压都不变的状态，静态时三极管各极电流和电压值称为静态工作点。静态分析主要是确定放大电路中的静态值（直流值）I_B、I_C、U_{CE} 和 U_{BE}。由于放大电路中电压和电流的名称较多，符号不同，下面列成表 8-3 以便区别。

表 8-3 放大电路中电压、电流符号

名称	静态值	交流分量		总电压或总电流		直流电源	
		瞬时值	有效值	瞬时值	平均值	电动势	电压
基极电流	I_B	i_b	I_b	i_B	I_B (AV)		
集电极电流	I_C	i_c	I_c	i_C	I_C (AV)		

续表

名称	静态值	交流分量		总电压或总电流		直流电源	
		瞬时值	有效值	瞬时值	平均值	电动势	电压
发射极电流	I_E	i_e	I_e	i_E	I_E（AV）		
集-射极电压	U_{CE}	u_{ce}	U_{ce}	u_{CE}	U_{CE}（AV）		
基-射极电压	U_{BE}	u_{be}	U_{be}	u_{BE}	U_{BE}（AV）		
集电极电源						E_C	V_{CC}
基极电源						E_B	V_{BB}
发射极电源						E_E	V_{EE}

静态工作点的分析方法有解析法（也称估算法）和图解法。现以解析法为例说明静态工作点的确定。

对于图8-8来说，由于电容具有阻直通交的作用，耦合电容可视为开路，从而通过简化可确定直流通路，如图8-9所示。

已知集电极电压 V_{CC} 和基极电阻 R_B 可以确定静态时的基极电流，即

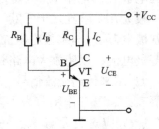

图8-9 共发射极放大电路直流通路

$$I_B = \frac{V_{CC} - U_{BE}}{R_B} \approx \frac{V_{CC}}{R_B}$$

由于对于硅管 $U_{BE} \approx 0.7$ V，相对 V_{CC} 来说很小，故可忽略不计。

由 I_B 可以计算出静态时的集电极电流，即

$$I_C = \beta I_B$$

静态时的集-射极电压为

$$U_{CE} = V_{CC} - I_C R_C$$

静态工作点的设置误差会对电路造成一定的影响，若静态工作点太低，会造成截止失真，解决办法是减小 R_B，使 I_B 增大；若静态工作点太高，会造成饱和失真，解决办法是增大 R_B，使 I_B 减小。

三、共发射极放大电路的动态分析

动态是指有交流信号输入时，电路中的电流、电压随输入信号做相应变化的状态。当放大电路有输入信号时，三极管的各个电流和电压都含有直流分量和交流分量，直流分量即为上节分析过的静态值，具体分析方法如上节。动态分析就是在确定静态值的前提下，进而确定放大电路的电压放大倍数 A_u、输入电阻 r_i 和输入电阻 r_o 等。动态分析方法有微变等效电路和图解法两种方法，这里只介绍微变等效电路法。

放大电路的微变等效电路就是将三极管线性化，等效为一个线性元件，这样就可以像处理线性电路那样来处理三极管放大电路。下面从三极管的输入特性和输出特性两方面来分析三极管的微变等效电路。

由图 8-10 所示的三极管的输入特性和输出特性曲线中可以看出是非线性的，但当输入信号很小时，在静态工作点附近的工作段可以认为是直线。当 U_{CE} 为常数时，ΔU_{BE} 与 ΔI_B 之比为三极管的输入电阻 r_{be}，即

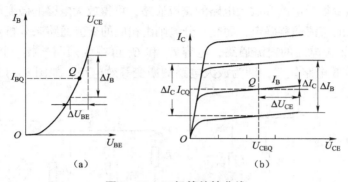

图 8-10 三极管特性曲线

(a) 三极管输入特性曲线；(b) 三极管输出特性曲线

$$r_{be} = \frac{\Delta U_{BE}}{\Delta I_B}\bigg|_{U_{CE}} = \frac{u_{be}}{i_b}\bigg|_{U_{CE}}$$

它表示三极管的输入特性。输入信号很小时，输入电阻为常数，因此三极管的输入电阻可用 r_{be} 等效代替。低频小功率晶体管的输入电阻常用以下经验公式估算，即

$$r_{be} \approx 200\,(\Omega) + (\beta+1)\frac{26\,(mV)}{I_E\,(mA)}$$

式中：I_E 为发射极电流的静态值。

三极管的输出电路可用一受控电流源 $i_c = \beta i_b$ 代替，以表示三极管的电流控制作用。当 $i_b = 0$ 时，βi_b 也不复存在，所以它是受输入电流 i_b 控制的受控电源。当三极管的基极输入电流 I_B 不变时，三极管的输出电阻可表示为

$$r_{ce} = \frac{\Delta U_{CE}}{\Delta I_C}\bigg|_{I_B} = \frac{u_{ce}}{i_c}\bigg|_{I_B}$$

图 8-11（a）所示为三极管交流通路，如果把三极管的输出电路看作电流源，r_{ce} 就是电流源的内阻，在等效电路中与受控电流源 βi_b 并联，因此可以得到图 8-11（b）所示的三极管微变等效电路。

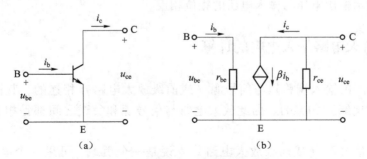

图 8-11 三极管交流通路和微变等效电路

(a) 三极管交流通路；(b) 三极管微变等效电路

四、共发射极放大电路的微变等效电路

由三极管的微变等效电路和放大电路的交流通路,可得放大电路的微变等效电路。其中静态值可由放大电路的直流通路确定,而交流分量则由相应的交流通路来分析计算。图 8-12 所示为图 8-7 交流放大电路的交流通路,电容 C_1 和 C_2 可视为短路连接。将交流通路的三极管用三极管微变等效电路代替,即为放大电路的微变等效电路,如图 8-13 所示。

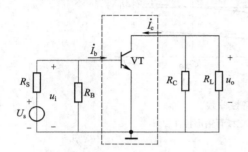

图 8-12　交流放大电路的交流通路　　　　图 8-13　放大电路的微变等效电路

五、电压放大倍数的计算

通过图 8-13 所示的交流通路微变等效电路来计算放大电路的电压放大倍数,具体如下。
输入回路电压值为

$$U_i = r_{be} I_b$$

输出回路电压值为

$$U_o = -R'_L I_c = -\beta R'_L I_b$$

其中:

$$R'_L = R_C // R_L$$

则放大电路的电压放大倍数为

$$A_u = \frac{U_o}{U_i} = -\beta \frac{R'_L}{r_{be}}$$

上式中的负号表示输出电压与输入电压的相位相反。

六、放大电路输入电阻的计算

一个放大电路的输入端总是与信号源(或前级放大电路)相连的,其输出端总是与负载(或后级放大电路)相连的。因此放大电路与信号源和负载之间都是相互联系、相互影响的。

放大电路对信号源(或前级放大电路)来说是一个负载,可用一个电阻来等效代替。这个电阻是信号源的负载电阻,也就是放大电路的输入电阻,用 r_i 来表示,即

$$r_i = \frac{U_i}{I_i} = R_B // r_{be}$$

它是对交流信号而言的一个动态电阻。一般情况下，R_B 的阻值比 r_{be} 大得多，因此，这一类放大电路的输入电阻基本上等于三极管的输入电阻，是不高的。注意：r_i 和 r_{be} 意义不同，不能混淆。在电压放大倍数 A_u 计算公式中，是 r_{be} 而不是 r_i。

七、放大电路输出电阻的计算

放大电路对于负载（或对后级放大电路）来说是一个信号源，其内阻即为放大电路的输出电阻，也就是从放大电路的输出端看进去的一个电阻，用 r_o 表示。如果放大电路的输出电阻较大（相对于信号源的内阻），当负载变化时，输出电压的变化较大，也就是放大电路带负载能力较差。因此，通常希望放大电路输出级的输出电阻低一些。

放大电路的输出电阻可在信号源短路（$U_i = 0$）和输出端开路的条件下求得。对于图 8-13 所示的微变等效电路，有

$$r_o \approx R_C$$

八、静态工作点的稳定

前面说过，放大电路应有合适的静态工作点，以保证有较好的放大效果，并且不引起非线性失真。但当温度发生变化时，将使集电极电流的静态值 I_C 发生变化，从而影响静态工作点的稳定性。如果当温度升高后偏置电流 I_B 能自动减小以限制 I_C 的增大，静态工作点就能基本稳定。

上面所讲到的放大电路的直流通路中，偏置电流为

$$I_B = \frac{V_{CC} - U_{BE}}{R_B} \approx \frac{V_{CC}}{R_B}$$

当 R_B 一定时，I_B 也就固定不变。这种电路称为固定偏置放大电路。

因此，常用图 8-14 所示的分压式偏置放大电路。其中，R_{B1} 和 R_{B2} 构成偏置电路。由图 8-14（b）所示的直流通路可列出

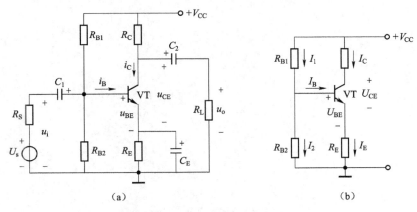

图 8-14　分压式偏置放大电路

(a) 放大电路；(b) 直流通路

$$I_1 = I_2 + I_B$$

如果令

$$I_2 \gg I_B$$

则

$$I_1 \approx I_2 \approx \frac{V_{CC}}{R_{B1} + R_{B2}}$$

基极电位为

$$V_B = R_{B2} I_2 \approx \frac{R_{B2}}{R_{B1} + R_{B2}} V_{CC}$$

从上式可以看出，V_B 与三极管的参数无关，不受温度的影响，仅受 R_{B1} 和 R_{B2} 的分压电路的影响。

引入发射极电阻 R_E 后，可以得到

$$U_{BE} = V_B - V_E = V_B - R_E I_E$$

若使

$$V_B \gg U_{BE}$$

则

$$I_C \approx I_E = \frac{V_B - U_{BE}}{R_E} \approx \frac{V_B}{R_E}$$

此时，I_C 不受温度的影响。

综上所述，分压式偏置放大电路能够稳定工作点的实质是：当温度增高而引起 I_C 增大时，发射极电阻 R_E 上的电压降就会使 U_{BE} 减小，从而使 I_B 自动减小以限制 I_C 的增大，工作点得以稳定。R_E 越大，稳定性能越好。但不能太大；否则将使发射极电位 V_E 增高，因而减小输出电压的幅值。分压式偏置放大电路当满足一定条件时，V_B 和 I_E 或 I_C 就与三极管的参数几乎无关，不受温度变化的影响，从而使静态工作点能够保持稳定。

学习单元 3
共集电极放大电路

2 学时

电子多媒体教室

1. 了解共集电极放大电路的静态分析及动态分析
2. 了解共集电极放大电路的特点及用途

共集电极放大电路

对于三极管放大电路来说,当输入端和输出端的公共端为集电极时所构成的电路,称为共集电极放大电路,此时电路的输出端为发射极端,如图 8-15 所示,其直流通路也很容易得到。对于共集电极放大电路,要注意其特点和用途。

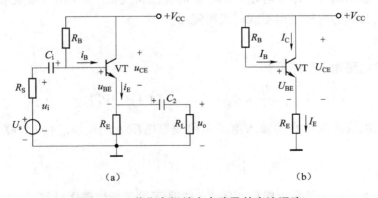

图 8-15 共集电极放大电路及其直流通路
(a) 共集电极放大电路;(b) 直流通路

一、静态分析

根据图 8-15（b）所示的直流通路，可确定静态值 I_B、I_E、U_{CE}，具体为

$$I_E = I_B + I_C = I_B + \bar{\beta}I_B = (1+\bar{\beta})I_B$$

$$I_B = \frac{V_{CC} - U_{BE}}{R_B + (1+\bar{\beta})R_E}$$

$$U_{CE} = V_{CC} - R_E I_E$$

二、动态分析

共集电极放大电路的微变等效电路如图 8-16 所示，参考微变等效电路进行动态分析。动态分析即为确定放大电路的 A_u、r_i、r_o，具体如下。

1. 电压放大倍数

输出电压为

$$U_o = R'_L I_e = (1+\beta)R'_L I_b$$

式中

$$R'_L = R_E // R_L$$

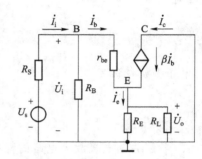

图 8-16 共集电极放大电路的微变等效电路

输入电压为

$$U_i = r_{be}I_b + R'_L I_e = r_{be}I_b + (1+\beta)R'_L I_b$$

电压放大倍数为

$$A_u = \frac{U_o}{U_i} = \frac{(1+\beta)R'_L I_b}{r_{be}I_b + (1+\beta)R'_L I_b} = \frac{(1+\beta)R'_L}{r_{be} + (1+\beta)R'_L}$$

由上式可知：

（1）由于 $r_{be} \ll (1+\beta)R'_L$，因此电压放大倍数恒小于1，接近1。

（2）输出电压和输入电压同相，具有跟随作用。由 $U_o \approx U_i$ 可知，两者同相，并且大小基本相等，因而输出端电位跟随着输入端电位的变化而变化，这就是共集电极放大电路的跟随作用，因此它又称为射极输出器或射极跟随器。

2. 输入电阻

由微变等效电路输入回路可知

$$r_i = \frac{U_i}{I_i} = R_B // [r_{be} + (1+\beta)R'_L]$$

可见，共集电极放大电路的输入电阻是由偏置电阻 R_B 和 $[r_{be} + (1+\beta)R'_L]$ 并联得到的。

3. 输出电阻

共集电极放大电路的输出电阻可用图 8-17 所示的等效电路图计算。

将信号源短路，保留其内阻 R_S，R_S 与 R_B 并联后的等效电路为 R'_S。在输出端将 R_L 去

掉，加一交流电压 U_o，产生电流 I_o，即

$$I_o = I_b + \beta I_b + I_e = \frac{U_o}{r_{be} + R'_S} + \beta \frac{U_o}{r_{be} + R'_S} + \frac{U_o}{R_E}$$

$$r_o = \frac{U_o}{I_o} = \frac{1}{\frac{1+\beta}{r_{be} + R'_S} + \frac{1}{R_E}} = \frac{R_E (r_{be} + R'_S)}{(1+\beta) R_E + (r_{be} + R'_S)}$$

通常，$(1+\beta) R_E \gg (r_{be} + R'_S)$，因此上式可简化为

$$r_o \approx \frac{r_{be} + R'_S}{1 + \beta}$$

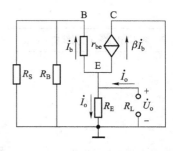

图 8-17 计算输出电阻等效电路

综上所述，共集电极放大电路的主要特点是：电压放大倍数接近于 1，输入电阻高，输出电阻低。

共集电极放大电路的应用范围十分广泛，主要由于它具有高输入电阻和低输出电阻的特点。因为输入电阻高，它常被用作多级放大电路的输入级，这对高内阻的信号源更有意义。如果信号源的内阻较高，而它接一个低输入电阻的共发射极放大电路，那么信号电压主要降在信号源本身的内阻上，分到放大电路输入端的电压就很小。又如，测量仪器里的放大电路要求有高的输入电阻，以减小仪器接入时对被测电路产生的影响，也常用射极输出器作为输入级。另外，如果放大电路的输出电阻较低，则当负载接入后或当负载增大时，输出电压的下降就较小，或者说它带负载的能力强，所以射极输出器也常用作多级放大电路的输出级。有时还将射极输出器接在两级共发射极放大电路之间，则对前级放大电路而言，它的高输入电阻对前级的影响甚小；而对后级放大电路而言，由于它的输出电阻低，正好与输入电阻低的共发射极电路配合。这就是射极输出器的阻抗变换作用。这一级射极输出器称为缓冲级或中间隔离级。

任务工单 8-2

工作任务	晶体管共射极单管放大器						
姓名		学号		班级		日期	
1. 实训目的							
(1) 学会放大器静态工作点的调试方法，定性了解静态工作点对放大器性能的影响。 (2) 掌握放大器电压放大倍数、输入电阻、输出电阻及最大不失真输出电压的测试方法。							
2. 实训仪器							
(1) +12 V 直流电源； (2) 函数信号发生器； (3) 双踪示波器（另配）； (4) 交流毫伏表； (5) 直流电压表； (6) 直流毫安表； (7) 频率计； (8) 万用电表； (9) 晶体三极管 3DG6 等。							

续表

3. 实训电路（见图 8-18）

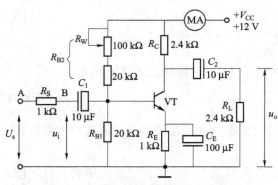

图 8-18　共射极单管放大器实验电路

4. 实训数据

（1）测量静态工作点。接通电源前，将 R_W 调至最大，放大器工作点最低，函数信号发生器输出旋钮旋至零。

接通 +12 V 电源、调节 R_W，使 $I_C = 2.0$ mA（即 $V_E = 2.0$ V），用直流电压表测量 V_B、V_E、V_C 的值，记入表 8-4 中。

（2）测量结果记录。

表 8-4　$I_C = 2.0$ mA 时测量数据记录

测量值			计算值		
V_B/V	V_E/V	V_C/V	U_{BE}/V	U_{CE}/V	$I_C \approx I_E$/mA

（3）测量电压放大倍数。在放大器输入端（B 点）加入频率为 1 kHz 的正弦信号，调节函数信号发生器的输出旋钮，使 $U_i = 5$ mV，同时用示波器观察放大器输出电压 u_o（R_L 两端）的波形，在波形不失真的条件下用交流毫伏表测量下述两种情况下的 U_o 值，并用双踪示波器观察 u_o 和 u_i 的相位关系，记入表 8-5 中。

表 8-5　$I_C = 2.0$ mA，$U_i = 5$ mV 时测量数据记录

R_C/kΩ	R_L/kΩ	U_o/V	A_u	观察记录一组 u_o 和 u_i 波形
2.4	∞			
2.4	2.4			

5. 分析

（1）能否用直流电压表直接测量晶体管的 U_{BE}？为什么实验中要采用先测 V_B、V_E 再间接算出 U_{BE}？

续表

（2）当调节偏置电阻 R_{B1}，使放大器输出波形出现饱和或截止失真时，晶体管的管压降 U_{CE} 怎样变化？

（3）改变静态工作点对放大器的输入电阻 R_i 有无影响？改变外接电阻 R_L 对输出电阻 R_o 有无影响？

6. 评估

教师签字：

任务工单 8-3

工作任务	三极管的开关电路						
姓名		学号		班级		日期	

1. 实训目的

（1）观察晶体三极管的开关波形。
（2）测量三极管各管脚电位，验证三极管截止和饱和导通的条件。

2. 实训仪器

（1）+15 V 直流电源；
（2）信号源；
（3）双踪示波器（另配）；
（4）直流数字电压表；
（5）交流毫伏表；
（6）三极管 9013 及 R、C 元件若干。

3. 实训电路（见图 8-19）	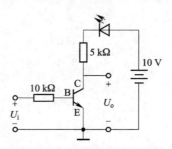 图 8-19 三极管的开关电路
4. 实训数据	

要求：正确选择元器件，按电路图所示连接好电路，电源、信号源、交流毫伏表、示波器与电路的连接必须正确。

三极管饱和导通测量：

(1) 元器件选择合理并且连线正确。
(2) 将两个直流电源开启，分别调至 10 V 和 0 V 后关闭待用。
(3) 将 10 V 电源按图 8-19 所示连接好，0 V 电源作为电路的输入信号 U_i，正确连接至电路。
(4) 开启数字万用表电源，插好表笔线，选择 20 V 直流挡。
(5) 开启两个直流电源。
(6) 将数字万用表红表笔接三极管 C 极，黑表笔接 E 极。
(7) 逐渐升高 0 V 电源电压，根据三极管 3 个管脚之间的电压 U_{ce}、U_{bc} 和 U_{be} 显示，使得三极管分别处于截止、放大和饱和状态。
(8) 记录结果（下表）后将两个电源关闭，并将连接输入端口的直流电源的导线拆除，其他导线不拆除。

测量结果记录如表 8-6 所示：

表 8-6 测量结果记录

项目	截止状态	放大状态	饱和状态
U_{be}			
U_{bc}			
U_{ce}			

测量结果规律描述：

续表

三极管开关控制波形观测： （1）将信号源调至 1 000 Hz，选择矩形波输出，将输出幅度调至 0 V，连接好输出线，并将之与电路的输入端口正确连接。 （2）开启示波器，调节扫描频率为 1 000 Hz；选择双踪模式，两通道都选择 AC 测量，测量电压的量程均为 1 V 量程，连好测量线，并将 1 通道与电路输入端口正确连接，监测输入信号 U_i；2 通道接至电路输出端口，监测电路输出信号 U_o。 （3）将交流毫伏表测量线插好后开启，选择 10 V 量程，将测量线连接至电路输入端口，监测信号源的信号电压。 （4）将 10 V 直流电源开启。 （5）逐渐升高信号源输出电压，最高不要超过 5 V。 （6）注意观察示波器屏幕图像波形的变化，直到屏幕出现两个矩形波为止。 观察并画图： 仔细观察示波器图像，并将波形画出来（注意画在同一个坐标系中）
5. 分析 （1）三极管作开关用必须满足什么条件？ （2）在什么条件下三极管由放大状态转换为饱和状态？
6. 评估 教师签字：

学习单元 4
集成运算放大电路

2 学时

电子多媒体教室

1. 掌握运算放大器在信号方面的应用
2. 了解运算放大器的结构、参数等

集成运算放大器

前边讲的是分立电路,就是由各种电子元件连接起来的电子电路,集成电路是相对分立电路而言的,就是把整个电路的各个元件及相互之间的连接同时制造在一块半导体芯片上,组成一个不可分割的整体。近年来,集成电路正在逐步取代分立元件电路,它打破了分立元件和分立电路的设计方法,实现了材料、元件和电路的统一。集成电路的问世,是电子技术一个新的飞跃,进入了微电子学时代,从而促进了各个科学技术领域先进技术的发展。

一、集成运算放大器的结构符号

集成运算放大器的电路常可分为输入级、中间级、输出级和偏置电路 4 个基本组成部分,如图 8-20 所示。

图 8-20 集成运算放大电路简图

输入级是提高运算放大器质量的关键部分，要求其输入电阻高，静态电流小，差模放大倍数高，它有同相和反相两个输入端。

中间级主要进行电压放大，要求它的电压放大倍数高，一般由共发射极放大电路构成。

输出级与负载相接，要求其输出电阻低，带负载能力强，能够输出足够大的电压和电流，一般由互补功率放大电路或射极输出器构成。

偏置电路的作用是为上述各级电路提供稳定和合适的偏置电流，决定各级的静态工作点，一般由各级恒流源电路构成。

二、主要参数

1. 开环电压放大倍数 A_{uo}

开环电压放大倍数 A_{uo} 指集成运放本身（无外加反馈回路）的差模电压放大倍数，即 $A_{uo} = \dfrac{u_o}{u_+ - u_-}$。它体现了集成运放的电压放大能力，一般在 $10^4 \sim 10^7$ 之间。A_{uo} 越大，电路越稳定，运算精度也越高。

2. 输入失调电压 U_{IO}

理想的运算放大器，当输入电压 $u_{i1} = u_{i2} = 0$（即把两个输入端同时接地）时，输出电压 $u_o = 0$。但在实际的运算放大器中，由于制造中元件参数的不对称性等原因，当输入电压为 0 时，$u_o \neq 0$；反过来说，如果要 $u_o = 0$，需要在输入端加一个很小的失调电压。失调电压 U_{IO} 一般为几毫伏。显然，它越小越好。

3. 输入失调电流 I_{IO}

输入失调电流是指当输入信号为 0 时，两个输入端静态基极电流之差，即 $I_{IO} = |I_{B1} - I_{B2}|$。失调电流 I_{IO} 一般为零点几微安，其值越小越好。

4. 输入偏置电流 I_{IB}

输入信号为 0 时，两个输入端静态基极电流的平均值，称为输入偏置电流，即 $I_{IB} = \dfrac{I_{B1} + I_{B2}}{2}$，它的大小主要和电路中第一级管子的性能有关，一般为零点几微安，其值越小越好。

5. 共模输入电压范围 U_{ICM}

运算放大器对共模信号具有抑制的功能，但这个性能是在规定的共模电压范围内才具备。超出这个电压，运算放大器的共模抑制性能就大大下降，甚至造成器件损坏。

三、理想运算放大器

在分析放大器时，一般可将它看作一个理想运算放大器，理想化的主要条件：开环电压放大倍数 $A_{uo} \to \infty$；输入电阻 $r_{id} \to \infty$；输出电阻 $r_{od} \to 0$；共模抑制比 $K_{CMRR} \to \infty$。

由于实际运算放大器的上述技术指标接近理想化的条件,因此在分析时用理想运算放大器代替实际放大器所引起的误差并不严重,在工程上是允许的,从而使得分析过程大大简化,后面对运算放大器都是根据它的理想化条件来分析的。

图 8-21 是理想运算放大器的图形符号,它有两个输入端和一个输出端。反相输入端标上"−"号,同相输入端和输出端标上"+"号,它们对地的电压(即各端的电位)分别用 u_-、u_+ 和 u_o 表示,"∞"表示开环电压放大倍数的理想化条件。

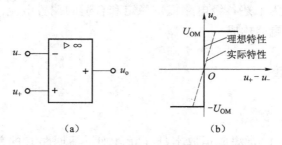

图 8-21 理想运算放大器符号和传输特性
(a) 理想运放符号; (b) 运放电压传输特性

表示输出电压与输入电压之间关系的曲线称为传输特性,从传输特性曲线上来看,可分为线性区和饱和区。运算放大器可工作在线性区,也可工作在饱和区,具体分析方法如下。

当运算放大器工作在线性区时,u_o 和 $(u_+ - u_-)$ 是线性关系,即

$$u_o = A_{uo}(u_+ - u_-)$$

运算放大器是一个线性放大元件,由于运算放大器的开环电压放大倍数 A_{uo} 很高,即使输入毫伏级以下的信号,也足以使输出电压饱和。

当运算放大器工作在线性区时,分析依据有以下两条。

① 虚断。由于运算放大器的输入电阻 $r_{id} \to \infty$,因此可以认为两个输入端的输入电流为 0。

② 虚短。由于运算放大器的开环电压放大倍数 $A_{uo} \to \infty$,而输出电压是一个有限的数值,故由上式可得

$$u_+ - u_- = \frac{u_o}{A_{uo}} = 0$$

即

$$u_+ \approx u_-$$

即理想运放两个输入端的电位相等。若信号从反相输入端输入,而同相输入端接地,则 $u_+ = u_- = 0$,即反相输入端的电位为地电位,通常称为虚短。

当运算放大器工作在饱和区时,这时输出电压 u_o 只有两种可能,或等于 $+U_{OM}$,或等于 $-U_{OM}$,u_+、u_- 不一定相等。当 $u_+ > u_-$ 时,$u_o = +U_{OM}$;当 $u_+ < u_-$ 时,$u_o = -U_{OM}$。此外,运算放大器工作在饱和区时,两个输入端的输入电流也认为等于零。

四、运算放大器在信号运算方面的应用

运算放大器能完成比例、加减、微分、积分、对数与反对数等运算,本书只介绍前面

几种。

1. 比例运算

1) 反相输入

反相输入比例运算电路如图8-22（a）所示。根据运放工作在线性区的分析依据可知：$i_1 = i_f$，$u_- = u_+ = 0$。

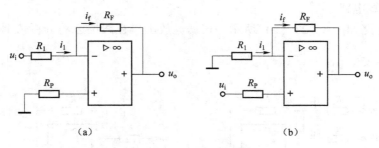

图8-22 比例运算电路
(a) 反相比例运算电路；(b) 同相比例运算电路

而

$$i_1 = \frac{u_i - u_-}{R_1} = \frac{u_i}{R_1}$$

$$i_f = \frac{u_- - u_o}{R_F} = -\frac{u_o}{R_F}$$

由此可得

$$u_o = -\frac{R_F}{R_1}u_i$$

式中的负号表示输出电压与输入电压的相位相反。

闭环电压放大倍数为

$$A_{uf} = \frac{u_o}{u_i} = -\frac{R_F}{R_1}$$

当 $R_F = R_1$ 时，$u_o = -u_i$，即 $A_{uf} = -1$，该电路就成了反相器。

2) 同相输入

同相输入比例运算电路如图8-20（b）所示。根据运放工作在线性区的分析依据可知：$i_1 = i_f$，$u_- = u_+ = u_i$。

而

$$i_1 = \frac{0 - u_-}{R_1} = -\frac{u_i}{R_1}, \quad i_f = \frac{u_- - u_o}{R_F} = \frac{u_i - u_o}{R_F}$$

由此可得

$$u_o = \left(1 + \frac{R_F}{R_1}\right)u_i$$

输出电压与输入电压的相位相同。

同反相输入比例运算电路一样，为了提高差动电路的对称性，平衡电阻 $R_P = R_1 \mathbin{/\mkern-6mu/} R_F$。闭环电压放大倍数为

$$A_{uf} = \frac{u_o}{u_i} = 1 + \frac{R_F}{R_1}$$

可见，同相比例运算电路的闭环电压放大倍数必定不小于 1。当 $R_F = 0$ 或 $R_1 = \infty$ 时，$u_o = u_i$，即 $A_{uf} = 1$，这时输出电压跟随输入电压作相同的变化，称为电压跟随器。

2. 加法和减法运算电路

1）加法运算电路

加法运算电路如图 8-23（a）所示。根据运放工作在线性区的分析依据可知：$i_f = i_1 + i_2$，$i_1 = \frac{u_{i1}}{R_1}$，$i_2 = \frac{u_{i2}}{R_2}$，$i_f = -\frac{u_o}{R_F}$；

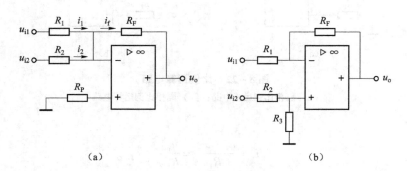

图 8-23 加、减法运算电路
（a）加法运算电路；（b）减法运算电路

由此可得

$$u_o = -\left(\frac{R_F}{R_1}u_{i1} + \frac{R_F}{R_2}u_{i2}\right)$$

若 $R_1 = R_2 = R_F$，则

$$u_o = -(u_{i1} + u_{i2})$$

可见，输出电压与两个输入电压之间是一种反相输入加法运算关系。这一运算关系可推广到有更多个信号输入的情况。平衡电阻 $R_P = R_1 /\!/ R_2 /\!/ R_F$。

2）减法运算电路

减法运算电路如图 8-23（b）所示。u_{i1} 单独作用时为反相输入比例运算电路，其输出电压为

$$u_o' = -\frac{R_F}{R_1}u_{i1}$$

u_{i2} 单独作用时为同相输入比例运算，其输出电压为

$$u_o'' = \left(1 + \frac{R_F}{R_1}\right)\frac{R_3}{R_2 + R_3}u_{i2}$$

u_{i1} 和 u_{i2} 共同作用时，输出电压

$$u_o = u_o' + u_o'' = -\frac{R_F}{R_1}u_{i1} + \left(1 + \frac{R_F}{R_1}\right)\frac{R_3}{R_2 + R_3}u_{i2}$$

若 $R_3 = \infty$（断开），则

$$u_o = -\frac{R_F}{R_1}u_{i1} + \left(1 + \frac{R_F}{R_1}\right)u_{i2}$$

若 $R_1 = R_2$，且 $R_3 = R_F$，则

$$u_o = \frac{R_F}{R_1}(u_{i2} - u_{i1})$$

若 $R_1 = R_2 = R_3 = R_F$，则

$$u_o = u_{i2} - u_{i1}$$

由此可见，输出电压与两个输入电压之差成正比，实现了减法运算。该电路又称为差动输入运算电路或差动放大电路。

3．积分和微分运算电路

1）积分运算电路

积分运算电路如图 8 – 24（a）所示。由于反相输入端虚短，且 $i_+ = i_-$，由图可得

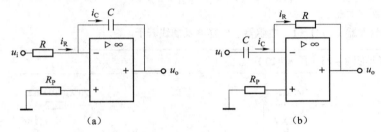

图 8 – 24 积分和微分运算电路
(a) 积分运算电路；(b) 微分运算电路

$$i_R = i_C$$

$$i_R = \frac{u_i}{R}, \quad i_C = C\frac{du_C}{dt} = -C\frac{du_o}{dt}$$

由此可得

$$u_o = -\frac{1}{RC}\int u_i dt$$

输出电压与输入电压对时间的积分成正比。

若 u_i 为恒定电压 U，则输出电压 u_o 为

$$u_o = -\frac{U}{RC}t$$

2）微分运算电路

微分运算电路如图 8 – 24（b）所示。由于反相输入端虚短，且 $i_+ = i_-$，由图可得

$$i_R = i_C$$

$$i_R = -\frac{u_o}{R}, \quad i_C = C\frac{du_C}{dt} = C\frac{du_i}{dt}$$

由此可得

$$u_o = -RC\frac{du_i}{dt}$$

输出电压与输入电压对时间的微分成正比。

任务工单 8-4 集成运算放大电路

工作任务	集成运算放大电路					
姓名		学号		班级		日期

1. 实训目的

(1) 掌握其特点、性能、输入特性。
(2) 学习运算放大器的使用方法。

2. 实训仪器

(1) ±12 V 直流电源;
(2) 函数信号发生器;
(3) 交流毫伏表;
(4) 直流电压表;
(5) 双踪示波器 (另配);
(6) 集成运算放大器 μA741×1、电阻器、电容器及插线若干。

3. 实训电路（见图 8-25 ~ 图 8-27）

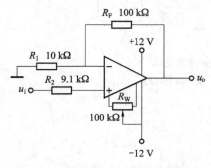

图 8-25 同相比例运算放大器

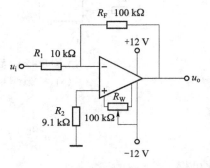

图 8-26 反相比例运算放大器

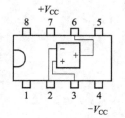

2为反相输入端;
3为同相输入端;
4为负电源端;
7为正电源端;
6为输出端;
1和5为外接调零电位器的两个端子;
8为空脚。

图 8-27 μA741 的管脚图

4. 实训数据（见表 8-7、表 8-8）

表 8-7 同相比例运算放大器（$U_i = 0.5$ V，$f = 100$ Hz）

U_i/V	U_o/V	u_i 波形	u_o 波形	A_u	
				实测值	计算值

续表

表 8–8 反相比例运算放大器（$U_i = 0.5$ V，$f = 100$ Hz）

U_i/V	U_o/V	u_i 波形	u_o 波形	A_u	
				实测值	计算值

5. 计算（电路见图 8–28）

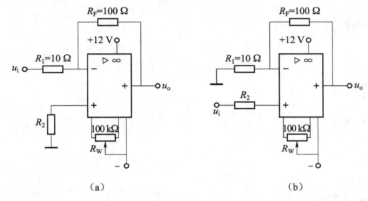

图 8–28 比例运算电路

(a) 反相比例运算电路；(b) 同相比例运算电路

6. 分析

(1) 为了不损坏集成块，实训中应注意什么问题？

(2) 做运算电路实训时，是否需要调零（即 $U_i = 0$ 时，$U_o = 0$）？不调零对电路有什么影响？

7. 评估

教师签字：

学习单元 5
反馈在放大电路中的应用

2 学时

电子多媒体教室

掌握正负反馈的判别方法

电子实验台

一、负反馈与正反馈的判别方法

反馈是将放大电路输出信号（电压或电流）的一部分或全部，通过某种电路（反馈电路）送回到输入回路，从而影响输入信号的过程。

图 8-29（a）是不带反馈的电路，输入信号 x_i 直接加到它的输入端，是开环的；而图 8-29（b）是有反馈的电路图，是闭环的，它含有两个部分：一个是基本放大电路 A，它可以是单级或者多级的；一个是反馈电路 F，它是联系放大电路的输出电路和输入电路的环节，多数是由电阻元件组成的。

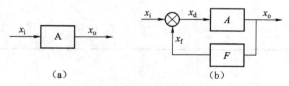

图 8-29 电子电路框图
（a）无反馈；（b）有反馈

在图 8-29 中，用 x 表示信号，它既可以表示电压也可以表示电流。信号的传递方向如图中箭头指向所示，x_i、x_o 和 x_f 分别为输入、输出和反馈信号。x_f 和 x_i 在输入端比较（⊗是比较环节的符号），得出净输入信号 x_d。

判断有无反馈，首先看在放大电路中输出端和输入端有无电路连接，如果有电路连接，就有反馈；否则就没有反馈。判断图 8-30 中有无反馈：

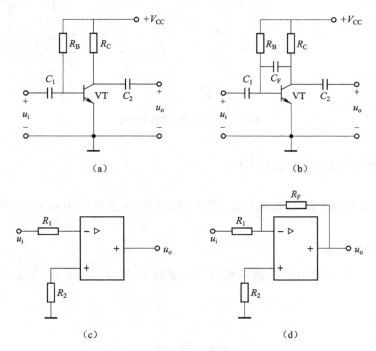

图 8-30 有无反馈判断

（a）单级无反馈放大电路；（b）单级有反馈放大电路；（c）集成运放无反馈放大电路；（d）集成运放有反馈放大电路

若引回的反馈信号与输入信号比较使净输入信号减小，因而输出信号也减小，则称这种反馈为负反馈。若反馈信号使净输入信号增大，因而输出信号也增大，则称这种反馈为正反馈。可见，电路中引入负反馈后，其放大倍数要降低；反之，电路中引入正反馈后，其放大倍数会升高。

判别电路中负反馈与正反馈的基本方法是瞬时极性法。设接"地"参考点的电位为零，电路中某点在某瞬时的电位高于零电位者，则该点电位的瞬时极性为正（用⊕表示）；反之为负（用⊖表示）。

图 8-31（a）是同相比例运算电路，R_F 为反馈电阻，跨接在输出端与反相输入端之间。设某一瞬时输入电压 u_i 为正，则同相输入端电位的瞬时极性为⊕，输出端电位的瞬时极性也为⊕，输出电压 u_o 经 R_F 和 R_1 分压后在 R_1 上得出反馈电压 u_f（根据图中的参考方向应是正值），由于集成运算放大器的净输入电压等于输入电压 u_i 与反馈电压 u_f 之差，即 $u_d = u_i - u_f$，它减小了净输入电压，故为负反馈。或者说，输出端电位的瞬时极性为正，通过反馈提高了反相输入端的电位，从而减小了净输入电压。

对于图 8-31（b）来说，设 u_i 为正，反相输入端电位的瞬时极性为⊕，输出端电位的瞬时极性为⊖。u_o 经 R_F 和 R_2 分压后在 R_2 上得出反馈电压 u_f（图中 u_f 应为正值）。显然，

u_f 使净输入电压增大了,故为正反馈。或者说,输出端电位的瞬时极性为负,通过反馈降低了同相输入端的电位,从而增大了净输入电压。

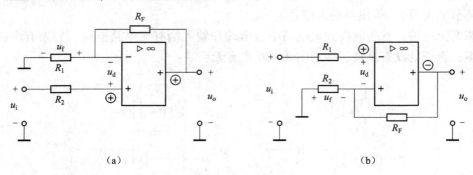

图 8-31 正负反馈的判别

二、放大电路中的负反馈

根据反馈电路与基本放大电路在输入端和输出端连接方式的不同,负反馈可分为下列 4 种类型,现分述如下。

1. 串联电压负反馈

图 8-32 (a) 所示为同相比例运算电路,如前面所述,$u_d = u_i - u_f$,故电路中引入负反馈。

反馈电压为

$$u_f = \frac{R_1}{R_F + R_1} u_o$$

取自输出电压 u_o,并与之成正比,故为电压反馈。

反馈信号与输入信号在输入端以电压的形式作比较,两者串联,故为串联反馈。因此,图 8-32 (a) 所示为引入串联电压负反馈的电路,图 8-32 (b) 所示为其原理框图。

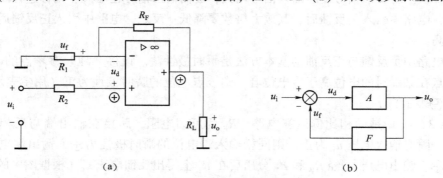

图 8-32 串联电压负反馈电路
(a) 电路;(b) 原理框图

2. 并联电压负反馈

图 8-33 (a) 是反相比例运算电路。设某一瞬时输入电压 u_i 为正,则正相输入端电位

的瞬时极性为正，输出端电位的瞬时极性为负。此时，反相输入端的电位高于输出端的电位，输入电流 i_i 和反馈电流 i_f 的实际方向即如图中所示。净输入电流 $i_d = i_i - i_f$，即 i_f 削弱了净输入电流，故为负反馈。

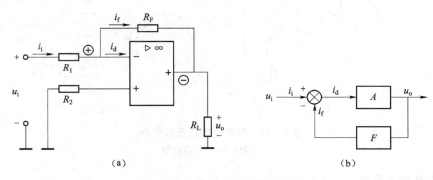

图 8-33　并联电压负反馈电路
(a) 电路；(b) 原理框图

反馈电流为

$$i_f = -\frac{u_o}{R_F}$$

取自输出电压 u_o，并与之成正比，故为电压反馈。

反馈信号与输入信号在输入端以电流的形式作比较，i_f 和 i_d 并联由 i_i 供电，故为并联反馈。

因此，图 8-33 (a) 是引入并联电压负反馈的电路，图 8-32 (b) 是其原理框图。

3. 串联电流负反馈

分析如图 8-34 (a) 所示电路，从电路结构来看，也是同相比例运算电路，故

$$u_o = \left(1 + \frac{R_L}{R}\right) u_i$$

输出电流为

$$i_o = \frac{u_o - u_-}{R_L} \approx \frac{u_o - u_i}{R_L}$$

由上列两式得出

$$i_o \approx \frac{u_i}{R}$$

可见，输出电流 i_o 与负载电阻 R_L 无关，因此图 8-34 (a) 是一同相输入恒流电路。改变电阻 R 的阻值，就可以改变 i_o 的大小。

其次分析反馈类型。参照上述的同相比例运算可知，$u_d = u_i - u_f$，电路中也引入负反馈。

反馈电压为

$$u_f = R i_o$$

取自输出电流 i_o，并与之成正比，故为电流反馈。

反馈信号与输入信号在输入端以电压的形式作比较，两者串联，故为串联反馈。

因此，图 8-34 (a) 是引入串联电流负反馈的电路，图 8-34 (b) 是其原理框图。

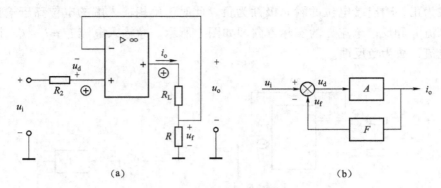

图 8 – 34　串流电流负反馈电路
(a) 电路；(b) 原理框图

4. 并联电流负反馈

首先分析图 8 – 35（a）所示的电路功能，由图可得出

$$i_i = \frac{u_i}{R_1}, \quad i_f = -\frac{u_R}{R_F}$$

设 $i_i = i_f$，则得

$$u_R = -\frac{R_F}{R_1}u_i$$

输出电流为

$$i_o = i_R - i_f = \frac{u_R}{R} - \frac{u_i}{R_1} = -\left(\frac{R_F}{R_1 R} + \frac{1}{R_1}\right)u_i$$

可见，输出电流 i_o 与负载电阻 R_L 无关，因此图 8 – 35（a）是一反相输入恒流源电路。改变电阻 R_F 或 R 的阻值，就可以改变 i_o 的大小。

其次分析反馈类型，设 u_i 为正时，反相输入端和输出端电位的瞬时极性如图所示，差值电流 $i_d = i_i - i_f$，故为负反馈。

反馈电流为

$$i_f \approx i_i = \frac{u_i}{R_1} = -\left(\frac{R}{R_F + R}\right)i_o$$

取自输出电流 i_o，并与之成正比，故为电流反馈。

反馈信号与输入信号在输入端以电流的形式作比较，i_f 和 i_d 并联由 i_i 供电，故为并联反馈。

因此，图 8 – 35（a）是引入并联电流负反馈的电路，图 8 – 35（b）是其原理框图。

综上所述，可以看出以下几点。

(1) 反馈电路直接从输出端引起的，是电压反馈；从负载电阻 R_L 的靠近地端引出的，是电流反馈。

(2) 输入信号和反馈信号分别加在两个输入端（同相和反相）上，是串联反馈，加在同一个输入端（同相和反相）上的是并联反馈。

(3) 反馈信号使净输入信号减小的，是负反馈。

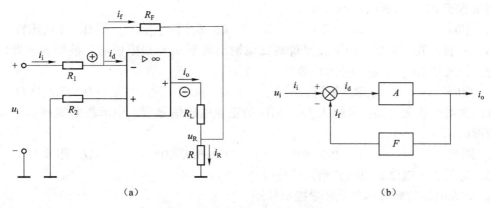

图 8–35 并联电流负反馈电路
(a) 电路；(b) 原理框图

一、选择题

1. 共射极放大电路，集电极电阻 R_C 的作用是（　　）。
   A. 放大电流
   B. 调节 I_{BQ}
   C. 调节 I_{CQ}
   D. 防止输出信号交流对地短路，把放大了的电流转换为电压

2. 共射极放大电路，基极偏置电阻 R_B 的作用是（　　）。
   A. 当 V_{CC} 一定时，通过改变 R_B 的值获得不同的基极偏流，防止输入信号对地短路
   B. 放大电流
   C. 把电流放大转换为电压放大
   D. 使晶体管发射结正偏，集电结反偏

3. 共射极放大电路，C_1 和 C_2 的作用是（　　）。
   A. 放大电流　　　B. 通交隔直　　　C. 通直隔交　　　D. 放大电压

4. 共射极放大电路中，V_{CC} 的作用是（　　）。
   A. 放大电流　　　B. 给电路提供能量　　C. 通直隔交　　　D. 放大电压

5. 共射极放大电路，VT 的作用是（　　）。
   A. 放大电流　　　B. 通交隔直　　　C. 通直隔交　　　C. 调节 I_{CQ}

6. 共射极放大电路，用直流电压表测得 $U_{CE} = V_{CC}$，有可能的原因是（　　）。
   A. R_B 开路　　　B. R_L 短路　　　C. R_C 开路　　　D. R_B 过小

7. 共射极放大电路，用直流电压表测得 $U_{CE} = 0$，有可能是因为（　　）。
   A. R_B 开路　　　B. R_L 短路　　　C. R_C 开路　　　D. R_B 过小

8. 共射极放大电路，当 $U_i = 0$ 时，用直流电压表分别测量 U_{CE} 和 U_O，设晶体管工作在线性放大区，则测得两个数值应该（　　）。
   A. 相等　　　B. 不等　　　C. 近似相等　　　D. 无法比较

9. 共射极放大电路，用示波器观察交流输出波形 u_o 和集电极电压波形 u_i，此时示波器

耦合挡位置于 AC，二者的波形应该（　　）。

　　A. 相同　　　　　　B. 不同　　　　　　C. 反相　　　　　　D. 无法比较

10. 共射极放大电路，用示波器观察交流输出波形 u_o 和集电极电压波形 u_i，此时示波器耦合挡位置于 DC，二者的波形应该（　　）。

　　A. 相同　　　　　　B. 不同　　　　　　C. 反相　　　　　　D. 无法比较

11. 共射极放大电路，若输入 $f=1\text{ kHz}$ 的正弦电压信号后，用示波器观察 u_o 和 u_i，二者的波形应该（　　）。

　　A. 同相　　　　　　B. 相差 45°　　　　C. 相差 90°　　　　D. 相差 180°

12. 有关放大电路的说法，错误的是（　　）。

A. 放大电路的放大本质是能量控制作用
B. 放大电路不一定要加直流电源，也能在输出得到较大能量
C. 放大电路输出负载上信号变化的规律由输入信号决定
D. 放大电路输出负载上得到比输入大得多的能量由直流电源提供

13. 对放大电路的要求为（　　）。

A. 只需放大倍数很大　　　　　　　　B. 只需放大交流信号
C. 放大倍数要大，且失真要小　　　　D. 适合负载

14. 放大电路的基本动态性能指标包括（　　）。

　　A. A_u、I_B、I_C　　B. I_B、I_C、U_{CE}　　C. r_i、r_o、BW　　D. A_u、r_i、r_o、BW

15. 静态工作点主要是要求出（　　）的值。

　　A. I_B、I_C、U_{CE}　　B. I_B、I_C、U_{BE}　　C. A_u、r_i、r_o　　D. A_u、r_i、r_o、BW

16. 判断一个放大电路能否正常放大，主要根据（　　）来判断。

A. 有无合适的静态工作点，三极管工作在放大区，满足 $V_C > V_B > V_E$
B. 仅交流信号是否畅通传送及放大
C. 三极管是否工作在放大区及交流信号是否畅通传送及放大
D. 负载

17. 集成运放的同相输入端的同相是指（　　）。

A. 该输入端信号与输出信号相位相差 0°
B. 该输入端信号与输出信号相位相差 90°
C. 该输入端信号与输出信号相位相差 180°
D. 该输入端信号与输出信号相位相差 270°

18. （　　）输入比例运算电路的电压放大倍数是 $-R_F/R_1$。

　　A. 同相　　　　　　B. 反相　　　　　　C. 差动　　　　　　D. 加法

19. （　　）输入比例运算电路的电压放大倍数是 $(1+R_F/R_1)$。

　　A. 同相　　　　　　B. 反相　　　　　　C. 差动　　　　　　D. 加法

20. 电路如图 8-36 所示，电路的电压放大倍数的调节范围是（　　）。

　　A. -1~0　　　　　　B. 0~1　　　　　　C. -1~1　　　　　　d. -1~2

21. 电路如图 8-37 所示，A 为理想运放，闭环放大倍数为（　　）。

　　A. 4　　　　　　　　B. -3　　　　　　　C. 3　　　　　　　　D. -4

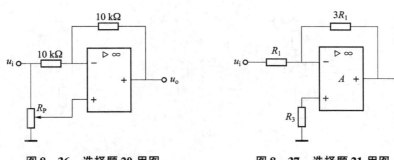

图 8－36　选择题 20 用图　　　　图 8－37　选择题 21 用图

22. 用理想运放组成的电路如图 8－38 所示，已知 $R_F=5R_1$，$u_i=10\ \text{mV}$，u_o 的值为(　　)。
A．$-50\ \text{mV}$　　　B．$50\ \text{mV}$　　　C．$100\ \text{mV}$　　　D．$-100\ \text{mV}$

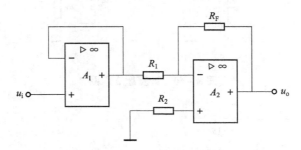

图 8－38　选择题 22 用图

二、计算题

1. 测得放大电路中 6 只晶体管的直流电位如图 8－39 所示。在圆圈中画出管子，并分别说明它们是硅管还是锗管。

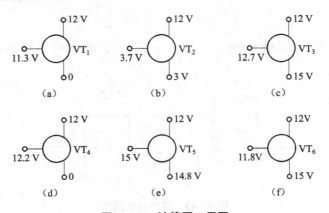

图 8－39　计算题 1 用图

2. 分别判断图 8－40 所示的各电路中晶体管是否有可能工作在放大状态。

3. 电路如图 8－41 所示，晶体管的 $\beta=80$，$r_{bb'}=100\ \Omega$。分别计算 $R_L=\infty$ 和 $R_L=3\ \text{k}\Omega$ 时的 Q 点、$\dot{A}_u$、r_i 和 r_o。

4. 电路如图 8－42 示，A 为理想运放，电路的输出电压值是多少呢？

5. 用理想运放组成的电路如图 8－43 所示，已知 $R_F=5R_1$，$u_i=10\ \text{mV}$，u_o 的值为多少？

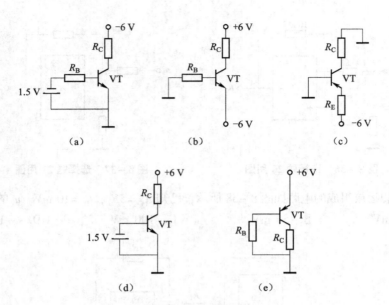

图 8-40 计算题 2 用图

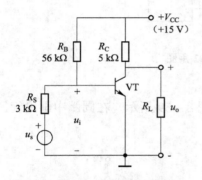

图 8-41 计算题 3 用图

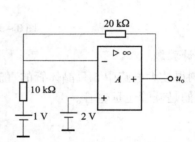

图 8-42 计算题 4 用图

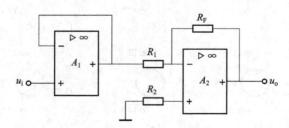

图 8-43 计算题 5 用图

学习项目九

门电路

学习单元 1

数字信号与数字电路

2 学时

电子实训教室

1. 掌握数字电路中数制和码制的概念和特点
2. 掌握二进制、八进制、十进制、十六进制及相互转换

在汽车电子控制系统中,电信号主要在传感器、ECU、执行元件之间进行传递。这些信号一部分在时间上和数值上连续,称之为模拟信号,如水温传感器;另一部分在时间上和数值上不连续,称之为数字信号,如光电式曲轴位置传感器。模拟信号和数字信号的波形如图 9-1 所示。对模拟信号进行传输、处理的电子线路称为模拟电路。对数字信号进行传输、处理的电子线路称为数字电路。

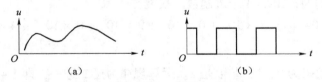

图 9-1　模拟信号和数字信号的波形
(a) 模拟信号波形；(b) 数字信号波形

数字信号只有两种状态,即高电平、低电平或者有信号、无信号。在数字电路中,通常把这两种状态用两个符号来表示,即"1"和"0",也即逻辑 1 和逻辑 0。高电平或有信号用"1"表示,低电平或无信号用"0"表示,这称为正逻辑;相反,则称为负逻辑。

 **一、数字电路的特点**

(1) 工作信号是二进制的数字信号,在时间上和数值上是离散的(不连续),反映在电

路上就是低电平和高电平两种状态,即0和1两个逻辑值。

(2) 在数字电路中,研究的主要问题是电路的逻辑功能,即输入信号的状态和输出信号的状态之间的逻辑关系。

(3) 对组成数字电路的元器件的精度要求不高,只要在工作时能够可靠地区分0和1两种状态即可。

(4) 数字电路结构简单,易于制造,便于集成化、系列化生产,成本低廉,使用方便;由数字电路组成的数字系统,工作准确可靠,精度高,保密性好,抗干扰能力强。

二、数制与编码

表示数时,仅用一位数码往往不够用,必须用进位计数的方法组成多位数码。多位数码每一位的构成以及从低位到高位的进位规则称为进位计数制,简称进位制。

进位制的基数就是在该进位制中可能用到的数码个数。

位权(位的权数)是指在某一进位制的数中,每一位的大小都对应着该位上的数码乘上一个固定的数,这个固定的数就是这一位的权数。权数是一个幂。

1. 十进制

十进制的数码有0、1、2、3、4、5、6、7、8、9等10个,基数是10。十进制用字母D来表示,通常省略。运算规律:逢十进一,即9+1=10。

任意一个十进制数都可以表示为各个数位上的数码与其对应的权的乘积之和,称权展开式。

例如,5678 十进制数的权展开式为

$$5678 = 5 \times 10^3 + 6 \times 10^2 + 7 \times 10^1 + 8 \times 10^0$$

10^3、10^2、10^1、10^0 称为十进制的权。各数位的权是10的幂。数码在不同的数位上代表的数值不同。

为使不同进制加以区别,通常数用括号括进来,并将进制作为脚标写在括号右下角,十进制时可以省略。例如,209.04 十进制数的权展开式为

$$(209.04)_{10} = 2 \times 10^2 + 0 \times 10^1 + 9 \times 10^0 + 0 \times 10^{-1} + 4 \times 10^{-2}$$

2. 二进制

同理,二进制数码为0、1,基数是2。运算规律为逢二进一,即1+1=10。

例如,$(11011)_2$ 二进制数的权展开式为

$$(11011)_2 = 1 \times 2^4 + 1 \times 2^3 + 0 \times 2^2 + 1 \times 2^1 + 1 \times 2^0 = 16 + 8 + 0 + 2 + 1 = 27$$

$(11011)_2$ 中脚标2代表二进制,为方便计数和识别,通常 $(11011)_2$ 写为11011B,由字母B代表二进制。

例如,101.01B 二进制数的权展开式为

$$101.01B = 1 \times 2^2 + 0 \times 2^1 + 1 \times 2^0 + 0 \times 2^{-1} + 1 \times 2^{-2} = 5.25$$

二进制数只有0和1两个数码,它的每一位都可以用电子元件来实现,它们与电路的两个状态(开和关、高电平和低电平等)直接对应,且运算规则简单,相应的运算电路也容易实现。

二进制运算规则如下。

加法规则，即
$$0+0=0; \quad 0+1=1; \quad 1+0=1; \quad 1+1=10$$

乘法规则，即
$$0 \cdot 0=0; \quad 0 \cdot 1=0; \quad 1 \cdot 0=0; \quad 1 \cdot 1=1$$

3. 八进制

数码为 0、1、2、3、4、5、6、7，基数是 8。

运算规律：逢八进一，即 7+1=10。

为方便计数和识别，八进制 $(207.04)_8$ 通常写为 207.04O，由字母 O 代表八进制。

例如，八进制数的权展开式为

$$(207.04)_8 = 2 \times 8^2 + 0 \times 8^1 + 7 \times 8^0 + 0 \times 8^{-1} + 4 \times 8^{-2} = 135.0625$$
$$123O = 1 \times 8^2 + 2 \times 8^1 + 3 \times 8^0 = 83$$

4. 十六进制

由于二进制数太多时不方便阅读，因此引入十六进制。

数码为 0、1、2、3、4、5、6、7、8、9、A、B、C、D、E、F，基数是 16，十六进制用字母 H 表示。

例如，A52H 十六进制数的权展开式为

$$A52H = 10 \times 16^2 + 5 \times 16^1 + 2 \times 16^0 = 2642$$

将十六进制转换为二进制时，1 位十六进制数对应 4 位二进制数，如

$$A52H = 1010\ 0101\ 0010B$$

结论：

(1) 一般地，N 进制需要用到 N 个数码，基数是 N；运算规律为逢 N 进一。

(2) 如果一个 N 进制数 M 包含 n 位整数和 m 位小数，即

$$(a^{n-1}\ a^{n-2}\ \cdots\ a^1\ a^0.\ a^{-1}\ a^{-2}\ \cdots a^{-m})_2$$

则该数的权展开式为

$$(M)_N = a^{n-1} \times N^{n-1} + a^{n-2} \times N^{n-2} + \cdots + a^1 \times N^1 + a^0 \times N^0 + a^{-1} \times N^{-1} + a^{-2} \times N^{-2} + \cdots + a^{-m} \times N^{-m}$$

(3) 由权展开式很容易将一个 N 进制数转换为十进制数。

十进制、二进制、八进制和十六进制数之间对应关系如表 9-1 所示。

表 9-1 3 种进制数之间的对应关系

十进制数	二进制数	八进制数	十六进制数
0	0000	0	0
1	0001	1	1
2	0010	2	2
3	0011	3	3
4	0100	4	4

续表

十进制数	二进制数	八进制数	十六进制数
5	0101	5	5
6	0110	6	6
7	0111	7	7
8	1000	10	8
9	1001	11	9
10	1010	12	A
11	1011	13	B
12	1100	14	C
13	1101	15	D
14	1110	16	E
15	1111	17	F

（4）编码。编码就是用数字或某种文字和符号来表示某一对象或信号的过程。十进制编码或某种文字和符号的编码难以用电路来实现，在数字电路中一般采用二进制数。用二进制数表示十进制数的编码方法称为二–十进制编码，即 BCD 码，用 4 位二进制码表示一位十进制数。常用的 BCD 码有 8421 码、5421 码、2421 码等编码方式。以 8421 码为例，8421 分别代表对应二进制的位权，它的每个代码中出现"1"的各位权值之和就是它所表示的十进制数。

例如，$137 = (000100110111)_{8421BCD}$

其他常见的编码还有 2421 码的权值，依次为 2、4、2、1；余 3 码由 8421 码加 0011 得到；格雷码是一种循环码，其特点是任何相邻的两个码字，仅有一位代码不同，其他位相同。

三、进制转换

1. 十进制数转换为二进制数

十进制数转换为二进制数采用的方法是基数连除、连乘法。其原理是将整数部分和小数部分分别进行转换。整数部分采用基数连除法，小数部分采用基数连乘法。转换后再合并。

整数部分采用基数连除法，先得到的余数为低位，后得到的余数为高位。

例如，将 44.375 转换为二进制。先转换整数部分：

```
2 | 44       余数    低位
2 | 22 ……… 0=K₀
2 | 11 ……… 0=K₁
2 |  5 ……… 1=K₂
2 |  2 ……… 1=K₃
2 |  1 ……… 0=K₄
      0 ……… 1=K₅    高位
```

$44 = K_5K_4K_3K_2K_1K_0 = 101100B$

小数部分采用基数连乘法，先得到的整数为高位，后得到的整数为低位。

$$
\begin{array}{r}
0.375 \\
\times\ 2 \\
\hline
0.750 \\
\end{array}
\quad \cdots\cdots\quad 0=K_{-1} \quad \text{整数} \quad \text{高位}
$$

$$
\begin{array}{r}
0.750 \\
\times\ 2 \\
\hline
1.500 \\
\end{array}
\quad \cdots\cdots\quad 1=K_{-2}
$$

$$
\begin{array}{r}
0.500 \\
\times\ 2 \\
\hline
1.000 \\
\end{array}
\quad \cdots\cdots\quad 1=K_{-3} \quad\quad\quad \text{低位}
$$

$$0.375 = K_{-1}K_{-2}K_{-3} = 0.011B$$

所以，44.375 = 101100.011B。

采用基数连除、连乘法，可将十进制数转换为任意的 N 进制数。

2. 其他进制转换

1）二进制转换为十六进制

从小数点位置开始，整数部分向左，小数部分向右，每 4 位二进制为一组，用一位十六进制的数字来表示，不足 4 位的用 0 补足，就是一个相应十六进制数的表示。

例如：

$$11001111001B = 0110\ 0111\ 1001 = 679H$$

2）十六进制转换为二进制

每位十六进制对应 4 位二进制，例如：

$$
\begin{array}{cccc}
A & 5 & C & 7 \\
\end{array}
$$
$$A5C7H = 1010\ 0101\ 1100\ 0111B$$

二进制转换为八进制：和二进制转换为十六进制相似，从小数点位置开始，整数部分向左，小数部分向右，每 3 位二进制为一组用一位八进制的数字来表示，不足 3 位的用 0 补足，就是一个相应十六进制数的表示。

例如：

$$11011001B = 011\ 011\ 001 = 331O$$

3）八进制转换为二进制

每位八进制对应 3 位二进制。例如：

$$
\begin{array}{ccc}
5 & 6 & 3 \\
\end{array}
$$
$$563O = 101\ 110\ 011B$$

学习单元 2
逻辑代数

2 学时

电子多媒体教室

1. 掌握基本逻辑关系和逻辑代数运算法则
2. 掌握逻辑函数的 4 种表示方法

逻辑代数（又称布尔代数），是分析设计逻辑电路的数学工具。虽然它和普通代数一样也用字母表示变量，但变量的取值只有"0"和"1"两种，分别称为逻辑"0"和逻辑"1"。这里的"逻辑"并不表示数量的大小，而是表示两种相互对立的逻辑状态。逻辑代数所表示的是逻辑关系，而不是数量关系。这是它与普通代数的本质区别。

一、基本逻辑关系

在逻辑代数中，输出逻辑变量和输入逻辑变量的关系，叫逻辑函数，可表示为
$$F = f(A, B, C \cdots)$$
式中：A、B、C 为输入逻辑变量；f 为逻辑函数。

基本逻辑关系为"与""或""非"3 种。

(1)"与"逻辑关系是指当决定某事件的条件全部具备时，该事件才发生。与逻辑表达式为
$$F = A \cdot B$$

(2)"或"逻辑关系是指当决定某事件的条件之一具备时，该事件就发生。或逻辑表达式为
$$F = A + B$$

(3)"非"逻辑关系是否定或相反的意思。其逻辑表达式为
$$F = \overline{A}$$

二、逻辑代数运算法则

1. 基本运算规则

$$0 \cdot A = 0 \qquad 1 \cdot A = A \qquad A \cdot A = A$$
$$A \cdot \bar{A} = 0 \qquad 0 + A = A \qquad 1 + A = 1$$
$$A + A = A \qquad A + \bar{A} = 1 \qquad \bar{\bar{A}} = A$$

2. 常用运算公式

(1) 交换律 $\quad A + B = B + A \qquad\qquad A \cdot B = B \cdot A$

(2) 结合律 $\quad ABC = (AB)C = A(BC) \qquad A + B + C = (A + B) + C = A + (B + C)$

(3) 分配律 $\quad A(B + C) = AB + AC \qquad A + B \cdot C = (A + B) \cdot (A + C)$

(4) 吸收率 $\quad A(\bar{A} + B) = AB \qquad\qquad A + \bar{A}B = A + B$

$\qquad\qquad\quad A(A + B) = A \qquad\qquad A + AB = A$

(5) 反演律 $\quad \overline{AB} = \bar{A} + \bar{B} \qquad\qquad \overline{A + B} = \bar{A}\bar{B}$

三、逻辑函数的表示方法

逻辑函数有 5 种表示形式，即真值表、逻辑表达式、逻辑图、波形图和卡诺图。只要知道其中一种表示形式，就可转换为其他几种表示形式。

1. 真值表

真值表是由变量的所有可能取值组合及其对应的函数值所构成的表格。

真值表列写方法是每一个变量均有 0、1 两种取值，n 个变量共有 2^n 种不同的取值，将这 2^n 种不同的取值按顺序（一般按二进制递增规律）排列起来，同时在相应位置上填入函数的值，便可得到逻辑函数的真值表，如表 9 – 2 所示。表中当 A、B 取值相同时，函数值为 0；否则，函数取值为 1。

2. 逻辑表达式

逻辑表达式是由逻辑变量和与、或、非 3 种运算符连接起来所构成的式子。表达式列写方法是将那些使函数值为 1 的各个状态表示成全部变量（值为 1 的表示成原变量，值为 0 的表示成反变量）的与项（例如，$A = 0$、$B = 1$ 时函数 F 的值为 1，则对应的与项为 $\bar{A}B$）相加，即得到函数的与或表达式。

由表 9 – 2 得到的表达式为

$$F = \bar{A}B + A\bar{B}$$

3. 逻辑图

逻辑图是由表示逻辑运算的逻辑符号所构成的图形。由表 9 – 2 得到的逻辑图如图 9 – 2 所示。

表 9-2 真值表

A	B	F
0	0	0
0	1	1
1	0	1
1	1	0

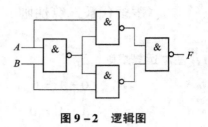

图 9-2 逻辑图

4. 波形图

波形图是由输入变量的所有可能取值组合的高、低电平及其对应的输出函数值的高、低电平所构成的图形，由表 9-2 得到波形图如图 9-3 所示。

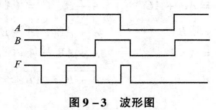

图 9-3 波形图

学习单元 3
基本逻辑电路

2 学时

电子多媒体教室

1. 掌握基本逻辑关系和逻辑代数运算法则
2. 掌握逻辑函数的 5 种表示方法

电子实验台、数字万用表、毫伏表、各种集成块（与门、或门、非门等）

逻辑门电路是指用以实现基本和常用逻辑运算的电子电路，简称门电路。基本和常用门电路有与门、或门、非门（反相器）、与非门、或非门、与或非门和异或门等。电子电路中用高电平表示 1，用低电平表示 0，利用半导体开关元件的导通、截止（即开、关）两种工作状态可以获得高、低电平。

一、二极管与门电路

二极管与门电路如图 9-4 所示。当 A 和 B 输入都是低电平 0 V 时，VD_1、VD_2 都导通，F 端输出为低电平；当 A 输入低电平 0 V，B 为高电平 3 V 时，VD_1 导通，VD_2 截止，F 端输出为低电平；当 A 输入高电平 3 V，B 为低电平 0 V 时，VD_1 截止，VD_2 导通，F 端输出为低电平；只有当 A 和 B 输入都是高电平 3 V 时，VD_1、VD_2 都截止，F 端输出才为高电平。

如果将 3 V 用"1"来表示，0 V 用"0"来表示，二极管"与"门电路的逻辑真值表如表 9-3 所示。

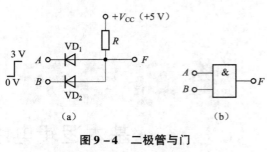

图 9-4 二极管与门
（a）电路；（b）逻辑符号

表 9-3 与逻辑真值表

A	B	F
0	0	0
0	1	0
1	0	0
1	1	1

与逻辑功能表达式为

$$F = A \cdot B$$

与逻辑功能可概括为：输入有 0，输出为 0；输入全 1，输出为 1。简称为：有 0 出 0，全 1 出 1。

与门的输入端也可以有多个。图 9-5 所示为一个三输入与门电路的输入信号 A、B、C 和输出信号 F 的波形图。

图 9-5 与逻辑波形图

二、二极管或门电路

二极管或门电路如图 9-6 所示。当 A 和 B 输入都是低电平 0 V 时，VD_1、VD_2 都截止，F 端输出为低电平；当 A 输入低电平 0 V，B 为高电平 3 V 时，VD_1 截止，VD_2 导通，F 端输出为高电平；当 A 输入高电平 3 V，B 为低电平 0 V 时，VD_1 导通，VD_2 截止，F 端输出为高电平；当 A 和 B 输入都是高电平 3 V 时，VD_1、VD_2 都导通，F 端输出为高电平。或逻辑真值表如表 9-4 所示。

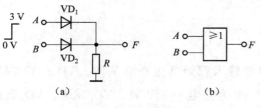

图 9-6 二极管或门
（a）电路；（b）逻辑符号

表 9-4 或逻辑真值表

A	B	F
0	0	0
0	1	1
1	0	1
1	1	1

与逻辑功能表达式为

$$F = A + B$$

或逻辑功能可概括为：输入有 1，输出为 1；输入全 0，输出为 0。简称为：有 1 出 1，全 0 出 0。

或门的输入端也可以有多个。图 9-7 所示为一个三输入或门电路的输入信号 A、B、C 和输出信号 F 的波形图。

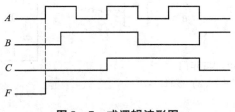

图 9-7 或逻辑波形图

三、三极管非门电路

三极管非门电路如图 9-8 所示。当 A 输入低电平时，三极管 VT 截止，F 端输出为高电平；当 A 输入高电平时，三极管 VT 导通，F 端输出为低电平。非逻辑真值表如表 9-5 所示。

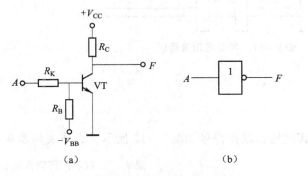

表 9-5 非逻辑真值表

A	Y
0	1
1	0

图 9-8 三极管非门
（a）电路图；（b）逻辑符号

非逻辑功能表达式为

$$F = \overline{A}$$

非逻辑功能可概括为：输入全 1，输出为 0；输入全 0，输出为 1。简称为：全 1 出 0，全 0 出 1。

非逻辑的波形如图 9-9 所示。

图 9-9 非逻辑波形图

四、与非门电路

与非门由与门和非门构成，其结构和逻辑符号如图 9-10 所示。与非门的真值表如表 9-6 所示。

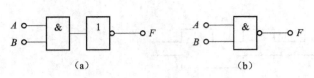

图 9-10 与非门
(a) 与非门的构成；(b) 逻辑符号

表 9-6 与非门逻辑真值表

A	B	F
0	0	1
0	1	1
1	0	1
1	1	0

与非门的表达式为

$$F = \overline{AB}$$

与非门逻辑功能可概括为：输入有 0，输出为 1；输入全 1，输出为 0。简称为：有 0 出 1，全 1 出 0。

与非逻辑的波形如图 9-11 所示。

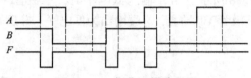

图 9-11 与非逻辑波形图

五、或非门电路

或非门由或门和非门构成，其结构和逻辑符号如图 9-12 所示，真值表如表 9-7 所示。

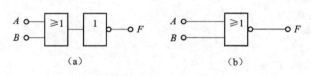

图 9-12 或非门
(a) 或非门的构成；(b) 逻辑符号

表 9-7 或非门逻辑真值表

A	B	F
0	0	1
0	1	0
1	0	0
1	1	0

或非门的表达式为

$$F = \overline{A + B}$$

或非门逻辑功能可概括为：输入有 1，输出为 0；输入全 0，输出为 1。简称为：有 1 出 0，全 0 出 1。

或非逻辑的波形如图 9-13 所示。

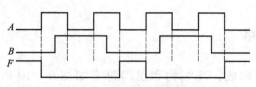

图 9-13 或非逻辑波形图

六、异或门电路

异或门结构和逻辑符号如图 9-14 所示。异或门的真值表如表 9-8 所示。

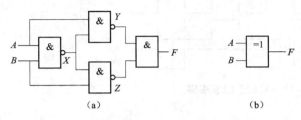

表 9-8 异或门逻辑真值表

A	B	F
0	0	0
0	1	1
1	0	1
1	1	0

图 9-14 异或门
(a) 逻辑结构；(b) 逻辑符号

异或门的表达式为

$$F = \overline{A}B + A\overline{B} = A \oplus B$$

异或门逻辑功能可概括为：输入不同，输出为 1；输入相同，输出为 0。简称为：相同出 0，不同出 1。

异或逻辑的波形如图 9-15 所示。

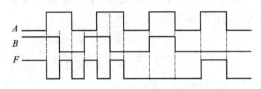

图 9-15 异或逻辑波形图

七、同或逻辑电路

同或门（Exclusive-NOR，即异或非），其结构和逻辑符号如图 9-16 所示。同或门的真值表如表 9-9 所示。

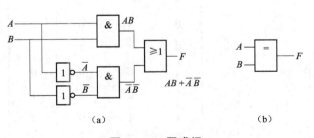

表 9-9 同或门逻辑真值表

A	B	F
0	0	1
0	1	0
1	0	0
1	1	1

图 9-16 同或门
(a) 逻辑结构；(b) 逻辑符号

同或门的表达式为

$$F = AB + \overline{A}\overline{B} = A \odot B$$

同或门逻辑功能可概括为：输入不同，输出为 0；输入相同，输出为 1。简称为：相同出 1，不同出 0。

同或逻辑的波形如图 9-17 所示。

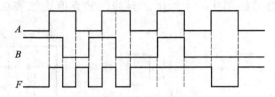

图 9-17　同或逻辑波形图

异或和同或互为反函数，即

$$A \oplus B = \overline{A \odot B}; \quad A \odot B = \overline{A \oplus B}$$

八、组合逻辑电路

1. 组合逻辑电路

组合逻辑电路输出仅由输入决定，与电路当前状态无关，电路结构中无反馈环路。

现以图 9-18 所示为例说明组合逻辑电路的分析方法与过程。

（1）从输入到输出逐级写出逻辑表达式，即

$$F_1 = \overline{AB}, \quad F_2 = \overline{BC}, \quad F_3 = \overline{CA}$$

$$F = \overline{F_1 F_2 F_3} = \overline{\overline{AB}\ \overline{BC}\ \overline{AC}}$$

（2）将逻辑表达式化简为最简形式，即

$$F = \overline{F_1 F_2 F_3} = \overline{\overline{AB}\ \overline{BC}\ \overline{AC}} = AB + BC + CA$$

（3）列真值表，如表 9-10 所示。

表 9-10　组合逻辑电路真值表

A	B	C	F
0	0	0	0
0	0	1	0
0	1	0	0
0	1	1	1
1	0	0	0
1	0	1	1
1	1	0	1
1	1	1	1

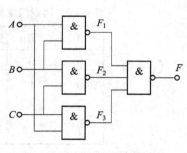

图 9-18　组合逻辑电路

（4）分析电路的逻辑功能。

当输入 A、B、C 中有两个或 3 个为 1 时，输出 F 为 1；否则输出 F 为 0。所以这个电路

实际上是一种 3 人表决用的组合电路，只要有两票或 3 票同意，表决就通过。

2. 组合逻辑电路部件

组合逻辑部件是指具有某种逻辑功能的中规模集成组合逻辑电路芯片。常用的组合逻辑部件有加法器、数值比较器、编码器、译码器、数据选择器和数据分配器等。

1) 半加器

半加器是指能对两个一位二进制数进行相加而求得和及进位的逻辑电路，如图 9 – 19 所示，真值表如表 9 – 11 所示。

表 9 – 11 半加器真值表

A_i	B_i	S_i	C_i
0	0	0	0
0	1	1	0
1	0	1	0
1	1	0	1

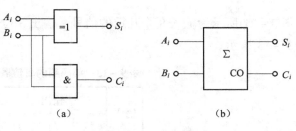

图 9 – 19 半加器
（a）半加器电路图；（b）半加器符号

半加器表达式为

$$S_i = \overline{A}_i B_i + A_i \overline{B}_i = A_i \oplus B_i$$
$$C_i = A_i B_i$$

2) 全加器

能对两个一位二进制数进行相加并考虑低位来的进位，即相当于 3 个一位二进制数相加，求得和及进位的逻辑电路称为全加器，如图 9 – 20 所示，真值表如表 9 – 12 所示。

表 9 – 12 全加器真值表

A_i	B_i	C_{i-1}	S_i	C_i
0	0	0	0	0
0	0	1	1	0
0	1	0	1	0
0	1	1	0	1
1	0	0	1	0
1	0	1	0	1
1	1	0	0	1
1	1	1	1	1

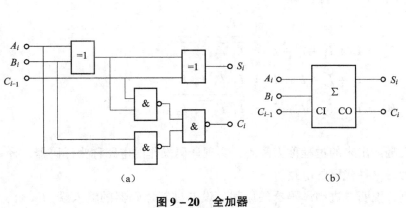

图 9 – 20 全加器
（a）逻辑图；（b）逻辑符号

全加器表达式为

$$S_i = \overline{A}_i \overline{B}_i C_{i-1} + \overline{A}_i B_i \overline{C}_{i-1} + A_i \overline{B}_i \overline{C}_{i-1} + A_i B_i C_{i-1}$$

$$= \overline{A}_i(\overline{B}_i C_{i-1} + B_i \overline{C}_{i-1}) + A_i(\overline{B}_i \overline{C}_{i-1} + B_i C_{i-1})$$
$$= \overline{A}_i(B_i \oplus C_{i-1}) + A_i \overline{(B_i \oplus C_{i-1})}$$
$$= A_i \oplus B_i \oplus C_{i-1}$$
$$C_i = \overline{A}_i B_i C_{i-1} + A_i \overline{B}_i C_{i-1} + A_i B_i$$
$$= (\overline{A}_i B_i + A_i \overline{B}_i) C_{i-1} + A_i B$$
$$= (A_i \oplus B_i) C_{i-1} + A_i B_i$$

3) 编码器

实现编码操作的电路称为编码器。图9-21所示为输入8个互斥的信号、输出3位二进制代码的二进制编码器，其真值表如表9-13所示。

表9-13 编码器的真值表

输入	输出		
	F_2	F_1	F_0
I_0	0	0	0
I_1	0	0	1
I_2	0	1	0
I_3	0	1	1
I_4	1	0	0
I_5	1	0	1
I_6	1	1	0
I_7	1	1	1

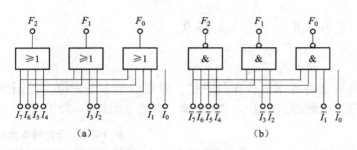

图9-21 编码器逻辑图
（a）由或门构成；（b）由与非门构成

编码器表达式为

$$F_2 = I_4 + I_5 + I_6 + I_7 = \overline{\overline{I}_4 \overline{I}_5 \overline{I}_6 \overline{I}_7}$$
$$F_1 = I_2 + I_3 + I_6 + I_7 = \overline{\overline{I}_2 \overline{I}_3 \overline{I}_6 \overline{I}_7}$$
$$F_0 = I_1 + I_3 + I_5 + I_7 = \overline{\overline{I}_1 \overline{I}_3 \overline{I}_5 \overline{I}_7}$$

4) 译码器

把代码状态的特定含义翻译出来的过程称为译码，实现译码操作的电路称为译码器。译码器就是把一种代码转换为另一种代码的电路。

现以二进制译码器为例，说明二进制译码器的原理。设二进制译码器的输入端为 n 个，则输出端为 2^n 个，且对应于输入代码的每一种状态，2^n 个输出中只有一个为1（或为0），其余全为0（或为1）。图9-22所示为输入为3位二进制代码、输出为8个互斥信号的二进制译码器，简称3线-8线译码器，真值表如表9-14所示。

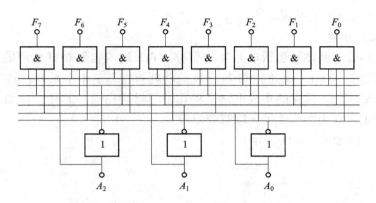

图 9-22 3 线-8 线译码器

表 9-14 3 线-8 线译码器真值表

A_2	A_1	A_0	F_0	F_1	F_2	F_3	F_4	F_5	F_6	F_7
0	0	0	1	0	0	0	0	0	0	0
0	0	1	0	1	0	0	0	0	0	0
0	1	0	0	0	1	0	0	0	0	0
0	1	1	0	0	0	1	0	0	0	0
1	0	0	0	0	0	0	1	0	0	0
1	0	1	0	0	0	0	0	1	0	0
1	1	0	0	0	0	0	0	0	1	0
1	1	1	0	0	0	0	0	0	0	1

译码器逻辑表达式为

$$\begin{cases} F_0 = \overline{A}_2 \overline{A}_1 \overline{A}_0 \\ F_1 = \overline{A}_2 \overline{A}_1 A_0 \\ F_2 = \overline{A}_2 A_1 \overline{A}_0 \\ F_3 = \overline{A}_2 A_1 A_0 \\ F_4 = A_2 \overline{A}_1 \overline{A}_0 \\ F_5 = A_2 \overline{A}_1 A_0 \\ F_6 = A_2 A_1 \overline{A}_0 \\ F_7 = A_2 A_1 A_0 \end{cases}$$

3. 集成门电路

基本门电路都是由二极管、三极管等分立元件组成的,称为分立元件门电路。但其体积大,焊点多,可靠性差。随着电子技术的发展,将复杂的组合逻辑电路集成为一个芯片,其具有速度快、可靠性高和微型化等特点,将这种电路称为集成门电路。应用比较广泛的是

TTL 集成门电路和 CMOS 门电路。

1）TTL 集成门电路

TTL 是"晶体管-晶体管逻辑电路"的简称。TTL 集成电路相继生产的产品有 74（标准）、74S（肖特基）、74H（高速）和 74LS（低功耗肖特基）4 个系列，其中 LS 系列综合性能最优，应用最广泛。常见的集成电路是将几个门封装在同一芯片上，如 74LS08 为 4 个 2 输入端与门，74LS20 为两个 4 输入端与非门等。

TTL 与非门电路如图 9-23 所示。

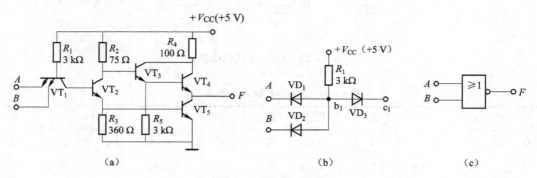

图 9-23 TTL 与非门

(a) TTL 与非门电路；(b) VT_1 的等效电路；(c) 逻辑符号

当输入信号不全为 1 时，如 $u_A = 0.3$ V，$u_B = 3.6$ V，则 $u_{B1} = 0.3 + 0.7 = 1$ V，VT_2、VT_5 截止，VT_3、VT_4 导通，忽略 i_{B3}，输出端的电位为：$V_F \approx 5 - 0.7 - 0.7 = 3.6$ V，输出 F 为高电平 1。

当输入信号全为 1：如 $u_A = u_B = 3.6$ V，则 $u_{B1} = 2.1$ V，VT_2、VT_5 导通，VT_3、VT_4 截止。输出端的电位为：$V_F = U_{CES} = 0.3$ V，输出 F 为低电平 0。

TTL 与非门电路的功能表和真值表如表 9-15 所示。

表 9-15 TTL 与非门电路的功能表和真值表

功能表			真值表		
u_A/V	u_B/V	u_F/V	A	B	F
0.3	0.3	3.6	0	0	1
0.3	3.6	3.6	0	1	1
3.6	0.3	3.6	1	0	1
3.6	3.6	0.3	1	1	0

由表 9-15 可以看出，TTL 与非门电路的功能是：输入有 0，输出为 1；输入全 1，输出为 0。表达式为 $F = \overline{A \cdot B}$。

常用的与非门集成电路有四 2 输入与非门 74LS00 和二 4 输入与非门 74LS20，如图 9-24 所示。

2）CMOS 门电路

CMOS 门电路是由 NMOS 管和 PMOS 管构成的，它静态功耗很低，抗干扰能力强，稳定性好，开关速度较高，扇出系数大，由于优点突出，在中、大规模集成电路中得到了广泛的应用。

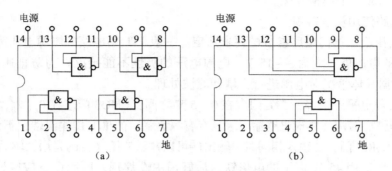

图 9 – 24 常用的与非门集成电路
(a) 74LS00 的引脚排列图; (b) 74LS20 的引脚排列图

(1) CMOS 反相器。

图 9 – 25 (a) 所示为 CMOS 反相器电路。工作管 VT_1 是增强型 NMOS 管,负载管 VT_2 是 PMOS 管,两管的漏极 D 接在一起作为电路的输出端,两管的栅极 G 接在一起作为电路的输入端,VT_1 的源极 S_1 与其衬底相连并接地,VT_2 的源极 S_2 与其衬底相连并接电源 V_{DD}。

当输入电压 u_i 为低电平 0 V 时,VT_1 管截止,VT_2 管导通,电路的输出为高电平 V_{DD}。

当输入电压 u_i 为高电平 V_{DD} 时,VT_1 管导通,S_1 和 D_1 之间呈现较小的电阻,VT_2 截止,电路的输出为低电平 0 V。电路的输出和输入之间满足非逻辑关系,所以该电路为非门电路。由于在稳态时,VT_1 和 VT_2 中必然有一个管子是截止的,所以电路的电流极小,功率损耗很低。

(2) CMOS 传输门和模拟开关。

当一个 PMOS 管和一个 NMOS 管并联时就构成一个传输门,如图 9 – 25 (b) 所示。两管源极相接,作为输入端,两管漏极相连作为输出端,两管的栅极作为控制端,加互为相反的控制电压 CP 和 $\overline{CP}$。PMOS 管的衬底接 V_{DD},NMOS 管的衬底接地。由于 MOS 管的结构对称,源、漏极可以互换,所以输入、输出端可以对换。传输门也称为双向开关。

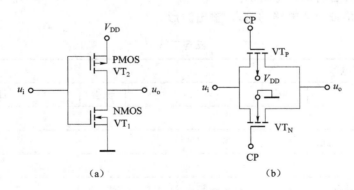

图 9 – 25 CMOS 管电路
(a) CMOS 反相器电路; (b) CMOS 传输门和模拟开关

当控制电压 CP = 1、$\overline{CP}$ = 0 时,此时传输门相当于接通的开关,双向导通。当控制电压 CP = 0、$\overline{CP}$ = 1 时,传输门相当于断开的开关。当传输门的控制信号由一个非门的输入和输

出提供时,就构成一个模拟开关。

(3) 门电路使用注意事项。

① 电源电压应根据门电路参数的要求选定。一般 TTL 门电路的电源电压为 5 V±0.5 V。CMOS 门电路的电源电压应为 3~15 V。电源电压的极性不能接反。为防止通过电源引入干扰信号,应根据具体情况对电源进行去耦和滤波处理。

② 输入信号电平的选择,TTL 门应在 0~5 V 之间,CMOS 门应在 0~V_{DD} 之间。

③ 具有图腾柱结构(集成电路输出级具有有源负载)的 TTL 门输出端,不允许并联使用。同一芯片上的 CMOS 门,在输入相同时,输出端可以并联使用(目的是增大驱动能力)。

④ 焊接时应选用 45 W 以下的电烙铁,最好用中性焊剂,所用设备应接地良好。CMOS 电路应在静电屏蔽下运输和存放。严禁带电从插座上拔插器件。

⑤ 电路的输出端接容性负载时,应在电容之前接限流电阻,避免出现在开机的瞬间,较大的冲击电流烧坏电路。

⑥ TTL 门输入端口为与逻辑关系时,多余的输入端可以悬空(但不能带开路长线)、接高电平或并联接到一个已被使用的输入端上。TTL 门输入端口为或逻辑关系时,多余的输入端可以接低电平、接地或并联接到一个已被使用的输入端上。

⑦ 具有与逻辑端口的 CMOS 门多余的输入端应接 V_{DD} 或高电平,具有或逻辑端口的 CMOS 门多余的输入端应接 V_{DD} 或低电平。CMOS 门的输入端不允许悬空。

(4) 集成电路的检测。

集成电路出现的故障一般是局部损坏,如击穿、开路、短路等。电源集成电路和功放芯片易损坏,存储器易出现软件故障,其他芯片有时会出现虚焊等。

对于集成电路是否损坏,可通过从各个方面测试集成电路的工作状态,并与正常工作状态作比较的方法来判断。即测量集成电路各引脚的对地电压值和电阻值,其中测量电压值必须在电路处于工作状态下进行,测量电阻值则应在断电静态状态下进行,具体判断方法如下:

① 查集成电路各管脚对地的直流电压。

② 查集成电路各脚对地电阻值。

③ 用示波器检查集成电路的输入/输出波形。

任务工单 9

工作任务	门电路						
姓名		学号		班级		日期	

1. 实训目的

掌握门电路的逻辑功能。

2. 实训仪器

(1) +5 V 直流电源;

(2) 单次脉冲源;

(3) 16 位开关电平输入及高电平显示;

(4) 74LS20 集成电路一块。

3. 实训电路（见图 9-26、图 9-27）

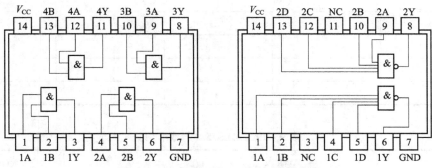

图 9-26　74LS02 和 74LS20 引脚功能

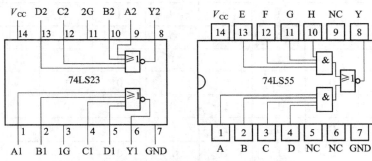

图 9-27　74LS23 和 74LS55 引脚功能

4. 实训数据（见表 9-16～表 9-19）

表 9-16　74LS02（与门）

输入		输出
A_n	B_n	Y

表 9-17　74LS20（与非门）

输入				输出
A_n	B_n	C_n	D_n	Y
1	1	1	1	
0	1	1	1	
1	0	1	1	
1	1	0	1	

续表

表 9-18 74LS23（或非门）

输入				输出
A_n	B_n	C_n	D_n	Y

表 9-19 74LS55（与或非门）

输入								输出
A	B	C	D	E	F	G	H	Y
0	0	1	0	0	0	0	1	
0	0	1	1	0	0	1	0	
0	1	0	0	0	0	1	1	
0	1	0	1	0	1	0	0	
1	0	0	0	0	1	0	1	
1	0	1	1	1	0	0	0	
1	1	0	0	1	0	1	1	
1	1	0	1	1	1	0	0	

5. 分析

（1）74LS02（与门）的逻辑功能是什么？

（2）74LS20（与非门）的逻辑功能是什么？

（3）74LS23（或非门）的逻辑功能是什么？

（4）74LS55（与非门）的逻辑功能是什么？

6. 评估

教师签字：

单项选择题

1. 二进制数最多需要（　　）种数字符号来表示。
   A. 1　　　　　B. 2　　　　　C. 3　　　　　D. 4

2. 八进制数 31 的十进制形式为（　　）。
   A. 23　　　　B. 25　　　　C. 36　　　　D. 19

3. 十六进制数 31 的十进制形式为（　　）。
   A. 49　　　　B. 25　　　　C. 61　　　　D. 26

4. 十六进制数最多需要（　　）种数字符号来表示。
   A. 8　　　　 B. 10　　　　C. 15　　　　D. 16

5. 在十六进制数中，E 代表第（　　）个数码。
   A. 10　　　　B. 11　　　　C. 15　　　　D. 16

6. 将 $(10101)_2$ 与 $(1100101)_2$ 两数相加的结果应该是（　　）。
   A. $(7B)_{16}$　　B. $(122)_{10}$　　C. $(171)_8$　　D. $(1110101)_2$

7. 设二进制数 $A=(1011010)_2$，$B=(101111)_2$，则 $A-B=(\quad)_{10}$。
   A. 63　　　　B. 34　　　　C. 43　　　　D. 36

8. 设十六进制数 $A=(72)_{16}$，$B=(100111)_2$，则 $A-B=(\quad)_{10}$。
   A. 75　　　　B. 113　　　C. 27　　　　D. 0

9. 在二进制整数中，从右往左数第 n 位的权是（　　）。
   A. 2^n　　　B. 2^{n-1}　　C. 10^n　　　D. 10^{n-1}

10. 十进制 32 的 8421 编码为（　　）。
    A. 100000　　B. 100110　　C. 1010000　　D. 110010

11. 与函数式 $F=A+B+C$ 相等的表达式为（　　）。
    A. $F=\overline{A}\cdot\overline{B}\cdot\overline{C}$　　B. $F=\overline{\overline{A}\cdot\overline{B}\cdot\overline{C}}$　　C. $F=\overline{A}\cdot\overline{B}\cdot\overline{C}$　　D. $F=\overline{\overline{A}+\overline{B}+\overline{C}}$

12. 0 与任何数相与后再取非的结果为（　　）。
    A. 0　　　　B. 1　　　　C. 该任何数　　D. 该任何数的非

13. 1 与任何数相与后再取非的结果为（　　）。
    A. 0　　　　B. 1　　　　C. 该任何数　　D. 该任何数的非

14. 与函数式 $F=AB+\overline{A}C$ 相等的表达式为（　　）。
    A. $F=AB+C$
    B. $F=A+BC$
    C. $F=AB+\overline{A}C+BCD$
    D. $F=ABC$

15. 图 9-28 所示电路的逻辑功能为（　　）。
    A. 相同为 0，相异为 1
    B. 相同为 1，相异为 0
    C. 有 0 为 0，全 1 为 1
    D. 有 1 为 1，全 0 为 0

16. 图 9-29 完成的逻辑功能是（　　）。
    A. $F=\overline{AB+CD}$
    B. $F=1$

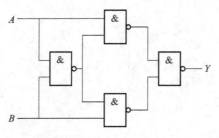
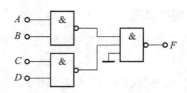

图 9-28　选择题 15 用图　　　　　　图 9-29　选择题 16 用图

C. $F = \overline{AB} + \overline{CD}$　　　　　　　D. $F = AB + CD$

17. 图 9-30 中，能完成逻辑功能 $F = \overline{AB} \cdot \overline{CD}$ 的 TTL 电路是（　　）。

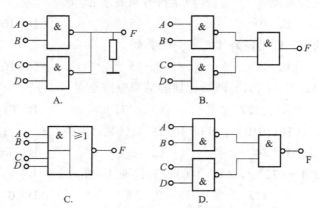

图 9-30　选择题 17 用图

18. 图 9-31 所示的电阻阻值为 100 Ω，则该图完成的逻辑功能是（　　）。

A. $F = \overline{AB} + \overline{CD}$　　　　　　　B. $F = \overline{AB} \cdot \overline{CD}$

C. $F = 0$　　　　　　　D. 损坏与非门

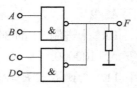

图 9-31　选择题 18 用图

19. 表 9-20 是逻辑函数 Z 的真值表，则 Z 的表达式为（　　）。

A. $Z = AB + AC$　　B. $Z = \overline{A}B + A\overline{B}$　　C. $Z = BC + A$　　D. $Z = B + AC$

表 9-20　选择题 19 的真值表

A	B	C	Z
0	0	0	0
0	0	1	0
0	1	0	1
0	1	1	1
1	0	0	1
1	0	1	1
1	1	0	0
1	1	1	0

20. 真值表如表9-21所示，其逻辑表达式为（　　）。

A. $Y_1 = AB$；$Y_2 = A + B$
B. $Y_1 = A + B$；$Y_2 = AB$
C. $Y_1 = \overline{AB}$；$Y_2 = A + B$
D. $Y_1 = A + B$；$Y_2 = \overline{AB}$

表9-21　选择题20的真值表

A	B	Y_1	Y_2
0	0	0	0
0	1	0	1
1	0	0	1
1	1	1	1

21. 已知真值表如表9-22所示，则其逻辑表达式为（　　）。

A. $A \oplus B \oplus C$
B. $AB + BC + AC$
C. $AB + BC$
D. $ABC(A + B + C)$

表9-22　选择题21的真值表

A	B	C	Y
0	0	0	0
0	0	1	1
0	1	0	1
0	1	1	0
1	0	0	1
1	0	1	0
1	1	0	0
1	1	1	1

22. 已知Y与A、B、C关系的真值表如表9-23所示，则由真值表可写出逻辑表达式为（　　）。

A. $Y = C$
B. $Y = ABC$
C. $Y = AB + C$
D. $Y = B\overline{C} + C$

表9-23　选择题22的真值表

A	B	C	Y	A	B	C	Y
0	0	0	0	1	0	0	0
0	0	1	1	1	0	1	1
0	1	0	0	1	1	0	1
0	1	1	1	1	1	1	1

23. 已知某电路的真值表如表 9-24 所示，该电路的逻辑表达式是（   ）。

A. $L_1 = \overline{A}B\overline{C}$ B. $L_1 = \overline{A}\overline{B}C$ C. $L_1 = AB\overline{C}$ D. $L_1 = ABC$

表 9-24 选择题 23 的真值表

A	B	C	L_1
0	0	0	0
0	0	1	0
0	1	0	0
0	1	1	0
1	0	0	0
1	0	1	0
1	1	0	1
1	1	1	0

学习项目十

集成触发器及其应用

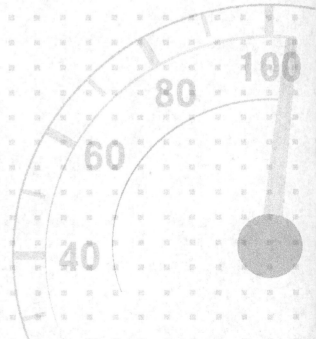

触发器是构成时序逻辑电路的基本逻辑部件。时序逻辑电路是指电路的输出状态不仅取决于当时的输入信号，而且与电路原来的状态有关，当输入信号消失后，电路状态仍维持不变。

集成触发器分为双稳态触发器和单稳态触发器。

双稳态触发器是构成时序电路的基本逻辑单元。它是一种具有记忆功能的逻辑单元电路，它能储存一位二进制码。

双稳态触发器有两个稳定状态，即"0"或"1"态，能根据输入信号将触发器置成"0"或"1"态，输入信号消失后，被置成的"0"或"1"态能保存下来，即具有记忆功能。

根据逻辑功能的不同，触发器可以分为 RS 触发器、D 触发器、JK 触发器、T 和 T′触发器；按照结构形式的不同，又可分为基本 RS 触发器、同步触发器、主从触发器和边沿触发器。

学习单元 1
触发器

4 学时

电子实训教室

1. 掌握数字电路中数制和码制的概念及特点
2. 掌握二进制、八进制、十进制、十六进制及相互转换

1. +5 V 直流电源
2. 单次脉冲源
3. 十六位开关电平输入及高电平显示
4. 74LS20、74LS112、74LS74 集成电路若干

一、基本 RS 触发器

基本 RS 触发器的逻辑图和符号如图 10 - 1 所示。正常情况下，两输出端的状态保持相反。通常以 Q 端的逻辑电平表示触发器的状态，即 $Q=1$ 时，称为 1 态；反之为 0 态。

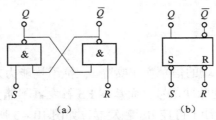

图 10 - 1　基本 RS 触发器
（a）逻辑图；（b）逻辑符号

(1) $R=0$、$S=1$ 时，由于 $R=0$，不论原来 Q 为 0 还是 1，都有 $\bar{Q}=1$；再由 $S=1$、$\bar{Q}=1$ 可得 $Q=0$。即不论触发器原来处于什么状态都将变成 0 状态，这种情况称为触发器置 0 或复位。R 端称为触发器的置 0 端或复位端。

(2) $R=1$、$S=0$ 时，由于 $S=0$，不论原来 Q 为 0 还是 1，都有 $Q=1$；再由 $R=1$、$Q=1$ 可得 $\bar{Q}=0$。即不论触发器原来处于什么状态都将变成 1 状态，这种情况称为触发器置 1 或置位。S 端称为触发器的置 1 端或置位端。

(3) $R=1$、$S=1$ 时，设初始状态 $Q=0$，$\bar{Q}=1$，当 $R=1$、$S=1$ 时，Q、R 相与非，得 Q^{n+1} 还是为 0，$\bar{Q}$、S 相与非，得 $\overline{Q^{n+1}}$ 还是为 1；若设初始状态 $Q=1$，$\bar{Q}=0$，当 $R=1$、$S=1$ 时，Q、R 相与非，得 Q^{n+1} 还是为 1，$\bar{Q}$、S 相与非，得 $\overline{Q^{n+1}}$ 还是为 0。即触发器保持原有状态不变，原来的状态被触发器存储起来，这体现了触发器具有记忆能力。$\overline{Q^{n+1}}$ 表示当前状态的下一个状态。

(4) $R=0$、$S=0$ 时，$Q=\bar{Q}=1$，不符合触发器的逻辑关系。并且由于与非门延迟时间不可能完全相等，在两输入端的 0 同时撤除后，将不能确定触发器是处于 1 状态还是 0 状态。所以触发器不允许出现这种情况，这就是基本 RS 触发器的约束条件。

基本 RS 触发器的真值表如表 10-1 所示。

通过基本 RS 触发器的逻辑图和真值表可以得出触发器的次态不仅与输入信号状态有关，而且与触发器的现态有关，电路具有两个稳定状态，在无外来触发信号作用时，电路将保持原状态不变。在外加触发信号有效时，电路可以触发翻转，实现置 0 或置 1。在稳定状态下两个输出端的状态必须是互补关系，即有约束条件。

反映触发器输入信号取值和状态之间对应关系的图形称为波形图，基本 RS 触发器的波形图如图 10-2 所示。

表 10-1 基本 RS 触发器的真值表

R	S	Q	功能
0	0	不定	不允许
0	1	0	置 0
1	0	1	置 1
1	1	不变	保持

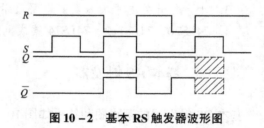

图 10-2 基本 RS 触发器波形图

二、可控 RS 触发器

基本 RS 触发器受 R 和 S 端的信号置 0 或置 1，抗干扰能力差，若一个电路需要多个触发器时，就要加入一个统一的脉冲信号，而基本 RS 触发器不能受脉冲信号的控制，于是在基本 RS 触发器的基础上，设计了可控 RS 触发器，如图 10-3 所示。

$\overline{S_D}$、$\overline{R_D}$ 称为直接置位端和直接复位端，用于预置触发器的初始状态，即 $\overline{S_D}=0$ 时，$Q=1$，

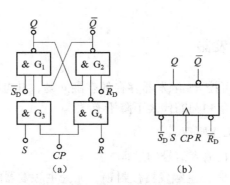

图 10−3 同步 RS 触发器波形图
(a) 逻辑图；(b) 逻辑符号

$\overline{Q}=0$，或 $\overline{R_D}=0$ 时，$Q=0$，$\overline{Q}=1$。在工作过程中 $\overline{S_D}$、$\overline{R_D}$ 应处于高电平，对电路工作状态无影响。逻辑符号中 $\overline{S_D}$、$\overline{R_D}$ 上面的横线代表低电平有效。需要说明的是，$\overline{S_D}$、$\overline{R_D}$ 当预置触发器的初始状态后，必须马上调至高电平；否则其他端子不能对可控 RS 触发器进行控制。

(1) 当 $CP=0$ 时，R、S 输入状态不起作用，触发器状态不变。逻辑符号中，CP 上面的三角代表上升沿有效，即电平由低变为高的一瞬间有效。

(2) 当 $CP=1$ 时，触发器状态由 R、S 输入状态决定。触发器的翻转时刻受 CP 控制（CP 高电平时翻转），而触发器的状态由 R、S 的状态决定。

① 当 $S=0$、$R=0$ 时，触发器保持原态；当 $S=0$、$R=1$ 时，触发器置0；当 $S=1$、$R=0$ 时，触发器置1。

② 当 $S=1$、$R=1$ 时，在时钟由 1 变 0 后触发器状态不定。在应用中是不允许的。

可控 RS 触发器真值表如表 10−2 所示。

可控 RS 触发器受时钟电平 CP 控制。在 $CP=1$ 期间接收输入信号，$CP=0$ 时状态保持不变，与基本 RS 触发器相比，对触发器状态的转变增加了时间控制。R、S 之间有约束，不能允许出现 R 和 S 同时为 1 的情况；否则会使触发器处于不确定的状态。

可控 RS 触发器的波形如图 10−4 所示。可控 RS 触发器存在的问题是时钟脉冲不能过宽；否则出现空翻现象，即在一个时钟脉冲期间触发器翻转一次以上。解决的办法是采用 JK 触发器或 D 触发器。

表 10−2 可控 RS 触发器真值表

CP	R	S	Q^{n+1}	功能
0	×	×	Q^n	保持
1	0	0	Q^n	保持
1	0	1	1	置1
1	1	0	0	置0
1	1	1	不定	不允许

注：表中 × 代表任意状态。

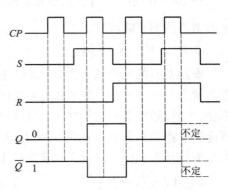

图 10−4 可控 RS 触发器波形

三、主从 JK 触发器

主从 JK 触发器解决了可控 RS 触发器存在的空翻问题,其电路和逻辑符号如图 10-5 所示。逻辑符号 CP 下方的三角和圆圈代表下降沿有效。

1. 主从 JK 触发器的工作原理

(1) 主从 JK 触发器接收输入信号的过程。

① $CP=0$(即 $C_1=0$)时,主触发器被封锁,无论主触发器的输入信号 J、K 如何变化,对从触发器均无影响,即触发器的输出状态保持不变。

② $CP=1$(即 $C_1=1$)时,主触发器被打开,可以接收输入信号 J、K,其输出状态由输入信号的状态决定。但由于 $\overline{CP}=0$(即 $C_2=0$),从触发器被封锁,无论主触发器的输出状态如何变化,对从触发器均无影响,即触发器的输出状态保持不变。

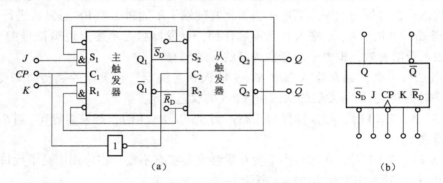

图 10-5 主从 JK 触发器
(a) 电路;(b) 逻辑符号

(2) 主从 JK 触发器输出信号过程。

当 CP 下降沿到来时,即 CP 由 1 变为 0 时,主触发器被封锁,无论输入信号如何变化,对主触发器均无影响,即在 $CP=1$ 期间接收的内容被存储起来。同时,由于 $\overline{CP}$ 由 0 变为 1,从触发器被打开,可以接收由主触发器送来的信号,其输出状态由主触发器的输出状态决定。

在 $CP=0$ 期间,由于主触发器保持状态不变,因此受其控制的从触发器的状态也即 Q、$\overline{Q}$ 的值当然不可能改变。

① 当 $J=0$、$K=0$ 时:

设触发器的初始状态为 0,此时主触发器的 $R_1=KQ=0$、$S_1=J\overline{Q}=0$,在 $CP=1$ 时主触发器状态保持 0 不变;当 CP 从 1 变 0 时,由于从触发器的 $R_2=1$、$S_2=0$,也保持为 0 状态不变。如果触发器的初始状态为 1,当 CP 从 1 变 0 时,触发器则保持 1 状态不变。可见,不论触发器原来的状态如何,当 $J=K=0$ 时,触发器的状态均保持不变,即 $Q^{n+1}=Q^n$。Q^n 表示当前状态,Q^{n+1} 表示当前状态的下一个状态。

② 当 $J=0$、$K=1$ 时:

设触发器的初始状态为 0,此时主触发器的 $R_1=0$、$S_1=0$,在 $CP=1$ 时主触发器保持为

0 状态不变；当 CP 从 1 变 0 时，由于从触发器的 $R_2=1$、$S_2=0$，从触发器也保持为 0 状态不变。如果触发器的初始状态为 1，则由于 $R_1=1$、$S_1=0$，在 $CP=1$ 时将主触发器翻转为 0 状态；当 CP 从 1 变 0 时，由于从触发器的 $R_2=1$、$S_2=0$，从触发器状态也翻转为 0 状态。可见，不论触发器原来的状态如何，当 $J=0$、$K=1$ 时，输入 CP 脉冲后，触发器的状态均为 0 状态，即 $Q^{n+1}=0$。

③ 当 $J=1$、$K=0$ 时：

设触发器的初始状态为 0，此时主触发器的 $R_1=0$、$S_1=1$，在 $CP=1$ 时主触发器翻转为 1 状态；当 CP 从 1 变 0 时，由于从触发器的 $R_2=0$、$S_2=1$，故从触发器也翻转为 1 状态。如果触发器的初始状态为 1，则由于 $R_1=0$、$S_1=0$，在 $CP=1$ 时主触发器状态保持 1 不变；当 CP 从 1 变 0 时，由于从触发器的 $R_2=0$、$S_2=1$，从触发器状态也保持 0 状态不变。可见，不论触发器原来的状态如何，当 $J=1$、$K=0$ 时，输入 CP 脉冲后，触发器的状态均为 1 状态，即 $Q^{n+1}=1$。

④ 当 $J=1$、$K=1$ 时：

设触发器的初始状态为 0，此时主触发器的 $R_1=0$、$S_1=1$，在 $CP=1$ 时主触发器翻转为 1 状态；当 CP 从 1 变 0 时，由于从触发器的 $R_2=0$、$S_2=1$，故从触发器也翻转为 1 状态。如果触发器的初始状态为 1，则由于 $R_1=1$、$S_1=0$，在 $CP=1$ 时将主触发器翻转为 0 状态；当 CP 从 1 变 0 时，由于从触发器的 $R_2=1$、$S_2=0$，故从触发器也翻转为 0 状态。可见当 $J=K=1$ 时，输入 CP 脉冲后，触发器状态必定与原来的状态相反，即 $Q^{n+1}=\overline{Q}^n$。由于每来一个 CP 脉冲触发器状态翻转一次，故这种情况下触发器具有计数功能。

于是可知，主从 JK 触发器的真值表如表 10-3 所示，波形如图 10-6 所示。

表 10-3 主从 JK 触发器真值表

J	K	Q^n	Q^{n+1}
0	0	0 1	0 1 } Q^n
0	1	0 1	0 0 } 0
1	0	0 1	1 1 } 1
1	1	0 1	1 0 } $\overline{Q}^n$

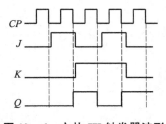

图 10-6 主从 JK 触发器波形

四、D 触发器

D 触发器的电路图和逻辑符号如图 10-7 所示。

当 $CP=0$ 时，不论 D 是什么状态，触发器状态都不变；当 CP 由 0 变为 1 时，若 $D=0$，触发器状态不变；当 CP 由 0 变为 1 时，若 $D=1$，触发器置 1。即 CP 上升沿前接收信号，上升沿时触发器翻转，其 Q 的状态与 D 状态一致；但 Q 的状态总比 D 的状态变化晚一步，即 $Q^{n+1}=D^n$；上升沿后输入 D 不再起作用，触发器状态保持。

D 触发器的真值表如表 10-4 所示，波形图如图 10-8 所示。

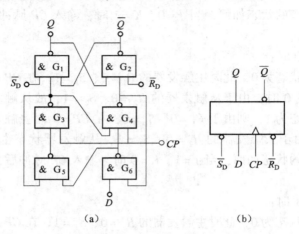

图 10-7 D 触发器

（a）电路；（b）逻辑符号

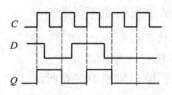

图 10-8 D 触发器波形图

表 10-4 D 触发器真值表

D	Q^{n+1}
0	0
1	1

学习单元 2
触发器的应用

4 学时

电子实训教室

1. 掌握寄存器的工作原理
2. 掌握计数器的工作原理
3. 掌握显示译码器的工作原理
4. 掌握 555 定时器的工作原理
5. 了解数/模和模/数转换的工作原理

一、寄存器

在数字电路中，用来存放二进制数据或代码的电路，称为寄存器。

寄存器是由具有存储功能的触发器组合起来构成的。一个触发器可以存储 1 位二进制代码，存放 n 位二进制代码的寄存器，需用 n 个触发器来构成。

按照功能的不同，可将寄存器分为数码寄存器和移位寄存器两大类。数码寄存器只能并行送入数据，需要时也只能并行输出。移位寄存器中的数据可以在移位脉冲作用下依次逐位右移或左移，数据既可以并行输入、并行输出，也可以串行输入、串行输出，还可以并行输入、串行输出，串行输入、并行输出，十分灵活，用途也很广。

1. 数码寄存器

数码寄存器如图 10-9 所示。无论寄存器中原来的内容是什么，只要送数控制时钟脉冲 CP 上升沿到来，加在并行数据输入端的数据 $D_0 \sim D_3$，就立即被送进寄存器中，即有

$$Q_3^{n+1} Q_2^{n+1} Q_1^{n+1} Q_0^{n+1} = D_3 D_2 D_1 D_0$$

2. 移位寄存器

移位寄存器分为右移位寄存器和左移位寄存器。

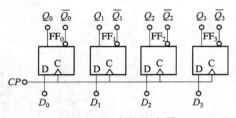

图 10-9 数码寄存器

右移位寄存器如图 10-10 所示。在存数操作之前，先用 R_D（负脉冲）将各个触发器清零。当出现第 1 个移位脉冲时，待存数码的最高位和 4 个触发器的数码同时右移 1 位，即待存数码的最高位存入 Q_0，而寄存器原来所存数码的最高位从 Q_3 输出；出现第 2 个移位脉冲时，待存数码的次高位和寄存器中的 4 位数码又同时右移 1 位。依此类推，在 4 个移位脉冲作用下，寄存器中的 4 位数码同时右移 4 次，待存的 4 位数码便可存入寄存器。其真值表如表 10-5 所示。

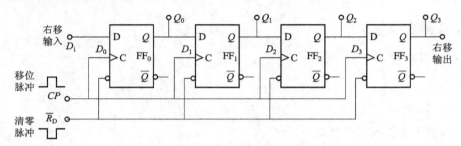

图 10-10 右移位寄存器

表 10-5 右移位寄存器真值表

输入		现态				次态				说明
D_i	CP	Q_0^n	Q_1^n	Q_2^n	Q_3^n	Q_0^{n+1}	Q_1^{n+1}	Q_2^{n+1}	Q_3^{n+1}	
1	↑	0	0	0	0	1	0	0	0	
1	↑	1	0	0	0	1	1	0	0	连续输入 4 个 1
1	↑	1	1	0	0	1	1	1	0	
1	↑	1	1	1	0	1	1	1	1	

左移位寄存器和右移位寄存器类似，如图 10-11 所示。其真值表如表 10-6 所示。

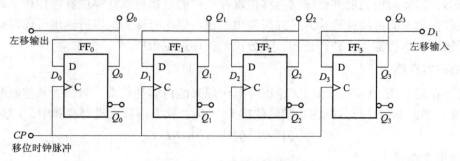

图 10-11 左移位寄存器

表 10-6　左移位寄存器真值表

输入		现态				次态				说明
D_i	CP	Q_0^n	Q_1^n	Q_2^n	Q_3^n	Q_0^{n+1}	Q_1^{n+1}	Q_2^{n+1}	Q_3^{n+1}	
1	↑	0	0	0	0	0	0	0	1	
1	↑	1	0	0	0	0	0	1	1	连续输入
1	↑	1	1	0	0	0	1	1	1	4 个 1
1	↑	1	1	1	0	1	1	1	1	

二、计数器

能够记忆输入脉冲个数的电路称为计数器。计数器分类如图 10-12 所示。

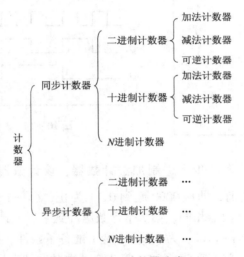

图 10-12　计数器分类

图 10-13 所示为 3 位计数器，由于 3 个 JK 触发器都接成了计数器，所以最低位触发器 FF_0 每来一个时钟脉冲的下降沿（即 CP 由 1 变 0）时翻转一次，而其他两个触发器都是在其相邻低位触发器的输出端 Q 由 1 变 0 时翻转，即 FF_1 在 Q_0 由 1 变 0 时翻转，FF_2 在 Q_1 由 1 变 0 时翻转。

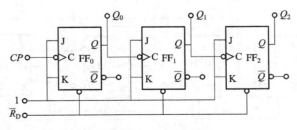

图 10-13　3 位计数器

3 位计数器的真值表如表 10-7 所示，波形如图 10-14 所示。可以看出，从状态 000 开始，每来一个计数脉冲，计数器中的数值便加 1，输入 8 个计数脉冲时，就计满归零，所以作为整体，该电路也可称为八进制计数器。

由于这种结构计数器的时钟脉冲不是同时加到各触发器的时钟端，而只加至最低位触发器，其他各位触发器则由相邻低位触发器的输出 Q 来触发翻转，即用低位输出推动相邻高位触发器，3 个触发器的状态只能依次翻转，并不同步，这种结构特点的计数器称为异步计数器。异步计数器结构简单，但计数速度较慢。

表 10-7 3 位计数器真值表

计数脉冲	Q_2	Q_1	Q_0
0	0	0	0
1	0	0	1
2	0	1	0
3	0	1	1
4	1	0	0
5	1	0	1
6	1	1	0
7	1	1	1
8	0	0	0

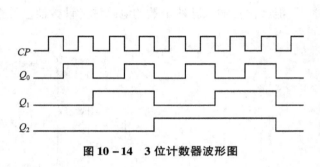

图 10-14 3 位计数器波形图

再如，图 10-15 所示为异步十进制加法计数器，设计数器初始状态为 $Q_3Q_2Q_1Q_0 = 0000$，在触发器 FF_3 翻转之前，即从 0000 起到 0111 为止，$\overline{Q_3} = 1$，FF_0、FF_1、FF_2 的翻转情况与 3 位异步二进制加法计数器相同。第 7 个计数脉冲到来后，计数器状态变为 0111，$Q_2 = Q_1 = 1$，使 $J_3 = Q_2Q_1 = 1$，而 $K_3 = 1$，为 FF_3 由 0 变 1 准备了条件。第 8 个计数脉冲到来后，4 个触发器全部翻转，计数器状态变为 1000。第 9 个计数脉冲到来后，计数器状态变为 1001。这两种情况下 $\overline{Q_3}$ 均为 0，使 $J_1 = 0$，而 $K_1 = 1$。所以第 10 个计数脉冲到来后，Q_0 由 1 变为 0，但 FF_1 的状态将保持为 0 不变，而 Q_0 能直接触发 FF_3，使 Q_3 由 1 变为 0，从而使计数器回复到初始状态 0000。

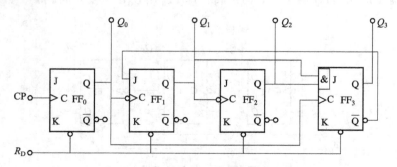

图 10-15 异步十进制加法计数器

三、显示译码器

用来驱动各种显示器件,从而将用二进制代码表示的数字、文字、符号翻译成人们习惯的形式直观地显示出来的电路,称为显示译码器。图 10-16 所示为七段码显示译码器。图 10-16(a) 为其外形,图 10-16(b) 为共阴极七段码显示译码器,图 10-16(c) 为共阳极七段码显示译码器,表 10-8 所列为共阴极七段码显示译码器真值表。

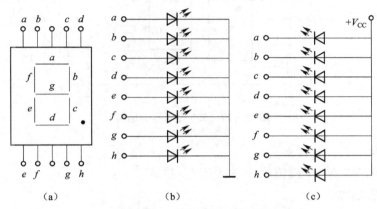

图 10-16 七段码显示译码器
(a) 外形;(b) 共阴极;(c) 共阳极

表 10-8 共阴极七段码显示译码器真值表

输入				输出							显示字形
A_3	A_2	A_1	A_0	a	b	c	d	e	f	g	
0	0	0	0	1	1	1	1	1	1	0	0
0	0	0	1	0	1	1	0	0	0	0	1
0	0	1	0	1	1	0	1	1	0	1	2
0	0	1	1	1	1	1	1	0	0	1	3
0	1	0	0	0	1	1	0	0	1	1	4
0	1	0	1	1	0	1	1	0	1	1	5
0	1	1	0	0	0	1	1	1	1	1	6
0	1	1	1	1	1	1	0	0	0	0	7
1	0	0	0	1	1	1	1	1	1	1	8
1	0	0	1	1	1	1	1	0	1	1	9

四、555 定时器

555 定时器应用非常广泛,可以组成振荡器电路和可变阈值电平的施密特触发器等电路。555 定时器的结构如图 10-17 所示。

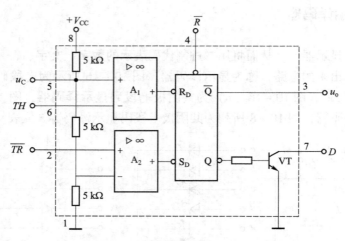

图 10-17 555 定时器的结构

1. 引脚功能

1 脚：外接电源负端 V_{SS} 或接地，一般情况下接地。

2 脚：低触发端 $\overline{TR}$。

3 脚：输出端 u_o。

4 脚：是直接清零端。当此端接低电平时，则时基电路不工作，此时不论 $\overline{TR}$、TH 处于何电平，时基电路输出为"0"。该端不用时应接高电平。

5 脚：u_C 为控制电压端。若此端外接电压，则可改变内部两个比较器的基准电压，当该端不用时，应将该端串入一只 0.01 μF 电容接地，以防引入干扰。

6 脚：高触发端 TH。

7 脚：放电端。该端与放电管集电极相连，用作定时器时电容的放电。

8 脚：外接电源 V_{CC}，双极型时基电路 V_{CC} 的范围是 4.5～16 V，CMOS 型时基电路 V_{CC} 的范围为 3～18 V。一般用 5 V。

2. 工作原理

$R=0$ 时，$Q=1$、$\overline{Q}=0$，$u_o=0$，VT 导通。

$R=1$、$U_{TH}>2V_{CC}/3$、$U_{TR}>V_{CC}/3$ 时，$R_D=0$、$S_D=1$，$Q=1$、$\overline{Q}=0$，$u_o=0$，VT 饱和导通。

$R=1$、$U_{TH}<2V_{CC}/3$、$U_{TR}>V_{CC}/3$ 时，$R_D=1$、$S_D=1$，Q、$\overline{Q}$ 不变，u_o 不变，VT 状态不变。

$R=1$、$U_{TH}<2V_{CC}/3$、$U_{TR}<V_{CC}/3$ 时，$R_D=1$、$S_D=0$，$Q=0$、$\overline{Q}=1$，$u_o=1$，VT 截止。

3. 由 555 定时器构成单稳态触发器

由 555 定时器构成单稳态触发器，如图 10-18 所示。

接通 V_{CC} 后瞬间，V_{CC} 通过 R 对 C 充电，当 u_C 上升到 $2V_{CC}/3$ 时，比较器 A_1 输出为 0，将触发器置 0，$u_o=0$。这时 $\overline{Q}=1$，放电管 VT 导通，C 通过 VT 放电，电路进入稳态。

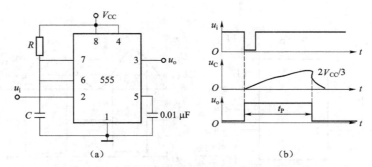

图 10－18 由 555 定时器构成单稳态触发器及波形
(a) 电路；(b) 工作波形

u_i 到来时，因为 $u_i < V_{CC}/3$，使 A_2 为 0，触发器置 1，u_o 又由 0 变为 1，电路进入暂稳态。由于此时 $Q=0$，放电管 VT 截止，V_{CC} 经 R 对 C 充电。虽然此时触发脉冲已消失，比较器 A_2 的输出变为 1，但充电继续进行，直到 u_C 上升到 $2V_{CC}/3$ 时，比较器 A_1 输出为 0，将触发器置 0，电路输出 $u_o=0$，VT 导通，C 放电，电路恢复到稳定状态。

4. 由 555 定时器构成无稳态触发器

由 555 定时器构成无稳态触发器，如图 10－19 所示。

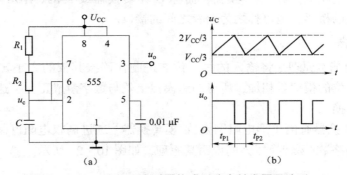

图 10－19 由 555 定时器构成无稳态触发器及波形
(a) 电路；(b) 工作波形

接通 V_{CC} 后，V_{CC} 经 R_1 和 R_2 对 C 充电。当 u_C 上升到 $2V_{CC}/3$ 时，$u_o=0$，VT 导通，C 通过 R_2 和 VT 放电，u_C 下降。当 u_C 下降到 $V_{CC}/3$ 时，u_o 又由 0 变为 1，VT 截止，V_{CC} 又经 R_1 和 R_2 对 C 充电。如此重复上述过程，在输出端 u_o 产生了连续的矩形脉冲。

5. 由 555 定时器构成施密特触发器

由 555 定时器构成的施密特触发器，如图 10－20 所示。

$u_i = 0$ 时，$R_D = 1$、$S_D = 0$，触发器置 1，即 $Q=1$、$\overline{Q}=0$，$u_{o1} = u_o = 1$。u_i 升高时，在未到达 $2V_{CC}/3$ 以前，$u_{o1} = u_o = 1$ 的状态不会改变。

u_i 升高到 $2V_{CC}/3$ 时，比较器 A_1 输出跳变为 0，A_2 输出为 1，触发器置 0，即跳变到 $Q=0$、$\overline{Q}=1$，u_{o1}、u_o 也随之跳变到 0。此后，u_i 继续上升到最大值，然后再降低，但在未降低到 $V_{CC}/3$ 以前，$u_{o1}=0$、$u_o=0$ 的状态不会改变。

u_i 下降到 $V_{CC}/3$ 时，比较器 A_1 输出为 1，A_2 输出跳变为 0，触发器置 1，即跳变到 $Q=1$、$\overline{Q}=0$，u_{o1}、u_o 也随之跳变到 1。此后，u_i 继续下降到 0，但 $u_{o1}=1$、$u_o=1$ 的状态不会改变。

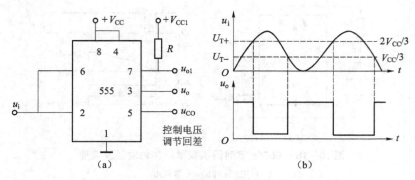

图 10-20 由 555 定时器构成的施密特触发器及波形
(a) 电路；(b) 工作波形

五、数/模和模/数转换

能将模拟量转换为数字量的电路称为模/数转换器，简称 A/D 转换器或 ADC；能将数字量转换为模拟量的电路称为数/模转换器，简称 D/A 转换器或 DAC。ADC 和 DAC 是沟通模拟电路和数字电路的桥梁，也可称之为两者之间的接口。

1. D/A 转换器

D/A 转换器的基本原理是将输入的每一位二进制代码按其权的大小转换成相应的模拟量，然后将代表各位的模拟量相加，所得的总模拟量就与数字量成正比，这样便实现了从数字量到模拟量的转换。

常见的 D/A 转换器有倒 T 形电阻网络数/模转换器、二进制权电阻网络 D/A 转换器等，现以倒 T 形电阻网络数/模转换器为例说明其原理，如图 10-21 所示。

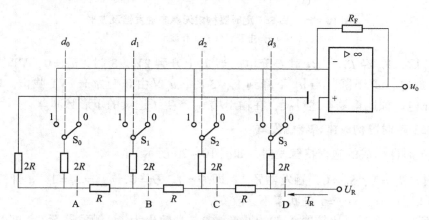

图 10-21 倒 T 形电阻网络数/模转换器

分别从虚线 A、B、C、D 处向左看的二端网络等效电阻都是 R。

不论模拟开关接到运算放大器的反相输入端（虚地）还是接到地，也就是不论输入数字信号是 1 还是 0，各支路的电流均不变。

从参考电压 U_R 处输入的电流 I_R 为

$$I_R = \frac{U_R}{R}$$

各支路电流 I_R 为

$$I_3 = \frac{1}{2}I_R = \frac{U_R}{2^1 R} \qquad I_2 = \frac{1}{4}I_R = \frac{U_R}{2^2 R}$$

$$I_1 = \frac{1}{8}I_R = \frac{U_R}{2^3 R} \qquad I_0 = \frac{1}{16}I_R = \frac{U_R}{2^4 R}$$

总电流 I 为

$$I = I_0 d_0 + I_1 d_1 + I_2 d_2 + I_3 d_3 = \frac{U_R}{2^4 R}(d_3 \cdot 2^3 + d_2 \cdot 2^2 + d_1 \cdot 2^1 + d_0 \cdot 2^0)$$

输出电压 u_o 为

$$u_o = -R_F I = -\frac{U_R R_F}{2^4 R}(d_3 \cdot 2^3 + d_2 \cdot 2^2 + d_1 \cdot 2^1 + d_0 \cdot 2^0)$$

D/A 转换器的主要技术指标有以下几个：

（1）分辨率。分辨率用输入二进制数的有效位数表示。在分辨率为 n 位的 D/A 转换器中，输出电压能区分 2^n 个不同的输入二进制代码状态，能给出 2^n 个不同等级的输出模拟电压。分辨率也可以用 D/A 转换器的最小输出电压与最大输出电压的比值来表示。10 位 D/A 转换器的分辨率为

$$\frac{1}{2^{10}-1} = \frac{1}{1\,023} \approx 0.001$$

（2）转换精度。D/A 转换器的转换精度是指输出模拟电压的实际值与理想值之差，即最大静态转换误差。

（3）输出建立时间。从输入数字信号起，到输出电压或电流到达稳定值时所需要的时间，称为输出建立时间。

2. A/D 转换器

A/D 转换器原理框图如图 10-22 所示。其基本原理是转换开始前先将所有寄存器清零。开始转换以后，时钟脉冲首先将寄存器最高位置成 1，使输出数字为 100…0。这个数码被 D/A 转换器转换成相应的模拟电压 u_o，送到比较器中与 u_i 进行比较。若 $u_i > u_o$，说明数字过大，故将最高位的 1 清除；若 $u_i < u_o$，说明数字还不够大，应将这一位保留。然后，再按同样的方式将次高位置成 1，并且经过比较以后确定这个 1 是否应该保留。这样逐位比较下去，一直到最低位为止。比较完毕后，寄存器中的状态就是所要求的数字量输出。

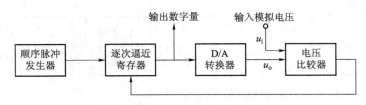

图 10-22 A/D 转换器原理框图

现以 3 位逐次逼近型 A/D 转换器为例说明 A/D 转换器的工作原理,如图 10-23 所示。

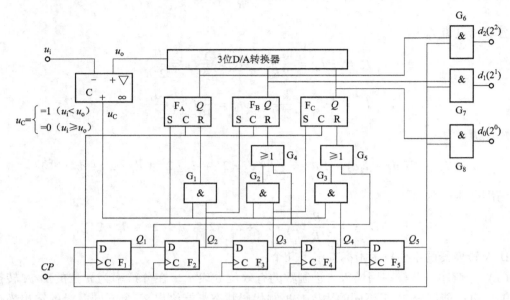

图 10-23 3 位逐次逼近型 A/D 转换器

转换开始前,先使 $Q_1=Q_2=Q_3=Q_4=0$,$Q_5=1$,第一个 CP 到来后,$Q_1=1$,$Q_2=Q_3=Q_4=Q_5=0$,于是 F_A 被置 1,F_B 和 F_C 被置 0。这时加到 D/A 转换器输入端的代码为 100,并在 D/A 转换器的输出端得到相应的模拟输出电压 u_o。u_o 和 u_i 在比较器中比较,当 $u_i<u_o$ 时,比较器输出 $u_C=1$;当 $u_i \geqslant u_o$ 时,$u_C=0$。

第二个 CP 到来后,环形计数器右移一位,变成 $Q_2=1$,$Q_1=Q_3=Q_4=Q_5=0$,这时门 G_1 打开,若原来 $u_C=1$,则 F_A 被置 0,若原来 $u_C=0$,则 F_A 的 1 状态保留。与此同时,Q_2 的高电平将 F_B 置 1。

第三个 CP 到来后,环形计数器又右移一位,一方面将 F_C 置 1,同时将门 G_2 打开,并根据比较器的输出决定 F_B 的 1 状态是否应该保留。

第四个 CP 到来后,环形计数器 $Q_4=1$,$Q_1=Q_2=Q_3=Q_5=0$,门 G_3 打开,根据比较器的输出决定 F_C 的 1 状态是否应该保留。

第五个 CP 到来后,环形计数器 $Q_5=1$,$Q_1=Q_2=Q_3=Q_4=0$,F_A、F_B、F_C 的状态作为转换结果,通过门 G_6、G_7、G_8 送出。

任务工单 10

工作任务	触发器					
姓名		学号		班级		日期

1. 实训目的

(1) 掌握基本 RS、JK 和 D 触发器的逻辑功能。
(2) 掌握集成触发器的逻辑功能及使用方法。

2. 实训仪器
(1) +5 V 直流电源；   (2) 单次脉冲源；   (3) 16 位开关电平输入及高电平显示；   (4) 74LS20、74LS112、74LS74 集成电路各一块。
3. 实训电路（见图 10-24～图 10-26）   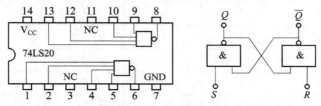   图 10-24 74LS20 双与非门引脚功能和 RS 触发器电路图   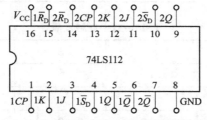   图 10-25 74LS112 双 JK 触发器引脚功能图   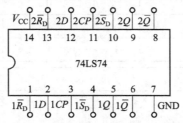   图 10-26 74LS74 双 D 触发器引脚功能图
4. 实训数据（见表 10-9～表 10-11）

表 10-9 RS 触发器

Q^n	R	S	Q^{n+1}	功能
	0	1		
	1	0		
	1	1		
	0	0		

续表

表 10-10 JK 触发器

Q^n	$\overline{R_D}$	$\overline{S_D}$	J	K	Q^{n+1}	功能
0	0	1				
1	1	0				
0	1	1	0	0		
1	1	1	0	0		
0	1	1	0	1		
1	1	1	0	1		
0	1	1	1	0		
1	1	1	1	0		
0	1	1	1	1		
1	1	1	1	1		

表 10-11 D 触发器

Q^n	$\overline{R_D}$	$\overline{S_D}$	D	Q^{n+1}	功能
0	0	1			
1	1	0			
0	1	1	0		
1	1	1	0		
0	1	1	1		
1	1	1	1		

5. 分析

（1）RS 触发器的逻辑功能是什么？

（2）JK 触发器的逻辑功能是什么？

（3）D 触发器的逻辑功能是什么？

6. 评估

教师签字：

练习题

单项选择题

1. 用 TTL 与非门构成的基本 RS 触发器，当输入信号 S 和 R 均为"1"时，其逻辑功能为（　　）。
   A. 置 1　　　　B. 置 0　　　　C. 保持　　　　D. 失效

2. 输出状态和输入信号相同的触发器叫作（　　）触发器。
   A. RS　　　　B. D　　　　C. T　　　　D. JK

3. 下列的（　　）触发器存在约束条件，因而在使用时必须严格注意输入端的状态。
   A. T　　　　B. D　　　　C. JK　　　　D. 基本 RS

4. 输入信号以单端形式给出，具有记"1"和记"0"的功能，则优先选用（　　）触发器。
   A. T　　　　B. D　　　　C. JK　　　　D. 基本 RS

5. 若某个电路中要求使用具有双端输入形式的触发器，且触发器具有置"1"、置"0"功能，则应选用（　　）。
   A. T　　　　B. D　　　　C. JK　　　　D. 基本 RS

6. 如果在 $CP=1$ 期间，由于干扰的原因，使触发器的数据输入信号经常有变化，为了使触发器可靠工作，应选用（　　）结构触发器。
   A. 基本（RS）型　　　　　　　　B. 主从型
   C. 边沿型　　　　　　　　　　　D. 同步型

7. 由与非门构成的基本 RS 触发器，要使 $Q^{n+1}=Q^n$，则输入信号应为（　　）。
   A. $S_D=R_D=1$　　　　　　　　B. $S_D=R_D=0$
   C. $S_D=1$，$R_D=0$　　　　　　D. $S_D=0$，$R_D=1$

8. 对 JK 触发器而言，采用（　　）触发抵抗外界干扰最有效。
   A. 上升沿　　B. 高电平　　C. 低电平　　D. CP

9. 对于上升沿触发的 D 触发器，它的次态取决于 CP 上升沿到达时（　　）的状态。
   A. 输出端 Q^n　B. 输入信号 D　C. 输出端 $\overline{Q^n}$　C. 高电平

10. 具有直接置位与复位端（$\overline{R_D}$、$\overline{S_D}$）的 JK 触发器，当触发器处于受 CP 脉冲控制的情况下工作时，这两端所加的信号为（　　）。
    A. $\overline{R_D}\,\overline{S_D}=01$　　　　　B. $\overline{R_D}\,\overline{S_D}=11$
    C. $\overline{R_D}\,\overline{S_D}=00$　　　　　D. $\overline{R_D}\,\overline{S_D}=10$

11. 每个触发器均能够记忆（　　）位的二进制信息。
    A. 1　　　　B. 2
    C. 4　　　　D. 8

12. 已知某触发器的特性如表 10-12 所示（触发器的输入用 AB 表示），请选择与其具有相同功能的逻辑表达式是（　　）。
    A. $Q^{n+1}=\overline{Q^n}$

表 10-12　触发器真值表

AB	Q^{n+1}	说明
00	Q^n	保持
01	1	置 1
10	0	置 0
11	$\overline{Q^n}$	翻转

B. $Q^{n+1} = Q^n$

C. $Q^{n+1} = A\overline{Q^n} + \overline{B}Q^n$

D. $Q^{n+1} = \overline{A}Q^n + B\overline{Q^n}$

13. 3个触发器可以存放（　　）位的二进制数。
A. 1　　　　　　B. 3　　　　　　C. 6　　　　　　D. 8

14. 触发器的输入端在工作时将受到（　　）时钟脉冲的控制。
A. 异步　　　　　B. 同步　　　　　C. 任意　　　　　D. 同时

15. 下面4种触发器中，抗干扰能力最强的是（　　）。
A. 主从 RS 触发器　　　　　　　　B. 主从 JK 触发器
C. 维持阻塞 D 触发器　　　　　　　D. 同步 RS 触发器仅具有置"0"置"1"

16. 电路如图 10-27 所示，则其输出端 Q 状态为（　　）。
A. 保持1状态　　　　　　　　　　B. 保持0状态
C. 翻转状态　　　　　　　　　　　D. 状态保持不变

17. 每个触发器有（　　）个稳态，它可以记录（　　）位二进制码。

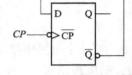

图 10-27　选择题 16 用图

A. 1，1　　　　　　　　　　　　B. 1，2
C. 2，1　　　　　　　　　　　　D. 2，2

18. 若 JK 触发器的 $\overline{R}$ 端和 $\overline{S}$ 端同时置0，则 Q 端和 $\overline{Q}$ 端的输出为（　　）。
A. $\overline{S}_D = 1$，$\overline{R}_D = 0$　　　　　　B. $\overline{S}_D = 0$，$\overline{R}_D = 1$
C. $J = 1$，$K = 0$　　　　　　　　D. $J = 0$，$K = 1$

19. 若需将 JK 触发器转变为 D 触发器，需要使（　　）。
A. $J = K = D$　　　　　　　　　B. $J = K = \overline{D}$
C. $J = D$，$K = \overline{D}$　　　　　　D. $J = \overline{D}$，$K = D$

20. 电路如图 10-28 所示，CP 来下降沿时，则其输出端 Q 状态为（　　）。
A. 保持1状态　　　　　　　　　　B. 保持0状态
C. 翻转状态　　　　　　　　　　　D. 状态保持不变

21. 触发器电路如图 10-29 所示，其次态方程为（　　）。
A. $Q^{n+1} = Q^n$　　　　　　　　B. $Q^{n+1} = 1$
C. $Q^{n+1} = 0$　　　　　　　　　D. $Q^{n+1} = \overline{Q^n}$

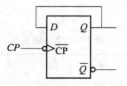　　　　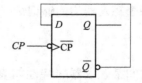

图 10-28　选择题 20 用图　　　　图 10-29　选择题 21 用图

22. JK 触发器在 CP 时钟脉冲作用下，要使 $Q^{n+1} = Q^n$，则输入信号必为（　　）。
A. $J = K = 0$　　　　　　　　　B. $J = 0$　$K = 1$

C. $J=1$　$K=0$　　　　　　　D. $J=1$　$K=1$

23. 下列表达式中的×表示"0"或"1"中的任意一个，若 JK 触发器要求状态由 $0\rightarrow1$，其输入信号应为（　　）。

A. $JK=0\times$　　　　　　　　B. $JK=1\times$
C. $JK=\times0$　　　　　　　　D. $JK=\times1$

24. 电路如图 10-30 所示，CP 来上升沿时，则其输出端 Q 状态为（　　）。

A. 保持 1 状态　　　　　　　　B. 保持 0 状态
C. 翻转状态　　　　　　　　　D. 状态保持不变

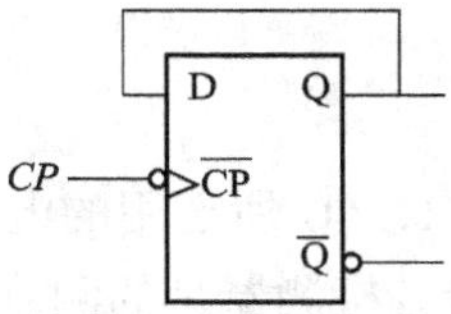

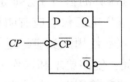

图 10-30　选择题 24 用图

25. 以下的选项中，除了（　　）外均能够使上升沿有效的 JK 触发器状态保持不变。

A. 控制端 $J=K=0$　　　　　　B. CP 保持低电平
C. CP 保持高电平　　　　　　D. 控制端 $J=K=1$

图 10-31　选择题 26 用图

26. 触发器电路如图 10-31 所示，其次态方程为（　　）。

A. $Q^{n+1}=Q^n$　　　　　　　B. $Q^{n+1}=1$
C. $Q^{n+1}=0$　　　　　　　　D. $Q^{n+1}=\overline{Q^n}$

27. 要使 JK 触发器在时钟脉冲作用下的次态与现态相反，则 JK 的取值应为（　　）。

A. 00　　B. 11　　C. 01　　D. 01 或 10

28. JK 触发器在 CP 时钟脉冲作用下，要使 $Q^{n+1}=\overline{Q^n}$，则输入信号必为（　　）。

A. $J=K=0$　　B. $J=0$　$K=1$　　C. $J=1$　$K=0$　　D. $J=1$　$K=1$

参 考 答 案

学习项目一

1. ① 所选用的电工仪表，必须满足被测对象及检测内容的要求，使被测对象在量程范围内。检测器具的测量极限误差必须小于或等于被测对象所能允许的测量极限误差，必须具有技术鉴定书或产品合格证书。

② 按规定对电工仪表实施周期检定，保证使用中的计量器具的量值准确可靠，以防止检测器具的自身误差而造成工程质量不合格。

③ 电工仪表应有明显的"合格""禁用""封存"等标志标明计量器具所处的状态。

④ 使用人员应经过培训并具有相应的资格，熟悉并掌握电工仪表的性能、相应的操作规程、使用要求和操作方法，按规定进行正确操作，做好记录。

⑤ 使用电工仪表前，应检查其是否完好，若不在检定周期内、检定标识不清或封存的，视为不合格的计量检测设备，不得使用。每次使用前，应对电工仪表进行校准复位检查后，方可开始计量测试。使用中若发现计量检测设备偏离标准状态，应立即停用，重新校验核准。如出现损坏或性能下降时，应及时进行修理和重新检定。

⑥ 电工仪表应在适宜的环境下工作，如温度、湿度、振动、屏蔽、隔声等，必要时应采取措施，消除或减少环境对测量结果的影响，保证测量结果的准确可靠。

⑦ 电工仪表在安装和搬运过程中，应采取相应的保护措施，避免准确度偏移，确保符合规定要求。

⑧ 电工仪表应分类存放、标识清楚，针对不同要求采取相应的防护措施，如防火、防潮、防振、防尘、防腐、防外磁场干扰等，确保其处于良好的技术状态。

⑨ 封存的电工仪表重新启用时，必须经检定合格后，方可使用。

2. 用万用表测量电阻时，首先选择合适的倍率挡。万用表欧姆挡的刻度线是不均匀的，所以倍率挡的选择应使指针停留在刻度线较稀的部分为宜，且指针越接近刻度尺的中间，读数越准确。一般情况下，应使指针指在刻度尺的 1/3 ~ 2/3 之间。

其次是欧姆调零。测量电阻之前，应将两个表笔短接，同时调节"欧姆（电气）调零旋钮"，使指针刚好指在欧姆刻度线右边的零位。如果指针不能调到零位，说明电池电压不足或仪表内部有问题。并且每换一次倍率挡，都要再次进行欧姆调零，以保证测量准确。表头的读数乘以倍率，就是所测电阻的电阻值。

其读数方法为

$$实际值 = 指示值 \times \frac{量程}{满偏}$$

3. 使用注意事项

① 如果无法预先估计被测电压或电流的大小，则应先拨至最高量程挡测量一次，再视情况逐渐把量程减小到合适位置。测量完毕，应将量程开关拨到最高电压挡，并关闭电源。

② 满量程时，仪表仅在最高位显示数字"1"，其他位均消失，这时应选择更高的量程。

③ 测量电压时，应将数字万用表与被测电路并联。测电流时应与被测电路串联，测直流量时不必考虑正、负极性。

④ 当误用交流电压挡去测量直流电压，或者误用直流电压挡去测量交流电压时，显示屏将显示"000"，或低位上的数字出现跳动。

⑤ 禁止在测量高电压（220 V 以上）或大电流（0.5 A 以上）时换量程，以防止产生电弧，烧毁开关触点。

学习项目二

一、1. √ 2. × 3. √ 4. × 5. √ 6. × 7. √ 8. × 9. √ 10. √
11. √ 12. × 13. √ 14. × 15. × 16. √

二、1. D 2. C 3. C 4. B 5. B 6. C 7. B 8. C 9. C 10. A

三、解：$U_1 = R_1 I_1 = 6 \times 1.5 = 9$（V）

$U_{23} = U_{AB} - U_1 = 12 - 9 = 3$（V）

$R_{23} = \dfrac{U_{23}}{I_1} = \dfrac{3}{1.5} = 2$（Ω）

$R_{23} = \dfrac{R_2 R_3}{R_2 + R_3}$

解得 $R_3 = 6$ Ω

学习项目三

一、1. √ 2. × 3. × 4. √ 5. × 6. √ 7. × 8. √ 9. × 10. ×
11. × 12. × 13. ×

二、1. D 2. B 3. D 4. C 5. C 6. B 7. A 8. C 9. B

三、1. 解：由 $u = 220\sin\left(\omega t - \dfrac{\pi}{3}\right)$ V 可知：

电源电压有效值 $U = 220$ V，初相位 $\varphi = -\dfrac{\pi}{3}$

① 通过白炽灯的电流 $I = \dfrac{U}{R} = \dfrac{220}{48.4} = 4.545$（A）

初相位 $\varphi_i = \varphi_u = -\dfrac{\pi}{3}$

电流的解析式为 $i = 4.545\sqrt{2}\sin\left(\omega t - \dfrac{\pi}{3}\right)$ A

② 白炽灯消耗的功率 $P = UI = 220 \times 4.545 = 1\,000$（W）

2. 解：由 $u = 311\sin(\omega t + 30°)$ V 可知：

电源电压有效值 $U = 220$ V，角频率 $\omega = 314$ rad/s，初相位 $\varphi_u = 30°$

① 线圈的感抗 $X_L = \omega L = 314 \times 20 \times 10^{-3} = 6.28$（Ω）

通过线圈的电流 $I = \dfrac{U_L}{X_L} = \dfrac{220}{6.28} = 35$（A）

初相位 $\varphi_i = \varphi_u - 90° = 30° - 90° = -60°$

电流的解析式为 $i = 35\sqrt{2}\sin(\omega t - 60°)$ A

② 电路的无功功率 $Q_L = U_L I = 220 \times 35 = 7\ 700$ var

3. 解：由 $u = 220\sin(314t - 60°)$ V 可知：

电源电压有效值 $U = 220$ V，角频率 $\omega = 314$ rad/s，初相位 $\varphi_u = -60°$

① 电容器的容抗 $X_C = \dfrac{1}{\omega C} = \dfrac{1}{314 \times 637 \times 10^{-6}} = 5$（Ω）

通过线圈的电流 $I = \dfrac{U_C}{X_C} = \dfrac{220}{5} = 44$（A）

初相位 $\varphi_i = \varphi_u + 90° = -60° + 90° = 30°$

电流的解析式为 $i = 44\sqrt{2}\sin(\omega t + 30°)$ A

② 电路的无功功率 $Q_C = U_C I = 220 \times 44 = 9\ 680$（var）

4. 解：① 线圈的感抗 $X_L = \omega L = 314 \times 223 \times 10^{-3} = 70$（Ω）

电容的容抗 $X_C = \dfrac{1}{\omega C} = \dfrac{1}{314 \times 80 \times 10^{-6}} = 40$（Ω）

电路的阻抗 $Z = \sqrt{R^2 + (X_L - X_C)^2} = \sqrt{40^2 + (70-40)^2} = 50$（Ω）

② 电流有效值 $I = \dfrac{U}{Z} = \dfrac{220}{50} = 4.4$（A）

③ 各元件两端电压有效值

$U_R = RI = 40 \times 4.4 = 176$（V）

$U_L = X_L I = 70 \times 4.4 = 308$（V）

$U_C = X_C I = 40 \times 4.4 = 176$（V）

④ 电路的有功功率、无功功率、视在功率和功率因数

$P = I^2 R = 4.4^2 \times 40 = 774.4$（W）

$Q = I^2(X_C - X_L) = 4.4^2 \times (70 - 40) = 580.8$（var）

$S = UI = 220 \times 4.4 = 968$（VA）

⑤ $X_L > X_C$，电路为电感性电路

5. 解：① 并联电容后流过灯管的电流 I_R 将不变；② 电路总电流 I 变小

学习项目四

一、1. √ 2. √ 3. √ 4. √ 5. × 6. √ 7. × 8. ×

二、1. A 2. B 3. A 4. B 5. A 6. B 7. B 8. C

三、1. 解：负载阻抗 $Z = \sqrt{R^2 + X_L^2} = \sqrt{8^2 + 6^2} = 10$（Ω）

$$\cos\varphi = \dfrac{R}{Z} = \dfrac{8}{10} = 0.8$$

① 负载接成丫连接时，线电压 $U_L = 380$ V

负载的相电压 $U_{\gamma P} = \dfrac{U_L}{\sqrt{3}} = \dfrac{380}{\sqrt{3}} = 220$（V）

流过负载的相电流 $I_{YP} = \dfrac{U_{YP}}{Z} = \dfrac{220}{10} = 22$（A）

线电流 $I_{YL} = I_{YP} = 22$ A

有功功率 $P = \sqrt{3} U_L I_L \cos\varphi = \sqrt{3} \times 380 \times 22 \times 0.8 = 11\,584$（W）

② 负载接成△连接时，线电压 $U_L = 380$ V

负载的相电压 $U_{\triangle P} = U_L = 380$ V

流过负载的相电流 $I_{\triangle P} = \dfrac{U_{\triangle P}}{Z} = \dfrac{380}{10} = 38$（A）

线电流 $I_{\triangle L} = \sqrt{3} I_{\triangle P} = \sqrt{3} \times 38 = 66$（A）

有功功率 $P = \sqrt{3} U_L I_L \cos\varphi = \sqrt{3} \times 380 \times 66 \times 0.8 = 34\,751$（W）

2．解：额定电压为 220 V 时，应采用丫接法；额定电压为 380 V 时，应采用△接法；电热器的功率为 3 kW。

学习项目五

一、1．√ 2．√ 3．√ 4．√ 5．√ 6．√ 7．× 8．√ 9．× 10．√ 11．× 12．×

学习项目六

1．① 磁极也叫定子，功用是产生磁场；② 电枢也叫转子，功用是产生电磁转矩；③ 电刷架与机壳的功用主要是将直流电引入电枢绕组。

2．直流电动机的启动方式有直接启动、降电压启动和电枢回路串电阻启动。

3．直流电动机的制动也有能耗制动、反接制动和发电反馈制动 3 种。

4．① 定子：产生和输出交流电的部件。

② 转子的功用是产生旋转磁场。

③ 前后端盖：作用是支承转子总成并封闭内部构造。

④ 电刷与电刷架：电刷将电源引入到转子的励磁绕组中，使内部的电磁铁产生较强的磁场，电刷架用来安装电刷。

⑤ 风扇及带轮在发电机工作时，对发电机强制通风冷却。

学习项目七

一、1．A 2．A 3．A 4．C 5．D 6．D

二、1．解：$U_o = 0.9 \times 18 = 16.2$（V）

2．解：采用单相桥式整流电路时

因为 $U_o = 0.9 U_2$

所以 $U_2 = \dfrac{U_o}{0.9} = \dfrac{90}{0.9} = 100$（V）

$I_o = \dfrac{90}{360} = 0.25$（A）

$$I_D = \frac{1}{2}I_O = \frac{1}{2} \times 0.25 = 0.125 \text{ (A)}$$

$$U_{DRM} = \sqrt{2}U_2 = \sqrt{2} \times 100 = 141.2 \text{ (V)}$$

学习项目八

一、1. D 2. A 3. B 4. B 5. A 6. A 7. D 8. B 9. B 10. A 11. D 12. B 13. C 14. D 15. A 16. C 17. A 18. B 19. A 20. C 21. B 22. A

二、1.

管号	VT₁	VT₂	VT₃	VT₄	VT₅	VT₆
上	e	c	e	b	c	b
中	b	b	b	e	e	e
下	c	e	c	c	b	c
管型	PNP	NPN	NPN	PNP	PNP	NPN
材料	Si	Si	Si	Ge	Ge	Ge

2. (a) 可能；(b) 可能；(c) 不能；(d) 不能，VT 的发射结会因电流过大而损坏；(e) 可能

3. 在空载和带负载情况下，电路的静态电流、r_{be} 均相等，它们分别为

$$I_{BQ} = \frac{V_{CC} - U_{BEQ}}{R_B} \approx 22 \text{ μA}$$

$$I_{CQ} = \beta I_{BQ} \approx 1.76 \text{ mA}$$

$$r_{be} = r_{bb'} + (1+\beta)\frac{26 \text{ mV}}{I_{EQ}} \approx 1.3 \text{ kΩ}$$

空载时，静态管压降、电压放大倍数、输入电阻和输出电阻分别为

$$U_{CEQ} = V_{CC} - I_{CQ}R_C \approx 6.2 \text{ V}$$

$$\dot{A}_u = \frac{\beta R_C}{r_{be}} \approx -308$$

$$r_i = R_B // r_{be} \approx r_{be} \approx 1.3 \text{ kΩ}$$

$$\dot{A}_{us} \approx \frac{r_{be}}{R_S + r_{be}} \cdot \dot{A}_u \approx -93$$

$$r_o = R_C = 5 \text{ kΩ}$$

$R_L = 3 \text{ kΩ}$ 时，静态管压降、电压放大倍数分别为

$$U_{CEQ} = \frac{R_L}{R_C + R_L} - I_{CQ}(R_C // R_L) \approx 2.3 \text{ V}$$

$$\dot{A}_u = \frac{\beta R'_L}{r_{be}} \approx -115$$

$$\dot{A}_{uS} \approx \frac{r_{be}}{R_S + r_{be}} \cdot \dot{A}_u \approx -47$$

$$r_i = R_B // r_{be} \approx r_{be} \approx 1.3 \text{ k}\Omega$$

$$r_o = R_C = 5 \text{ k}\Omega$$

4. 4 V   5. −50 mV

学习项目九

1. B 2. B 3. A 4. D 5. C 6. B 7. C 8. A 9. B 10. D
11. B 12. B 13. D 14. C 15. A 16. B 17. A 18. B 19. C
20. C 21. A 22. C 23. C

学习项目十

1. C 2. B 3. D 4. B 5. C 6. C 7. A 8. A 9. B 10. B
11. A 12. D 13. B 14. B 15. C 16. C 17. C 18. C 19. C
20. D 21. D 22. A 23. B 24. D 25. D 26. D 27. B 28. A

参 考 文 献

[1] 万捷. 汽车电工电子技术基础 [M]. 北京：机械工业出版社，2015.
[2] 陈建昌，王忠良. 汽车电工电子技术 [M]. 大连：大连理工大学出版社，2009.
[3] 周元兴. 电工与电子技术基础 [M]. 北京：机械工业出版社，2008.
[4] 苗庆贵. 电工与电子技术基础 [M]. 北京：人民交通出版社，2003.
[5] 刘海鸥，陶刚. 汽车电子学基础 [M]. 北京：北京理工大学出版社，2007.
[6] 任成尧. 汽车电工电子技术基础 [M] 第三版. 北京：人民交通出版社，2014.
[7] 黄志荣，田光达. 实用汽车电工电子技术 [M]. 北京：高等教育出版社，2008.
[8] 付百学. 汽车电子控制技术 [M]. 3版. 北京：机械工业出版社，2010.
[9] 曹家喆. 汽车电子控制基础 [M]. 北京：机械工业出版社，2007.
[10] 任成尧. 汽车电工与电子技术 [M]. 重庆：西南师范大学出版社，2009.
[11] 杨世春. 汽车电工电子基础 [M]. 北京：人民交通出版社，2008.
[12] 吕爱华. 汽车电工电子技术 [M]. 北京：电子工业出版社，2008.
[13] 张玉萍. 汽车电工电子基础 [M]. 北京：北京邮电大学出版社，2006.
[14] 胡瑞雪，杜荣. 汽车电路与电子系统检测与修复 [M]. 北京：中国石油大学出版社，2016.
[15] 宋广辉. 汽车电路与电子系统检修 [M]. 北京：清华大学出版社，2014.